MARX
ESTATUTO ONTOLÓGICO
E RESOLUÇÃO METODOLÓGICA

MARX
ESTATUTO ONTOLÓGICO
E RESOLUÇÃO METODOLÓGICA

J. Chasin

MARX
ESTATUTO ONTOLÓGICO
E RESOLUÇÃO METODOLÓGICA

Copyright © J. Chasin, 1995
Copyright © Boitempo, 2009

"Marx – estatuto ontológico e resolução metodológica" foi publicado pela primeira vez em 1995, pela editora Ensaio, como posfácio de *Pensando com Marx*, obra de Francisco José Soares Teixeira.

Coordenação editorial
Ivana Jinkings

Editor assistente
Jorge Pereira Filho

Coordenação de produção
Juliana Brandt

Assistência editorial
Frederico Ventura e Thaisa Burani

Assistência de produção
Livia Viganó

Preparação
Ricardo Miyake

Revisão
Elisa Andrade Buzzo

Diagramação
Delfin [*Studio DelRey*]

Capa
David Amiel
sobre óleo de Gyula Derkovits, *Três gerações* (1932)

CIP-BRASIL. CATALOGAÇÃO-NA-FONTE
SINDICATO NACIONAL DOS EDITORES DE LIVROS, RJ

C436m

Chasin, J., 1937-1998
    Marx : estatuto ontológico e resolução metodológica / J. Chasin. - São Paulo : Boitempo, 2009.

    ISBN 978-85-7559-146-8

    1. Marx, Karl, 1818-1883. I. Título.

09-3568.
                                                    CDD: 335.4
                                                    CDU: 330.85

É vedada a reprodução de qualquer parte deste livro sem a expressa autorização da editora.

1ª edição: agosto de 2009; 1ª reimpressão: agosto de 2025

BOITEMPO
Jinkings Editores Associados Ltda.
Rua Pereira Leite, 373
05442-000 São Paulo SP
Tel.: (11) 3875-7250 / 3875-7285
editor@boitempoeditorial.com.br | boitempoeditorial.com.br
blogdaboitempo.com.br | youtube.com/tvboitempo

SUMÁRIO

Apresentação 7
Ester Vaisman e Antônio José Lopes Alves

Introdução
A fundamentação ontoprática e a resolução metodológica 25

Crítica do amálgama originário 29
Gênese e crítica ontológica 39
A resolução metodológica 89
Da teoria das abstrações à crítica de Lukács 139
Marx: a analítica das coisas 221

APRESENTAÇÃO

Ester Vaisman e Antônio José Lopes Alves

O livro que o leitor tem em mãos foi originalmente planejado como um posfácio ao livro de Francisco Soares Teixeira, intitulado *Pensando com Marx* e assim publicado em 1995 pela editora Ensaio. De início, J. Chasin projetou elaborar um pequeno texto com o objetivo precípuo de chamar a atenção do leitor para os aspectos que considerava positivos do livro em questão. É preciso ser dito que não havia outra intenção, senão essa. Era a primeira vez que a extinta Ensaio lançava um livro para estabelecer uma leitura imanente da obra de plena maturidade de Marx. Desse modo, Chasin não poderia perder de modo algum a oportunidade de sublinhar a importância dessa empreitada, a despeito de possíveis equívocos ou incorreções, de ordens diversas, passíveis de serem encontradas no livro escrito por Teixeira.

Ao assinalar logo de início a importância de um livro dessa natureza, encontra-se a caracterização crítica de Chasin acerca do que se entende contemporaneamente por "leitura", como idêntico à *interpretação*, à atribuição de sentido ao texto ou documento pelo pesquisador/intérprete. O que põe simultaneamente a equivalência absoluta das várias interpretações ou operações hermenêuticas, uma vez que a questão da verdade sobre o objeto em exame está totalmente afastada do âmbito da investigação, seja como questão sem solução, seja como um falso problema. Nas palavras do autor:

> É decisivo, numa época devastada pelo arbítrio e a equivalência das "leituras", ressaltar uma questão fundamental: reproduzir pelo interior mesmo da reflexão marxiana o trançado determinativo de seus escritos, ao modo como o próprio autor os concebeu e expressou. Procedimento, pois, que adquire articulação e identidade pela condução ininterrupta de uma analítica matrizada pelo respeito radical à estrutura e à lógica inerente ao texto exa-

minado, ou seja, que tem por mérito a sustentação de que antes de interpretar ou criticar é incontornavelmente necessário compreender e fazer prova de haver compreendido.[1]

Forma de abordagem de um escrito que o toma em sua *concretude* peculiar de articulação objetiva de sentidos e argumentos, frente à qual cabe proceder a um exercício de apropriação mental que consiga, referenciando-se pelo próprio objeto, dar conta daquilo que exige e demanda compreensão, ou seja, "a interrogação pertinente tem de assumir por alvo a *análise* ou *crítica imanente* e sua adequação para a leitura das *formações ideais*"[2].

À medida que Chasin adentrava na análise e aprofundava os méritos do livro, várias questões emergiram e não foi possível deixar de se referir às mesmas no devido formato e condições teóricas. Assim, um fenômeno muito comum às obras literárias veio a ocorrer com o texto, que por princípio deveria ser um rápido posfácio: ele "ganhou autonomia", por assim dizer, em relação ao autor. Chasin pôs-se a analisar, em primeiro lugar, um novo modo de dar origens ao pensamento de Marx. Julgava, corretamente, que sem um devido acerto de contas com o que denominou de "amálgama originário" não poderia encetar um comentário profundo dos méritos do livro de Teixeira.

E uma coisa acabou levando à outra: entusiasmado com a possibilidade de urdir um texto que pudesse, ao menos de modo aproximativo, apontar para a existência de um tecido teórico em Marx, em que a dimensão ontológica ganhara perfil estatutário, Chasin acabou por criar um livro no interior de outro livro.

O próprio Lukács ganhou um capítulo em especial, pois, se o filósofo húngaro havia contribuído de modo decisivo para esse veio analítico, tal contribuição não poderia obnubilar o fato de que Lukács – a despeito de suas contribuições decisivas nesse terreno – tenha incorrido em equívocos no esforço teórico monumental ao qual se dedicou febrilmente no fim de sua vida.

Independentemente de, passados tantos anos após a sua primeira edição, sermos obrigados a reconhecer que se tratara de um erro editorial – *um livro no interior de outro livro* –, é forçoso admiti-lo como uma colaboração decisiva para aquilo que o próprio Lukács denominou, com muita perspicácia, de "renascimento do marxismo", não só no Brasil, na medida em que contemporaneamente esforços dessa natureza são praticamente inexistentes. Trata-se, sem dúvida, de um esforço no sentido de reconhecer o caráter decisivo dessa empreitada para a devida apreensão da natureza do pensamento de Marx. Assim é que, guardadas as devidas proporções, Chasin

---

[1] Ver p. 25.

[2] Ver p. 26.

dedicou sua vida a um programa de renascimento do marxismo que, como no caso do filósofo húngaro, nunca se tratou de um projeto intelectual com um fim em si mesmo, encerrado em seus limites hoje tão estreitos. Tratava-se, acima de tudo, de fazer a obra de Marx objeto de estudo rigoroso, com miras reais bem estabelecidas: compreender o mundo e visualizar as possíveis vias de sua transformação.

Para Chasin, após tantos anos debruçado sobre a obra de Marx e de vários tipos de interlocução que estabelecera com seus alunos e orientandos, ficava evidente que Marx provavelmente teria aprendido com Hegel, em especial, que estava impedido de seguir sua trilha. Havia, pois, que perseverar na compreensão positiva da obra marxiana, sejam quais fossem seus limites ou mesmo equívocos. Eis, sinteticamente, a linha condutora da pesquisa encetada por Chasin: o estatuto ontológico marxiano talvez possa ser enunciado do seguinte modo: "é o estudo das categorias fundamentais – em traços essenciais abstratos, em suas determinações mais gerais – da existência social historicamente constatada ou reconhecida em toda a sua amplitude e riqueza". Linha condutora que aparece nas páginas do livro que a Boitempo Editorial agora publica.

O que significa sinteticamente essa linha condutora que passou a arrimar a posição de Chasin frente ao pensamento de Marx e que marcou o caráter de sua orientação, que vinha sendo gestada desde os anos 1980? Em termos breves a resposta é a seguinte:

Estatuto é a ordem do reconhecimento ou reprodução teórica da identidade, natureza e constituição das coisas em si (seres ou entes) por seus complexos categoriais mais gerais e decisivos, independentemente, em qualquer plano, de se tornarem objetos de prática ou reflexão. Nesse sentido, é a teoria do reconhecimento da objetividade histórico-imanente em suas distintas formas e apresentações (natureza e sociedade).

É o momento mais abstrato do reconhecimento da identidade das coisas em si, enquanto tal um dos momentos distintos da unidade do saber, do qual participa um segundo, sob forma concreta, que é a ciência.

Pela própria natureza histórica e processual do ser, a ontologia marxiana não corresponde, nem poderia corresponder, por simples imperativo de coerência, à forma de um *saber universal* plantado sobre uma racionalidade autossustentada, ou seja, fundado na *razão universal*, nada mais que a versão laica ou profana de Deus no dizer de Feuerbach. Ou seja, uma forma de ontologia sem parentesco com o saber absoluto e que recusa qualquer tipo de fundamento especulativo, pois a absolutização de uma teoria da fundamentação é simplesmente a afirmação especulativa da razão autônoma ou de um princípio de inteligibilidade situado para além das coisas, que garante a presença e o conhecimento do sagrado e a vitória antecipada do idealismo. Não correspondendo a qualquer forma de saber universal, a ontologia marxiana sustenta a possibilidade efetiva de um saber real.

Assim, sempre de acordo com Chasin, a ontologia marxiana não é um sistema de verdades absolutas e abstratas, mas, antes de tudo, um estatuto teórico, cuja fisionomia é traçada por um feixe de lineamentos categoriais enquanto formas de existência do ser social[3]. Em termos diretos, como convém nesse passo: posta em seu devido lugar, a problemática do conhecimento é, marxianamente, uma questão de caráter e resolução ontognosiológica.

No saber marxiano, a filosofia está inclusa sob a forma de *filosofia primeira*, ou seja, sob o modo de ser de um estatuto ontológico, código ou legalidade do ente social enquanto ente social, que é a plataforma das concreções científicas. Há, portanto, entre a ontologia estatutária e a própria cientificidade, um plexo de relações movente-movidas – estatuto/concreções – que inclui, em seus devidos lugares, como departamentos da ciência da história, a problemática do conhecimento, a lógica, a epistemologia, a linguística etc., onde são examinadas enquanto disciplinas particulares, mas jamais como disciplinas fundantes.

A determinação imanente ao ente real ou positivo, bem como o ato mental de determinar – que reproduz o primeiro –, não constituem coações. Enquanto positividade, integra o complexo da lógica objetiva da efetividade; enquanto figura teórica, é reprodução mental da primeira.

Por via de consequência e remetendo a questão à radicalidade que ela exige, é lícito afirmar, segundo Chasin, que o *corpus* teórico marxiano é realizado no âmbito de um novo estatuto ontológico. Por essa prática teórica e por um dado conjunto de lineamentos explícitos, Marx deixou o legado de um específico *estatuto ontológico*, não de uma ontologia sistemática de talhe convencional ou tradicional, e não apenas porque careceu do tempo necessário para a realização de uma obra desse tipo, mas fundamentalmente pela distinção de natureza de seu estatuto ontológico, radicalmente oposto ao tratamento especulativo da matéria.

Chasin procura demonstrar ao longo das páginas de seu escrito que esse estatuto é constituído a partir do universo prático onticamente reconhecido: é um estatuto ôntico-ontológico, ou seja, evolve da efetividade histórica das coisas, de suas relações e processos para a sua reprodução conceitual, ao nível de uma trama categorial em sua expressão mais abstrata.

---

[3] Cf. Ester Vaisman, "Dossiê Marx: itinerário de um grupo de pesquisa", *Ad Hominem*, Santo André/Ijuí, n. 1, tomo IV, 2001.

A ORIGINALIDADE DO LIVRO

O caráter original do livro emerge em vários momentos, embora essa não tenha sido de modo algum a intenção de seu autor. Em primeiríssimo lugar, a coragem e a desenvoltura sem peias de qualquer ordem com que Chasin analisa a afamada "tese das três fontes". Há quem possa interpretar nesse desprendimento algo de iconoclasta, mas nada mais errôneo. Ao contrário, trata-se da necessidade de debruçar-se sobre uma questão de rara importância que restou, por motivos que o próprio Chasin evidencia, completamente intocada.

Segundo o autor, a determinação das origens do pensamento marxiano não é um problema que remeta apenas à historiografia da reflexão ocidental, como o de um momento particular desta, mas o correto equacionamento do mesmo condiciona o acesso ao caráter específico da obra de Marx. Obra que não deve ser entendida como mera emergência devida apenas ao talento pessoal de seu formulador, mas como instauração de um novo padrão de cognição e reflexão que herda determinados pontos da tradição e se posiciona frente a eles. Nesse sentido, compreender a história de constituição do pensamento marxiano é condição necessária para sua apreensão e entendimento, não sendo, portanto, uma interrogação puramente acadêmica ou erudita. Ao contrário, a resposta dada a ela possibilita, ou não, a apropriação da obra marxiana em seus próprios e verdadeiros termos.

Ora, como Chasin demonstra com cuidado e rigor, constata-se a estreiteza e o improviso artificial do amálgama, tese elaborada por demanda contingente, em lugar de reconhecer Marx como herdeiro, na ruptura, de momentos fundamentais da história do pensamento ocidental: da paternidade de Aristóteles a Hegel como simples padrasto.

Em outros termos, o modo como se efetuou a apresentação da produção teórica marxiana, desde os princípios do marxismo, foi atribuir a esta uma origem resultante da mistura ou da fusão de três tradições científico-filosóficas distintas, tanto em suas procedências histórico-sociais quanto em seus objetos de exame. Seja tomando, de forma abstrata, certas alusões de Marx ao que de mais importante havia em seu tempo no quadro da cientificidade e da reflexão filosófica, seja recolhendo pretensos indícios de uma comunidade epistemológica, a tese do *tríplice amálgama*, como a denomina Chasin, fez história no campo do marxismo. Considerada como ponto pacífico da interpretação, a tripla origem do pensamento marxiano, a proposição em questão, raramente foi objeto de um exame mais detido e cuidadoso, parametrizado pela compreensão dos textos de Marx.

Ademais, ainda de acordo com a análise de Chasin, um dos grandes erros dos intérpretes foi não terem se ocupado a sério da gênese do pensamento de Marx, substituindo a questão por supostos, totalmente desprovidos de fundamentos nos próprios textos do autor que perfazem o período de intensa formação de seu pensamento próprio.

Por conseguinte, a correta abordagem dos escritos de Marx, no que fere ao problema das suas origens e da especificidade, impõe o conhecimento das determinações histórico-sociais que conformaram o momento no qual tem início o tipo de produção teórica propriamente marxiana. Esboço das condições efetivas do caso alemão ao tempo de Marx que possibilita tanto situar os modos anteriores à *Crítica da filosofia do direito hegeliana*, profundamente marcada pela *especulatividade*, quanto demarcar o efetivamente novo trazido pela posição marxiana como tal.

Donde o destaque para a importância decisiva de Feuerbach no roteiro de constituição do padrão marxiano de pensamento, visto que a crítica à especulatividade em geral da filosofia, à hegeliana em particular, era uma tarefa absolutamente necessária:

> [a] crítica de Feuerbach à especulação hegeliana e de seus reclamos por uma nova ontologia de orientação radicalmente distinta, ou seja, de pronunciada inclinação imanentista-naturalista, cuja relevância, no impulso a novos rumos filosóficos (evidentes, por sinal, no século XX), independe da precariedade e contraditoriedade da polimorfia errática dos encaminhamentos, desfechos e irresoluções de seu próprio trabalho. [...] Feuerbach, como é muito bem sabido, foi o único dos neo-hegelianos, segundo Marx, a acertar contas com a dialética hegeliana e a substituir embriaguez especulativa por pensamento sensato.[4]

É nesse sentido que Chasin inicia o tópico do livro dedicado à "resolução metodológica" declarando na contracorrente das vertentes epistemológicas que: "Conferida a natureza ontológica do pensamento marxiano, é fértil principiar por uma honesta *provocação*: a rigor, não há uma *questão de método* no pensamento marxiano", pois "todo problema gnosiológico importante só encontra solução no campo ontológico"[5].

Ou seja, a questão do saber em Marx está categorialmente subordinada à dilucidação ôntica, ao exercício da escavação pelo ser das coisas, e se resolve na ontologia. Há aqui, portanto, uma questão decisiva a ser indicada: a diferença entre Marx e a tradição filosófica, pois

> [...] se todo método pressupõe um fundamento gnosiológico, ou seja, uma teoria autônoma das faculdades humanas, preliminarmente estabelecida, que sustente ao menos

---

[4] Ver p. 41.
[5] Ver p. 89.

parcialmente a possibilidade do conhecimento [...] não há, igualmente, um problema do conhecimento na reflexão marxiana.[6]

O que, confrontado com o *modus operandi* do pensamento ocidental, poderia parecer uma lacuna ou lapso, aparência esta que enredou muitos autores significativos, que, de um modo ou de outro, pretenderam enquadrar ou classificar a cientificidade ontologicamente talhada da obra marxiana nos marcos das disciplinas filosóficas tradicionais, como aconteceu com Lukács. Tal déficit não é nada mais que aspecto ilusório; esse fato se evidencia na crítica marxiana mesma da lógica especulativa hegeliana, a qual não é de maneira alguma uma crítica de natureza meramente lógica, pois "não terá sido por resquícios de *hegelianismo* que Marx rompeu com o método lógico-especulativo, nem se situou, pela mediação do pressuposto inelimável da atividade sensível do homem, para além da fundamentação gnosiológica"; é um para além do metodologismo, em nome do para aquém do ente.

Por via de consequência, a determinação da atividade cognitiva é resolvida nos seguintes termos: "a atividade do pensamento de rigor como reprodução teórica da lógica intrínseca ao objeto investigado", o que define "a tarefa do sujeito e assinalou o *locus* da verdade"[7].

Tal delimitação se apresenta em sua simplicidade como inicial, fórmula sintética que arrima e indica a ruptura com o padrão da reflexão especulativa, sendo o objeto reconhecido em sua independência de nexos essenciais com relação a todas as formas de ideação, e o sujeito como ente ativo. Contudo, aqui ainda não se encontra a completa determinação dos mesmos, tão somente a fixação da exterioridade recíproca das duas instâncias, pois, "nesse momento inicial, sujeito e objeto porquanto sejam reivindicados em sua terrenalidade, não são ainda distinguidos, positiva e especificamente, das acepções correntes ou tradicionais, parecendo se facear como simples exterioridades"[8].

Mais à frente, na análise dos *Manuscritos econômico-filosóficos*, essas duas instâncias serão delimitadas por sua natureza social e ativa, não apenas no registro da exterioridade, marca não apagada pela relação eminentemente ativa, mas por esta afirmada, a qual sofrerá um processo de aprofundamento, quando "os sujeitos, então, serão determinados como os *homens ativos* e os objetos enquanto *atividade sensível*"[9].

---

[6] Idem.
[7] Ver p. 90.
[8] Ver p. 91.
[9] Idem.

O que se assiste nesse passo é a determinação mais precisa do *ser* que conhece, determinação subversiva em comparação com a forma tradicional da *res cogitans*. Seguindo o indicativo feuerbachiano de que "o ser é uno com a coisa que é", Marx enumera as principais características do ser em geral, dos entes, entendido nesse sentido como algo mais que uma pura abstração ou fórmula vazia. Em sua imediaticidade, o ser não é uma simplicidade muda, mas complexo categorial mais geral, tecido por uma rede de determinações: "o *ser*, em sua multiplicidade, é objetividade, relação e padecimento. Por complexificação aditiva e distintiva, no devir de seu grau específico de *ser*, o homem detém esses traços universais e agrega outros que compõem sua diferença específica"[10]. Desses traços particulares ressalta a constituição prático-social da objetividade humana e da subjetividade, superação efetiva e efetivadora da naturalidade, engendrando uma nova forma de ser – objetivo sem dúvida, mas de uma outra natureza, como autoconstituição. Daí a importância central da prática, apontada como "prática mesma da fabricação do *homem*, sem prévia ideação ou *telos* último, mas pelo curso do 'rico *carecimento* humano', aquele pelo qual a própria efetivação do homem 'existe como necessidade interna, como carência'", o que confere ao padecimento humano uma fisionomia diversa do carecimento natural ou biologicamente determinado, o qual difere da mera lacuna, assinalado como produção e exteriorização, posição ativa do próprio carecimento humano. A delimitação do ser humano ultrapassa em muito aquela relação que constrange o singular à mera exemplaridade, pois "o indivíduo é o ser social", o que afirma por consequência as forças individuais de produção de si, dentre as quais se situa a capacidade de cognição, como potências sociais. Potências sociais de entificação, de expressão de ser e de engendramento de seres, como "afirmações ontológicas do ser" e não enquanto meras determinações antropológicas, realizações de uma essência humana tomada *a priori*, de uma substância que se diferencia entre suas singularizações. Como atualização de determinações ontológicas, a atividade dos indivíduos se caracteriza por seu caráter de sensibilidade, sendo por isso, multifário e em constante mutação, encontrando sua plena realização através da grande indústria. Cognição e possibilidade de cognição se acham assim condicionadas e determinadas por cada forma particular de entificação humana, de apropriação da multidiversidade objetiva do mundo e da produção de si do ser social.

Em suma, o humano e sua mundaneidade são, pois, constituídos ativamente pelos próprios homens, o que resulta numa sensibilidade histórica e socialmente produzida, bem distante da exterioridade abstrata e sem conteúdo, certeza sensível

---

[10] Ver p. 92.

como produção humana, bem como a sensibilidade de seu produtor. Portanto, o caráter objetivo e objetivante da atividade humana exige como pressuposto e resulta na posição de uma concretude, diversa da sua face inicial, formatada subjetivamente, pelas forças humanas objetivas de exteriorização e produção. A natureza do ato assim decorrente entre sujeito e objeto colocando-os em comunicação, não obstante sem abolir a independência recíproca das instâncias, superando a exterioridade inicial e fazendo transmigrar as determinações essenciais entre as partes da relação prática. O que, por seu turno, resulta na negação da unilateralidade de posições entre sujeito e objeto, postulada tradicionalmente pela história do pensamento, no interior da qual o primeiro era fixado como interioridade racional/espiritual e o segundo como exterioridade inerte ou conjunto de impressões sensíveis e abstratas. A propositura marxiana indica um intercâmbio essencial entre as duas esferas, onde "a subjetividade é reconhecida em sua possibilidade de ser *coisa* no mundo, e a objetividade como *dynameis* – campo de possíveis", ou seja, alçar da subjetividade ao nível da efetividade, da materialidade, do sensível, sem a intervenção de qualquer princípio transcendental ou ideal, pelo meio de interação com a mundaneidade, na modificação desta última, através da potencialização da própria objetividade, e não sob a forma da oposição abstrata para com ela.

Como consequência de todo esse desenvolvimento, a reflexão marxiana, como já afirmado anteriormente, situa a problemática do conhecimento em seu lugar próprio, como determinado pelo plano esboçado no quadro das determinações ontológicas do ser social, dúplice objetividade, atividade sensível e autoefetivação de si, fato este evidenciado no modo mesmo como Marx encadeia a exposição sintética da questão em "Ad Feuerbach", na sequência das teses em que supera explicitamente os limites da filosofia anterior e da cientificidade nela exposta e fundamentada. O saber não é o primeiro momento, mas a apreensão mesma das coisas, a efetivação da assimilação dos objetos conhecidos, bem como a dilucidação das características distintivas principais do ente ativo que executa o ato cognitivo.

Chasin concebe o fecho de seu texto como "recopilação de testemunhos" acerca da "posição ontocognitiva" marxiana. O *método marxiano* como enfrentamento do indivíduo dotado de forças sociais de apropriação do mundo sem a interposição de qualquer critério ou instrumento ideal, prévio, que o organiza para a tarefa em tela. A não certeza inicial como ponto de partida da obtenção da certeza e do elucidamento do real em suas conexões íntimas. Método esse que se revelará adiante como o trânsito entre a posição e a negação da certeza sensível, uma vez que se começa daquela, mas não pode nela permanecer, pois desembocar-se-ia numa representação caótica do todo, como no caso da *população*, tomado por

Marx em "Introdução de 1857". Retomando sinteticamente os termos já tratados anteriormente, Chasin reafirma que a partir desta é necessário fazer o "caminho ao inverso", que é o "caminho cientificamente exato da concreção ou particularização; em suma, a rota seguida pela cabeça no desvendamento da lógica das coisas"[11].

É interessante notar que, para Chasin, o padrão marxiano de cientificidade se caracteriza pela "inexistência de qualquer tipo de antessala lógico-epistêmica ou apriorismo teórico-metodológico", o que constitui o lado negativo ou expressão da propositura teorética de Marx, ou seja, da ausência de todo problema de uma fundamentação *a priori* do saber. Tal expressão, longe de desvelar-se como puro déficit ou lacuna, de outra parte, em sua positividade sustenta "a prioridade e a regência do objeto ou, mais rigorosamente, da *coisa* enquanto tal – do entificado real ou ideal em sua autonomia do ato cognitivo – para todo processo do conhecimento"[12]. Desse modo, ato ideal e idealidade não podem ser tomados como atividade e produto autossustentados. A prioridade da coisa, em seu irremediável e incontornável *por-si*, que se afirmará, segundo Chasin, por toda obra marxiana o seu cunho distintivo, dos primeiros momentos, da crítica à especulação impulsionada pelo enfrentamento feuerbachiano do pensamento hegeliano, aos momentos derradeiros constantes das "Glosas marginais ao 'Tratado de economia política' de Adolf Wagner". De passagem, é importante frisar que a identificação assim feita do núcleo gerativo do pensamento marxiano interdita também a postulação de uma ruptura ou corte entre as fases de sua constituição.

Praticamente colado ao texto da afamada "Introdução de 1857", Chasin afirma que produzir abstrações e expor o objeto, traçar o perfil de entificação do mesmo, ordenando o material recolhido na marcha da investigação efetiva, no corpo a corpo com o ente, não são compreendidos como atos puros ou formas *a priori*, mas como submissão ativa do sujeito à lógica intrínseca do objeto real. A produção de ideias revela aqui uma série de determinações essenciais compartilhadas com todas as outras formas de apropriação do real, num conjunto articulado de procedimentos de natureza ontológica e não epistêmico-metodológica.

Por fim, retomando uma passagem do prefácio da edição francesa de *O capital*, na qual se lê "não há estrada principal para a ciência, e apenas aqueles que não temem a fadiga de galgar suas escarpas abruptas é que têm a chance de chegar a seus cimos luminosos", Chasin indica a *dificuldade* como elemento constante e não eliminável do processo de escavação do real, seguindo a advertência

---

[11] Ver p. 222.
[12] Idem.

marxiana de que não existe um caminho pré-configurado na trilha da verdade, não sendo possível a suposição nem a busca de uma chave que abra todas as portas, facultando-nos a apreensão segura e infalível do objeto. Dada a dupla determinação social, de um lado as condições sociais da cognição, e, de outro, a existência do objeto enquanto tal, não há método que garanta a completa e imediata acessibilidade aos nexos essenciais das coisas. Tornam-se patentes todas as consequências da afirmação de que não há em Marx, a rigor, uma *questão de método*; ou seja, a recuperação do rumo tracejado na apreensão da lógica das coisas, enquanto caminho do cérebro, é apenas de cunho descritivo, jamais pode pretender à prescrição metódica. Nesse contexto, cada entificação concreta teria seu método; cada destino, que somente existe como destino a ser alcançado, o verdadeiro, não dominado no início, tem sua própria rota.

Em suma, a elaboração marxiana da problemática do conhecimento, de acordo com Chasin, tem três temas específicos e interligados:

a) a fundamentação onto-prática do conhecimento;

b) a determinação (gênese ou formação) social do pensamento e a presença histórica do objeto;

c) a teoria das abstrações e a analítica das coisas.

Possíveis repercussões do livro

Dentre as várias repercussões do livro, podem-se identificar pelo menos duas, além das questões ontoprática e ontognosiológica. A primeira diz respeito às polêmicas geradas em torno dos assim chamados *Manuscritos econômico-filosóficos* de 1844; a outra, à descoberta polêmica realizada por Chasin acerca da natureza da política em Marx.

Um equívoco – entre a multiplicidade daqueles cometidos em torno dos modos em que a obra de Marx foi recebida ao longo do século XX – é partir dos *Manuscritos parisienses*, ignorando completamente a trajetória anterior, e tomá-los de pronto como "projeto filosófico". Por outro lado, em plano bem mais largo: muitos o fizeram com Sartre e no seu rastro tem-se a crítica dos althusserianos. Vale como exemplo o livro em que Alain Badiou[13] se pronuncia a respeito do problema em tela em termos de um "marxismo fundamental", que teria como proposição básica uma antropologia centrada na noção multívoca de trabalho. Donde ainda, por vezes, o ser genérico apareceria como centro de uma antropologia, assim como, por via de consequência,

---

[13] Alain Badiou, *O (re)começo do materialismo dialético* (São Paulo, Global, 1979).

a utopia da realização do ser genérico, e a própria política também viria a emergir como meio necessário de sua realização. Ao contrário: é facilmente constatável que o ser genérico já é hoje, na forma da alienação, não um dever-ser ou uma utopia a realizar, uma realização desalienada do ser genérico; não é, portanto, uma tarefa a cumprir, mas uma possibilidade objetiva no curso do desenvolvimento das forças produtivas e na transformação das relações sociais de produção, com a consequente superação da apropriação privada dos bens de produção e da superação das formas de dominação daí decorrentes, ou seja, a superação do Estado político.

Embora a questão da metapolítica, expressão cunhada por Chasin, tenha sido objeto de outros escritos do autor, grande parte deles publicada pela Estudos e Edições Ad Hominem[14], dada a importância da descoberta de tal caminho analítico acerca da politicidade em Marx, julgamos oportuno, no bojo desta apresentação, tecer alguns comentários a respeito – sem, evidentemente, a pretensão de esgotá-lo, em virtude também de seu caráter altamente polêmico. Considera-se adequado, na medida em que nessa análise é exercitado o posicionamento ontológico frente à questão do estatuto da política.

Texto marxiano fundamental nesse sentido foram as chamadas *Glosas* de 1844[15]. Nelas, Marx é contundente: não se pode esperar outra ação do Estado diante das mazelas sociais que não seja administrativa. Chasin, desse modo, chama atenção para a denúncia de Marx frente à tese de Ruge: exatamente por ser política a posição da Inglaterra e da França, é que a miséria é, respectivamente, uma lei natural, uma disposição contrarrevolucionária dos proprietários e, no caso alemão, da falta de sentimento cristão dos ricos. Ademais, consigna que para Marx, já em 1844, é enganoso procurar entender um fenômeno social pela perspectiva do entendimento político; ressalta também a parcialidade da visão dos partidos: tudo é má administração e não se sonha com a reforma da sociedade – isso exclui a tematização da transformação social –, ou seja, não veem os males no tipo de organização da sociedade, pois isso seria admitir sua impotência e nulidade.

Por que o Estado é impotente? Porque ele é determinado pelo caráter antissocial das formas da sociedade: ele é engendrado pela "natureza antissocial" da sociedade civil, por seus limites, contradições e fraquezas congênitas.

---

[14] J. Chasin, "A determinação ontonegativa da politicidade", *Ad Hominem*, cit., n. 1, tomo III, 2000 (edição especial).

[15] Karl Marx, "Glosas críticas ao artigo 'O rei da Prússia e a reforma social. De um prussiano'" em *Lutas de classes na Alemanha* (São Paulo, Boitempo, 2010).

O entendimento político é incapaz de se perceber como "expressão ativa, autoconsciente e oficial" da sociedade civil dilacerada e cindida entre vida privada e pública.

É, portanto, vital nesse passo considerar a limitação do "entendimento político" pela via da determinação social do pensamento. No geral: é o entendimento posto pelas sociabilidades não emancipadas, incapazes de autonormatização, é o nível estreito e ilusório de racionalidade posto por sociedades intrinsecamente contraditórias e imaturas, cuja razão é da mesma natureza, ou seja, antissocial, isto é, anti-humana-societária. A política posta e exercida sobre o entendimento político é incapaz de ver a origem de sua estreiteza e impotência na fonte social que a engendra, donde *a política é incapaz de senso autocrítico*. A política é por natureza conservadora, é a conservação de si pela conservação de seus limites, limites que não pode ver e que deve supor inexistentes, vale dizer, para manter a ilusão de sua potência e universalidade. Desse modo é por excelência, e a história do século XX o comprova, o obstáculo objetivo e subjetivo da ascensão teórica e prática ao universo da revolução social. Não é casual que, ao final do século XX, com a dissolução da revolução, a política tenha reencontrado o ápice de sua ênfase. No particular: na pré-modernidade, com a identidade entre público e privado, sem, portanto, Estado verdadeiro, a política é extensão do poder privado (propriedade privada em desenvolvimento), donde o entendimento político é a razão do Estado privado; na modernidade, com a divisão total entre público e privado, a política é pura ilusão, a abstração real que parasita a sociabilidade; com a derrocada do Leste Europeu, em lugar de notar a falência da política, notou-se a falência da pseudotransição para além do capital. Da pré-modernidade às pseudossociedades pós-capitalistas, tem-se, pois, o caminho do entendimento em termos do entendimento pré-político ao político: tanto mais plenamente ele se manifesta mais rombudo ele é. A falta de inteligência da pseudoesquerda atual é seu ponto culminante, isto é, o ponto mais raso do entendimento político, ao qual corresponde, sob várias formas e níveis, o marxismo vulgar, o oportunismo intelectual e a incompetência prática.

Enfim, a unilateralidade do entendimento político está vinculada à posição de conferir prioridade à subjetividade, quando do processo do entendimento das relações da sociedade civil. Não há como negar: o entendimento político é fortemente vinculado à subjetividade – à vontade, vale dizer, é o entendimento unilateralizado pela vontade, o olhar cego do interesse particular, e nessa unilateralidade base de todo oportunismo, desde o "espiritualismo" dos bem alimentados à voracidade de qualquer arrivismo. É, em suma, e de modo direto, promessa de realização do céu na terra pelo encantamento da manada de desvalidos. Base suposta dos grandes valores, é, em verdade, a plataforma do cinismo do desvalor, da espertza egoica mascarada de generosidade ideológica. A hipóstase da subjetividade é a sagração do indivíduo isolado, reduzido à mesquinhez de seus próprios limites, incapaz de ver o outro a não ser como meio de realização de sua própria pequenez, incapaz de reconhecer os outros como forças sociais a integrar a si mesmos como forças pessoais, aos quais, reciprocamente, são disponibilizadas as forças pessoais a serem tomadas por eles, do mesmo modo, como forças igualmente sociais.

De outra parte, na posição ontológica, o vínculo do entendimento é a objetividade, que se orienta e objetiva pela escavação do objeto real. Nessa posição o Estado deixa de ser o lugar e o meio de realização da vontade – tudo isso meramente um suposto da vontade, mesmo que racional – para se revelar como expressão das contradições do conjunto da sociabilidade, da contradição configurada entre sociedade política e sociedade civil, e assim porque a própria sociedade civil é a pletora das contradições entre os interesses particulares. O Estado é, pois, a expressão da miséria humano-societária na verdade de sua impotência, isto é, expressão de sua incapacidade de autorregulação.

Donde, segundo Chasin, Marx não desconfia do entendimento em geral, mas distingue formas do entendimento, diferentes em qualidade e alcance, não desliza pelo plano inclinado do ceticismo, mas ascende aos patamares efetivos da intelecção, ao lugar e ao modo pelos quais se realiza e confirma. Distingue entre entendimento político, limitado pela subjetividade volitiva, e entendimento social, de qualidade ontológica, ou ontologicamente posicionado, donde levar ao ordenamento da subjetividade, à confirmação desta em sua natureza e não à sua hipóstase desfiguradora e emasculadora.

Assim, o entendimento político é o mais ralo e viciado dos entendimentos porque parte da subjetividade em seu isolamento "fantástico". Em oposição, o entendimento social é o mais elevado porque é desvelamento objetivo que dá forma e conteúdo à subjetividade. Enquanto o primeiro é simples e grosseira manifestação de vontade, o segundo é descoberta e perspectivação. Enquanto o primeiro cega e ilude, o segundo esclarece, orienta e mobiliza. Enquanto o primeiro é a dogmática do querer unilateral, o segundo é a possibilidade da crítica universal.

Ou ainda, o primeiro é meio de ilusão de si e dos outros: (a) em face do dominado, faculdade pela qual a dominação é justificada e disfarçada; e (b) em face de si mesmo, autoilusão como meio de legitimação do exercício da dominação ou da pretensão à dominação. Em ambos os casos, a sociedade política realizada (ou seja, o Estado) é apresentada como a contrapartida ideal da sociedade civil, a razão contra a desrazão, a justiça contra a injustiça, o altruísmo contra o egoísmo, o coletivismo contra o individualismo, a conduta ética contra a conduta do interesse pessoal e privado, o exercício da convivência ou ordenamento social negociado contra a coexistência ou ordenamento imposto; em suma, o *consenso em torno da contradição amordaçada e congelada*. Note-se a perversão: a idealidade conduz à acomodação; na melhor das hipóteses, à redução da idealidade ao pragmatismo: da universalidade da razão e da liberdade à existência reduzida à mesquinharia da vida inautêntica; é a democracia como pobreza de espírito. Nada de estranho, porque política e entendimento político são pobreza de espírito, nas quais a democracia é apenas sua expressão mais alta, completa e acabada; é a forma e o entendimento políticos levados à expressão e significado últimos.

Ao revés, a posição ontológica, sempre de acordo com Chasin, chega ao Estado como expressão do conflito social e à democracia como contradição desmascarada; a democracia não como um valor, muito menos como um valor universal, mas como uma forma cuja virtude está na revelação da realidade social como contradição inaceitável, que é preciso criticar, recusar e superar, não por formas políticas, mas contra a forma política que a sustenta: a democracia se realiza ao se mostrar como petição de sua superação.

Ou seja, a posição ontológica pelo desvendamento do real conduz à revolução social – à subversão da sociedade civil (não à sua organização, mesmo porque ela já está perfeitamente organizada), ou seja, à transformação da forma das relações de produção.

Aqui e agora, cabe determinar a relação entre revolução social e política. É social porque dissolve a velha sociedade; política porque derruba o velho poder – a tarefa negativa. Ao remanso do aquário da política Marx oferece o oceano encapelado da revolução humano-societária. De sorte que afirmação da política ou irreflexão constitui uma relação intrínseca; vale dizer que desenvolvimento e afirmação do Estado e acriticismo são momentos da unidade indissolúvel entre Estado e alienação, pois "Estado e escravidão são inseparáveis". Nesse sentido, a democracia enquanto contradição desmascarada é a denúncia ou desmascaramento da escravidão do Estado, e enquanto tal a petição de sua superação.

Além da tematização ontonegativa da politicidade, é válido neste ponto – evidentemente nos limites desta apresentação – fazer referência a uma questão que, embora não tenha sido analisada em todos os seus aspectos no livro, se configura como a preocupação central do autor. Não por mero capricho ou opção aleatória, mas por se tratar de problema que as páginas da obra marxiana revelam.

Segundo Chasin, a grande tematização da individualidade está presente em Marx, vale dizer, os indivíduos sociais, a individuação, a formação social da individualidade. E isso a despeito de todas as negativas das interpretações que estão e estiveram em voga, no mundo acadêmico e nas agremiações políticas. Trata-se, contudo, de problema vital para o renascimento do marxismo, para utilizar a expressão cara a Lukács.

A esse propósito, em texto inacabado publicado postumamente, Chasin é veemente ao afirmar que posto e reposto em marcha, nas distintas formas de sociabilidade e com impulsões mais largas ou estreitas, isto é,

> [...] mais ou menos indutoras ou restringentes do processo de individuação, este é, positiva e negativamente, revolucionário. Em sua positividade estrutural de longo curso, gera, alarga e qualifica o complexo categorial do humano, realiza em dada medida a potência desse ser aberto; em suas vicissitudes concretas, no curso efetivo de tempos históricos delimitados, se apresenta contraditoriamente, não só como restrito mas corruptor de latências contidas na figura dessa 'abertura' em vir a ser. Tal como referido por Marx, a individuação vem sendo produzida na forma da alienação – edifica, faz emergir, bem como tolhe e desnatura. Sob todas essas dimensões, positivas e negativas, no entanto, a individualidade é estabilidade evanescente, compelida à mudança, a transformações constantes, por vezes mais rápidas e imperiosas, outras mais lentas e deliberadas, mas individuação é assentamento tensionado, para o qual mutação e diferencialidade são uma constante. Desde o simples aspecto da diversidade de papéis que todo indivíduo desempenha em cada dia de sua existência cotidiana, até as mutações dramáticas que dele são exigidas pela sociedade civil em suas inflexões, bem como pelos andamentos da participação política. Tudo isso compreendido em formas sociais que alargam ou estreitam, exaltam ou sepultam toda ordem de valores, e ainda sob a dinâmica compreendida e propugnada pelo existir, sentir e pensar dos indivíduos, de suas satisfações e repulsas, em suma a propensão em ser mais – em se autogerir. Como ninguém traz amarrado ao peito o embornal de sua essência, essa se faz, desfaz e refaz como revolucionamento permanente de ser indivíduo.[16]

Por via de consequência a subjetividade propriamente dita provém da atividade humana exercitada. Ou seja, ela se põe na medida em que a mundaneidade humana é posta – ou, ainda, a subjetividade se realiza pela mediação da atividade sensível, objetivamente realizada.

De modo que, conclusivamente, a subjetividade propriamente dita depende da atividade humana e esta depende daquela. Cada uma delas só *é* mediante a outra. Ou seja, efetivamente postas/presentificadas ou em ato, são dimensões que, para *serem* realmente, o são no interior do complexo relacional objetividade/subjetividade (humanas ou sociais). Assim, portanto, objetividade e subjetividade humanas estão em determinação recíproca.

---

[16] J. Chasin, "Rota e prospectiva de um projeto marxista", *Ad Hominem*, cit., n. 1, tomos I-IV, p. 56.

De sorte que a subjetividade não é um ser, mas um predicado do ser social/humano. Não é uma existência autônoma, independente de um ser. Autonomizar a subjetividade (e seus produtos ideais) é transformá-la em "substância mística", prebenda divina ou idealidade natural.

Ademais, o princípio ou suposto da autonomia da razão invalida a autonomia do homem. Ou seja, separa o homem – por consequência, a razão – da autonomia possível (determinada em cada momento) e virtual (potência infinita e crescente de objetivação enquanto tal).

Enfim, a subjetividade determina a objetividade quando faz dessa um "objeto de sua vontade e de sua consciência", nas palavras de Marx. A objetividade determina a subjetividade enquanto base e fundamento sobre a qual aquela pode atuar e se desenvolver.

Em Marx – Chasin o mostra – põe-se um interfluxo entre subjetividade e objetividade: no interior dela o ser humano adquire a sua plena subjetividade, isto é, na relação com a objetividade. Nesse processo, ao mesmo tempo complexo e contraditório, em que pela mediação progressiva do trabalho e da sociedade, o ser humano se torna objeto para si mesmo.

Introdução
A FUNDAMENTAÇÃO ONTOPRÁTICA E A RESOLUÇÃO METODOLÓGICA

É decisivo, numa época devastada pelo arbítrio e pela equivalência das "leituras", ressaltar uma questão fundamental: reproduzir pelo interior mesmo da reflexão marxiana o trançado determinativo de seus escritos, ao modo como o próprio autor os concebeu e expressou. Procedimento, pois, que adquire articulação e identidade pela condução ininterrupta de uma analítica matrizada pelo respeito radical à estrutura e à lógica inerente ao texto examinado, ou seja, que tem por mérito a sustentação de que antes de interpretar ou criticar é incontornavelmente necessário compreender e fazer prova de haver compreendido.

A alma analítica de uma proposta de tal vulto é sua propulsão categórica à objetividade, a *intentio recta* de apreender o texto na forma própria à objetividade de seu discurso enquanto discurso, ou seja, na efetividade de uma entificação peculiar, cuja identidade é resultante da síntese de suas imanentes e múltiplas determinações ideais, que o configuram na qualidade de um corpo de argumentos estável e inconfundível, que independe para *ser* discurso – precisamente *este*, e não qualquer outro discurso – dos olhares, mais ou menos destros, pelos quais os analistas se aproximam dele e o abordam.

Em suma, oposta às levianas "hermenêuticas" da imputação, bem como decididamente afastada da debilidade intrínseca à especulação racionalista autorreferida, a postura analítica deve propender ao compromisso com a solidez dos vigamentos que caracterizam a chamada *análise imanente* ou *estrutural*. Tal análise, na melhor tradição reflexiva, encara o texto – a *formação ideal* – em sua consistência autossignificativa, aí compreendida toda a grade de vetores que o conformam, tanto positivos como negativos: o conjunto de suas afirmações, conexões e suficiências, como também as eventuais lacunas e incongruências que o perfaçam. Configuração esta que em si é autônoma em relação aos modos pelos quais é encarada, de frente ou por vieses, iluminada ou obscurecida no movimento de produção do *para nós* que é elaborado pelo investigador, já que, no extremo e por absurdo, mesmo se todo observador fosse incapaz de entender o sentido das coisas e dos textos, os *nexos* ou *significados* destes não deixariam, por isso, de existir, salvo se admitido, paradoxalmente, que a impotência do sujeito no campo ideal é poder dissolvedor no plano real, donde *nexos* ou *significados* efetivos não serem passíveis de dissipação real pelas eventuais incapacidades, absolutas ou transitórias, dos analistas.

É evidente que essa formulação é radicalmente contrária a tudo que reza o epistemologismo atual, tanto quanto à negação irracionalista deste (sendo que essa última, formal e abstratamente, não deixa de poder ser vista como uma derivação aberrante do primeiro). Ademais, o oponente radical ultrapassa os limites desse confronto imediato, para se mostrar no âmbito mais geral como *posição* frontalmente contraposta ao espírito filosófico que desde há cerca de duzentos anos foi se tornando dominante e que, crescentemente, vem manietando a atividade intelectual.

Oponente global e polar, se autodetermina como planta filosófica nova, alternativa e de franco poder resolutivo. *É nisso que reside o peso e a seriedade da questão*. Não no próprio contraste, nem, de modo algum, na pretensa obrigação de o oponente responder de modo defensivo ao questionamento do tribunal arrogante em que se arvora o epistemologismo em particular e o universo especulativo em geral. Ao qual, em suas vertentes originárias, a *nova posição*, aliás, logo ao se instaurar, criticara e rejeitara pela insuficiência teórica dos aparatos, critérios e tematizações que já demarcavam então a especulatividade enquanto propositura historicamente exaurida, e cuja reinvocação atual só repotencializa sua debilidade congênita com a férula da impotência teórica e prática, por mais que se reconheça, e aqui se o faz com ênfase, que, no quadro agudamente deletério promovido pelo irracionalismo, nos dias correntes, o neorracionalismo ou neotranscendentalismo seja, de fato, um lenitivo que desempenha um papel muito importante na defesa da compostura filosófica.

Em síntese, aqui, a interrogação pertinente tem de assumir por alvo a *análise* ou *crítica imanente* e sua adequação para a leitura das *formações ideais*, no caso – o discurso marxiano. Questionamento que implica, decerto, explicitar a *posição* instaurada por Marx, e cuja tematização fundante há que ser evidenciada em sua própria obra.

Subordinada à brevidade compulsória, há de bastar a esta *sinopse indicativa*, para bem demarcar as *posições*, chamar atenção para o imperialismo gnosiológico ou epistêmico que dominou a marxologia nos últimos decênios. Desde os anos 1950, com antecedentes bem mais remotos, sem se indagarem pela adequação do caráter de suas abordagens ao objeto pesquisado, o mais que fizeram os intérpretes de Marx foi disputar sobre "o estatuto científico" de seu discurso. Em suas querelas, mais ou menos agudas, primaram por conferir talhes analíticos ao pensamento marxiano que o infletiam ao sabor das conflitantes equações formuladas pela tematização convencional da problemática do conhecimento, isto é, cada um deles descobriu ou emprestou ao pensamento de Marx o fundamento de um perfil teórico cognitivo e metódico *diverso*, porém, laborando todos eles na *certeza unívoca* de que a base da reflexão marxiana ou a resolução de suas "dificuldades" estava em algum canteiro do subsolo lógico-gnosioepistêmico.

O fantasma já sobrevoava o Engels de *Herr Dühring* e *Ludwig Feuerbach e o fim da filosofia clássica alemã* e tomou largo assento nas incursões filosóficas de Lenin, tanto no *Materialismo e empirocriticismo* como nos *Cadernos*, tendo assombrado também ao próprio Lukács de "O que é marxismo ortodoxo?", ensaio de abertura de *História e consciência de classe*, sua obra protomarxista mais célebre. Porém, de Goldmann a Althusser ou de Della Volpe a Sartre, para sinalizar com alguns nomes, passando por tantos outros e se irradiando por todos os escaninhos, é que a tendência sucumbiu de vez à canga gnosioepistêmica, numa rota cada vez mais excludente, ou antes, que atrelou e submeteu a ela o exame de qualquer outra temática, no seu espraiamento à saturação por mãos cada vez mais repetitivas e menos habilidosas ou sutis.

Esse é o perfil deixado, produto e sintoma, no interior da pesquisa marxista e marxológica, pela longa duração de um período em que a soberania do monopolismo gnosiológico foi planetária, e cuja falência – igualmente generalizada (o que é, se não isto: a supremacia atual do irracionalismo?) – arrastou ao colapso a presença e a credibilidade que, apesar de tudo, o pensamento marxiano havia alcançado, ainda que sob forma comprometida, e cuja desfiguração não se dera apenas por influxo de um único fator teórico aberrante. Todavia, sobre o "critério gnosiológico", para usar uma expressão lukacsiana, de abordagem do pensamento de Marx pesa um ônus muito especial, designadamente porque a obra marxiana é a negação explícita daquele parâmetro na identificação da cientificidade, tendo sua própria arquitetônica reflexiva, e, por consonância, natureza completamente distinta daquela suposta pelo epistemologismo. Donde, querer "legitimar" por meio de "fundamento gnosioepistêmico" as elaborações marxianas é desrespeitar frontalmente seu caráter e entorpecer o novo patamar de racionalidade que sua *posição* facultou compreender e tematizar, em proveito da apreensão do multiverso objetivo e subjetivo da mundaneidade humana.

CRÍTICA DO AMÁLGAMA ORIGINÁRIO

A nova *posição* formulada por Marx não é uma pura instauração *endógena*. Sua gênese, por isso, não é apenas uma questão para a história intelectual ou de mera erudição, mas problema condicionante do acesso ao entendimento efetivo de sua natureza teórica, bem como da qualidade do complexo categorial que integra sua fisionomia.

Desde muito cedo, sempre que carecia apresentar e esclarecer o ideário marxiano, este tendeu a ser exposto como um amálgama de origem tríplice. Até frases esparsas de Marx, quando muito mal entendidas – nelas não trata de sua própria evolução teórica, cuidando, sim, estritamente de caracterizar trabalhadores de certos países europeus – podem ter suscitado alguma inspiração extravagante naquela direção. Nada do conteúdo delas autoriza qualquer ilação do tipo, todavia, sentenças como "assim como a filosofia encontra as armas *materiais* no proletariado, assim o proletariado tem as suas armas *intelectuais* na filosofia"[1] e muito especialmente asserções que sustentam que "devemos reconhecer que o proletariado alemão é o *teórico* do proletariado europeu, como o proletariado inglês é seu *economista* e o francês seu *político*"[2] talvez tenham arrimado ressonâncias precipitadas à falta de conhecimento de causa.

Seja como for, o importante é que a ideia do amálgama tríplice se fixou e fez carreira, sob feições diversas, desde as mais taxativas até as puramente evanescentes, como que reduzidas a uma alusão pacífica, embora nunca pensada e resolvida,

---

[1] Karl Marx, "Introdução", em *Crítica da filosofia do direito de Hegel* (São Paulo, Boitempo, 2005), p. 158.

[2] Idem, "Glosas críticas al artículo 'El rey de Prusia y la reforma social. Por un prusiano'", em *Escritos de juventud* (Cidade do México, Fondo de Cultura Económica, 1987), p. 505-21.

mas que vai restando, ao longe, na qualidade de um cômodo suposto residual, cuja crítica parece que convém sempre deixar de lado, porque trabalhosa e, talvez, indutora de embaraço.

Nem quando a inclinação analítica pendeu rigidamente para o diapasão gnosioepistêmico e foi decretado que o alfa e o ômega estavam incrustados na "obra econômica" de Marx, o tríplice amálgama foi submetido à crítica, mesmo porque, agora, na unilateralização sofisticada sob a qual passaram a ser empreendidas as investigações, desimportavam as *origens*, passando a valer apenas a *desembocadura* no método redentor. O que leva a descartar o exame de todo o caminho mediador, que vai das primeiras ao pretendido ponto de chegada, pela simples desqualificação da rota constitutiva a mero aglomerado de vicissitudes intelectuais superadas, quando não puramente amputada a frio pelo ilusionismo da "cesura".

Mais uma vez deixada em sossego, a fórmula do amálgama originário continuou esvoaçando a uma distância confortável, reemergindo dessa vez sob o propósito, em si muito mais pertinente e rigoroso, de esclarecer as relações entre Marx e os clássicos da economia política e principalmente seu nexo com Hegel. Todavia, dado que a ampla problemática das origens é restringida e por isso empalada à questão da origem do método científico, o conjunto das discussões acabou matrizado pela exageração de seus polos: de um lado, Marx é desmesuradamente aproximado de Hegel, a ponto de ser convertido, nos casos extremos, a simples aplicador da lógica hegeliana ao sistema capitalista de produção, o que arrasta o questionamento de sua obra para fora de seu pensamento, passando a ser mera cobrança abstrata em relação à dialética e aos seus fundamentos, igualmente esvaziados em abstrações; no outro extremo, Marx é liminarmente afastado de Hegel, e a extravagância, então, é repetida com sinais trocados: à obra de maturidade é atribuída uma *resolução epistêmica*, no entanto, reconhecidamente inexplícita, ademais de não inteiramente dominada pelo seu criador que, todavia, a teria empregado com muita fertilidade...

Em graus distintos, tais ordens de impropriedade podem ser ilustradas com menções a certas linhas interpretativas ou diretamente a alguns nomes. No primeiro caso, o procedimento é típico da crítica neorracionalista ou neocriticista mais antiga e recente – um dos filões da desqualificação frankfurtiana de Marx vai por essa trilha. Caso totalmente *atípico*, de máxima relevância para o pensamento marxista atual, e a cujo autor é devido contribuição fundamental para a correta apreensão da natureza do pensamento marxiano, mas que se embaraçou no entendimento do método em Marx, e não apenas nisso, exatamente por se exceder na vinculação de Marx a Hegel, apesar de certos cuidados tomados e a interposição de restrições apropriadas, é o de ninguém menos do que Georg Lukács. O que é emblemático da enorme complexidade e delicadeza do problema aflorado. Na outra margem, dispensando considerações ociosas – dada a evidência que proporcionam e porque historicamente destituídos, o que não dispensa análise minuciosa de suas obras – basta apenas mencionar Della Volpe e Althusser.

Pela gravidade desse panorama, é imprescindível traçar a remoção crítica do entulho formado pelo tríplice amálgama, abrindo com isto para o esboço das vias efetivas, textualmente evidenciadas, pelas quais Marx promoveu a instauração de seu pensamento original.

Por certo, das mais antigas e falsas é a versão kautskyana do tríplice amálgama. Estranha por inteiro ao teor e à natureza da obra marxiana, é por isto mesmo a que melhor se presta para acentuar, a grandes golpes, a obtusidade da própria tese em geral, mesmo porque *As três fontes do marxismo* é o texto com que Karl Kautsky, em 1908, rendeu homenagem ao transcurso do primeiro quarto de século da morte de Marx, e que por gerações serviu de referência ou paradigma. Inclusive para Lenin, que cinco anos depois publicou o breve artigo *As três fontes e as três partes constitutivas do marxismo*, também para assinalar um aniversário da morte de Marx.

Em seu explícito naturalismo positivista, a um tempo ingênuo e grosseiro, Kautsky resume o mérito científico de Marx em ter "situado a evolução social no quadro da evolução natural"[3], de modo que "o espírito humano, mesmo nas suas manifestações mais elevadas e mais complicadas, nas suas manifestações sociais, era explicado como sendo uma parte da Natureza"[4]. Por isso "Marx não só transformou completamente a ciência histórica, como anulou também o abismo entre as ciências naturais e as ciências psicológicas"[5], ou seja, promoveu "a síntese das ciências naturais e das ciências psicológicas". Do cume dessa magna elevação do pensamento é que, "para Marx, a luta de classes não era mais do que uma forma da lei geral da evolução da Natureza"[6]. Toda essa extravagante impropriedade é arrematada pela fervorosa invocação aos poderes mágicos do sacro nome da dialética: para Marx, assegura Kautsky, "a evolução é 'dialética', quer dizer, o produto

---

[3] Karl Kautsky, *As três fontes do marxismo* (São Paulo, Centauro, 2004), p. 17.
[4] Idem.
[5] Idem.
[6] Ibidem, p. 23.

de uma luta de elementos opostos que surgem necessariamente"[7]. São tais conflitos – os andamentos dialéticos – que encerram o princípio universal da *evolução catastrófica*, à qual a burguesia que se tornou conservadora opõe "a evolução como movimento inteiramente pacífico"[8], contrariando o fato de que

> [...] todos os dias, a cada passo, encontramos pequenas catástrofes na Natureza, como na sociedade. Cada morte é uma catástrofe. Todo o ser e todas as coisas devem sucumbir perante a preponderância de um antagonista. Não é apenas verdade para as plantas e para os animais, também o é para sociedades inteiras e para impérios, como para os corpos celestes.[9]

É sob os contornos desse deplorável aparato teórico, escandalosamente incompatível com o pensamento de Marx, que Kautsky engendra a fórmula do tríplice amálgama originário da obra marxiana, transpondo para esta o espírito da aglutinação eclética que orienta a sua própria e rústica concepção do evolver cumulativo da ciência em geral.

Já na introdução o escrito kautskyano assegura que

> [...] se queremos definir o caráter da contribuição histórica desse homem prodigioso [Marx], o melhor será talvez dizer que tal contribuição é uma síntese de domínios diferentes e com frequência até contraditórios: encontramos aí, antes de tudo, a síntese do pensamento inglês, francês e alemão.[10]

O que é repetido com alguns acréscimos no item 3, dedicado especificamente à questão:

> Três nações representavam, no século XIX, a civilização moderna. Só quem tinha assimilado o espírito de todas as três e se encontrava assim armado com todas as aquisições do seu século podia produzir o imenso trabalho que Marx forneceu. A síntese do pensamento dessas três nações, onde cada uma perdeu o seu aspecto unilateral, constitui o ponto de partida da contribuição histórica de Marx e de Engels.[11]

A superficialidade e o alinhavo mecânico dessa agregação artificiosa se evidenciam com brutalidade no modo como são arrolados os contributos nacionais peculiares e, simultaneamente, arremessados à pretensa fusão. Da Inglaterra, é claro, provinham os "materiais": "o capitalismo estava, na segunda metade do

---

[7] Ibidem, p. 23-4.
[8] Ibidem, p. 23.
[9] Ibidem, p. 24.
[10] Ibidem, p. 10-1.
[11] Ibidem, p. 31-2.

século XIX, muito mais desenvolvido na Inglaterra do que em qualquer outro país"[12]. Por isso mesmo "em nenhum outro lado, igualmente, a ciência do modo de produção capitalista – a economia política – se encontrava tão próspera"[13]. Com esse perfil avançado, "melhor do que em outro país qualquer, podia-se aprender na Inglaterra o que seria a época futura"[14]. Mas atenção: a *ilha* exuberante e prenhe do futuro da humanidade "só oferecia, para isso, o material, e não os *métodos de investigação*"[15]. De outra parte, e isso já remete à segunda fonte provedora,

> [...] se na Inglaterra, na primeira metade do século XIX, era a ciência econômica que se encontrava mais avançada, na França era a ciência política; se a Inglaterra era regida pelo espírito de compromisso, a França era guiada pelo espírito do radicalismo; se na Inglaterra predominava o trabalho de detalhe da lenta construção orgânica, na França predominava aquele que precisa do ardor revolucionário.[16]

E comparando, por fim, os dois países não pelas suas forças, mas pelos seus limites ou debilidades, Kautsky sintomaticamente traça uma igualização das impotências: "Ao prosaísmo britânico se opôs a embriaguez fraseológica gaulesa"[17]. É o meio pelo qual transita para as fraquezas mais acentuadas do quadro alemão – a terceira fonte:

> A situação da Alemanha era, ainda, diferente. O capitalismo era aí ainda menos desenvolvido do que na França [...]. Muito mais ainda do que a França, a Alemanha era um país pequeno-burguês e, além disso, um país sem um forte poder político central.[18]

Assim, duplamente inabilitado para os empreendimentos modernos – econômica e politicamente – ao alemão só "restava a evasão pelo pensamento puro e pela transfiguração da realidade através da arte, para onde se atirou perdidamente e onde criou grandes coisas"[19]. De sorte que "o pensamento era a ocupação mais elevada dos grandes alemães, a ideia aparecia-lhes como dona do mundo, a re-

---

[12] Ibidem, p. 32.
[13] Ibidem, p. 33.
[14] Idem.
[15] Idem. (Grifo meu.)
[16] Ibidem, p. 38.
[17] Ibidem, p. 39.
[18] Idem.
[19] Ibidem, p. 40-1.

volução do pensamento como meio de revolucionar o mundo"[20]. Em suma, da Inglaterra provieram os "materiais" da economia política; da França, os da ciência política; enquanto "os alemães imaginaram os melhores *métodos* para o avanço do pensamento e da investigação intelectual"[21].

Convém insistir um pouco sobre dois pontos: a "unilateralidade" das fontes e a identidade do método. Segundo Kautsky, cada um dos três pensamentos que integram o amálgama é uma formação parcial, quando no interior da malha nacional de positividades e negatividades que o origina. Enquanto produtos isolados – a matéria econômica inglesa, o conteúdo político francês e o método alemão – são carentes uns dos outros, como que destinados a um *ménage à trois* que os liberaria da hipertrofia originária. De fato, só perdem a unilateralidade graças às suas mútuas junções, pretendidamente operadas por Marx, cujo mérito intelectual, altamente enfatizado, então não passaria da habilidade para aglutinar ideias e procedimentos preexistentes. Ainda mais estranha é a via kautskysta de perfilamento do "método", dito dialético. Mencionando aleatoriamente Schiller, Goethe, Kant, Fichte e Hegel, sem nada dizer a respeito de suas contribuições, de repente, falando também de passagem sobre a benéfica "influência do espírito francês" na Alemanha, Kautsky surpreende, de vez, ao anunciar que "Heinrich Heine e Ferdinand Lassale uniram o pensamento francês revolucionário ao método filosófico alemão"[22], ressalvando, no entanto, que "o resultado foi mais importante ainda quando esta união se completou com a ciência econômica inglesa. É esta síntese que devemos aos trabalhos de Engels e de Marx"[23]. É fantástico e acabrunhante, o tríplice amálgama originário do pensamento marxiano não é sequer de sua inteira responsabilidade – já encontra pronta a união do material político francês com o nervo metódico alemão.

Não fosse o século XX, em suas brilhantes conquistas materiais, simultaneamente uma usina multifacética de produção da falsidade ideal socialmente necessária, o amálgama kautskysta teria se esgotado no perímetro acanhado de um erro teórico pessoal. Mas, engrenado ao desconhecimento generalizado da obra marxiana e impelido por outras urgências, o núcleo da fórmula pôde subsistir, propagado por muitos, e sob o prestígio do aval de Lenin.

Basta relembrar aqui dois pequenos textos, de larga difusão por quase todo o século: o já referido *As três fontes do marxismo e as três partes constitutivas* e o verbete

---

[20] Ibidem, p. 41.
[21] Idem. (Grifo meu.)
[22] Ibidem, p. 43.
[23] Idem.

"Karl Marx", escrito para o *Granat*. Nestes, Lenin reempunha o centro temático do amálgama; sem dúvida, com uma diferença muito ponderável: a algaravia naturalista de Kautsky desaparece, bem como o feitio desconjuntado de sua argumentação. Todavia, a tese é idêntica e, porque bem espanada, ressoa ainda mais categoricamente, também pela inclusão de arrimos filosóficos tomados ao *Anti-Dühring*[24] e ao *Ludwig Feuerbach e o fim da filosofia alemã clássica*[25].

A título de comprovação, vale a pena estampar algumas passagens. Exemplar e taxativa é a definição de marxismo oferecida no verbete:

> Marx continuou e desenvolveu plena e genialmente as três principais correntes ideológicas do século XIX, elaboradas nos três países mais avançados da humanidade: a filosofia clássica alemã, a economia política clássica inglesa e o socialismo francês, em ligação com as doutrinas revolucionárias francesas em geral.[26]

O que é reiterado na íntegra no outro escrito: "O marxismo é o sucessor legítimo do que de melhor criou a humanidade no século XIX: a filosofia alemã, a economia política inglesa e o socialismo francês"[27]; frase que é antecedida pela afirmação de que "a doutrina surgiu como a *continuação* direta e imediata das doutrinas dos representantes mais eminentes da filosofia, da economia política e do socialismo"[28]. Atente-se com todo empenho para esse "*continuação* direta e imediata" e para a assertiva de que o pensamento marxiano tem "lógica e unidade notáveis"[29]. Enlaçadas, as ilustrações perfazem o tríplice amálgama, ao qual não falta o indefectível destaque ao método.

Remontando às heranças marxianas devidas à filosofia clássica alemã, "sobretudo ao sistema de Hegel"[30], Lenin assegura: "A principal dessas aquisições é a *dialética*"[31]. E a define na esteira das conhecidas formulações engelsianas: "doutrina do desenvolvimento na sua forma mais completa, profunda e isenta de unilateralidade; a doutrina da relatividade do conhecimento humano, que nos

---

[24] Friedrich Engels, *Anti-Dühring* (3. ed., São Paulo, Paz e Terra, 1990).

[25] Karl Marx e Friedrich Engels, "Ludwig Feuerbach e o fim da filosofia alemã clássica", em *Obras escolhidas* (Lisboa/Moscou, Avante!/Progresso, 1985, v. III), p. 396.

[26] Vladimir Lenin, "Karl Marx", em *As três fontes e as três partes constitutivas do marxismo* (6. ed., São Paulo, Global, 1988), p. 15. Escrito de julho a novembro de 1914 e publicado pela primeira vez em 1915 no *Granat's Encyclopedic Dictionary* (7. ed., Moscou, Pribói, 1915, tomo 28).

[27] Ibidem, p. 72.

[28] Idem. (Grifo no original.)

[29] Ibidem, p. 15.

[30] Ibidem, p. 73.

[31] Idem. (Grifo no original.)

dá um reflexo da matéria em constante desenvolvimento"[32], arrematando, pouco mais à frente: "A filosofia de Marx é o materialismo filosófico acabado, que deu à humanidade [...] poderosos instrumentos de conhecimento"[33]. Em "Karl Marx" as mesmas asserções comparecem, com a lembrança de que "'Marx e eu [Engels] fomos, seguramente, quase os únicos que procuraram 'salvar', do descalabro do idealismo, incluindo o hegelianismo, 'a dialética consciente'"[34]. Rememoração frisante da importância conferida à dialética, que o texto engelsiano, citado por Lenin, qualifica de "grande ideia fundamental"[35], que no enunciado de sua forma geral quase já não acharia contraditores, mas que se encontra em situação bem diversa quando se trata de "*aplicá-la* à realidade concreta, em cada domínio submetido à investigação". Em suma, para Engels e Lenin, a dialética integra, sabidamente, mais de uma face, já que compreende – a "ideia fundamental" do movimento das coisas naturais e sociais, bem como do próprio pensamento – por isso mesmo, quando falam em *aplicar a dialética* "a cada domínio submetido à investigação"[36], explicitam de modo enfático um aspecto de grande peso em suas convicções, e, por conseguinte, uma dimensão fundamental do que entendem por dialética – a existência suposta de um *método universal de investigação*, devido na íntegra ou em partes *modificadas*, não importa, a Hegel.

Muito mais denso, sem dúvida, do que em Kautsky, mas o contributo germânico para o tríplice amálgama não muda de estatuto, continua sendo o *método de pensar*, e também nada é acrescido por essa elaboração mais sofisticada às demais componentes que leve à regeneração ou a maior plausibilidade do amálgama originário.

Em benefício dos autores ventilados, é devido lembrar que grande parte dos textos marxianos que demarcam o emergir de sua posição reflexiva ainda não haviam sido decifrados e dados a público, quando aqueles pioneiros enfrentaram o problema. Época em que, pela mesma e também por outras razões, Marx e Engels eram encarados como xifópagos, o que é especialmente danoso quando se trata de filosofia. Mas, se esse quadro desfavorável explica em parte a falácia arquitetada, não por isso o erro se torna menor.

De fato, o tríplice amálgama é, a rigor, impensável, a não ser como vaga alusão metafórica às doutrinas mais notáveis do universo intelectual ao qual Marx per-

---

[32] Idem.
[33] Ibidem, p. 74.
[34] Ibidem, p. 19.
[35] Ibidem, p. 20. (Grifo meu.)
[36] Idem.

tencia, e às quais ele teve o discernimento de se voltar, preferencialmente, a partir de certo instante de seu próprio desenvolvimento. Como as faceou, de que modo lidou com elas e de que maneira foram proveitosas na instauração de seu próprio pensamento são, estas sim, questões válidas, que só a direta interrogação de seus escritos – necessariamente de seus escritos – pode legitimamente dirimir.

GÊNESE E CRÍTICA ONTOLÓGICA

Obviedade patente, a lida constante e decisiva de Marx – em torno dos ramos de ponta da produção teórica de sua época – não implica a química da retenção e ligatura das *melhores porções* dos mesmos no amanho da própria obra. Desde logo, do *amálgama* não há qualquer vestígio textual, nem é minimamente passível de sustentação, uma vez que mera inviabilidade teórica em face do novo padrão reflexivo, marcante e altamente consistente, do conjunto da reflexão marxiana instaurada a partir de meados de 1843 e estendida até os últimos escritos.

Basta uma pergunta de fundo para acenar ao verdadeiro perfil da elaboração marxiana: é possível retalhar, filtrar e fundir *partes vivas* de três universos teóricos essencialmente diferentes, e com insumos intelectuais dessa ordem implementar um novo *corpus* filosófico-científico? Ou, especificamente: é possível engendrar algum tipo de discurso de rigor, minimamente articulado, por meio da fusão de uma filosofia especulativa – que sustenta a identidade entre sujeito e objeto – mesmo se redutível a método, com porções de uma ciência vazada em termos "empiristas ainda abstratos", para a qual a história é "uma coleção de fatos mortos"[1] e ainda combinado com emanações da consciência utópica, que, por natureza, reenviam à especulação (piedosa ou sonhadora); ou com as crias da mais precária das modalidades do entendimento, pois, "quanto mais perfeito seja o entendimento *político*, tanto mais acreditará na *onipotência* da vontade, e tanto mais resistirá a ver as *barreiras naturais* e espirituais que se levantam diante dela, e mais incapaz será, por conseguinte, de descobrir a fonte dos males sociais"[2].

---

[1] Karl Marx e Friedrich Engels, *A ideologia alemã* (São Paulo, Boitempo, 2007), p. 94.

[2] Karl Marx, "Glosas críticas al artículo 'El rey de Prusia y la reforma social. Por un prusiano'", em *Escritos de juventud* (Cidade do México, Fondo de Cultura Económica, 1987), p. 518-9.

A própria indagação, padecendo de viés gnosiológico, é exterior ao universo teórico marxiano e alheia à investigação genética; donde, por si e pela indubitável resposta negativa que suscita, adverte para outros rumos analíticos.

In limini, a subsunção ativa aos escritos investigados é sempre ponto de partida e passo fundamental no autêntico procedimento de rigor; por isso mesmo, não perde de vista a íntima vinculação dos mesmos à trama real e ideal dos quadros temporais a qual pertencem, e com a qual estabelecem liames complexos de confluência e ruptura, num amplo gradiente de complicadas variações, que em outros passos exige esclarecimento. É da síntese – junção e interpenetração – de tais momentos analíticos que se perfaz a *análise concreta* de uma formação ideal. Desse modo, ao contrário das hermenêuticas da imputação, que não compreendem o que interpretam, e também dos julgamentos pelo exterior (gnosioapriorismos e tipos ideais) operados pelo neorracionalismo, que sentenciam réus abstratos ou falecem em perplexidade, a destacada *análise concreta* – inclusive enquanto condição de possibilidade à efetiva integração de seus momentos analíticos, sempre reconhecidos e reconhecíveis em seus graus de maior ou menor concretude e abstratividade – exige a captura *imanente* da entificação examinada, ou seja, a *reprodução analítica* do discurso através de seus próprios meios e preservado em sua identidade, a partir da qual, e sempre no respeito a essa integridade fundamental, até mesmo em seu "desmascaramento", busca esclarecer o intrincado de suas origens e desvendar o rosto de suas finalidades.

Fazendo valer para Marx as mesmas garantias e exigências que o espírito e a letra da obra marxiana impõem a qualquer investigação, há, pois, que assinalar, em talhe mais do que breve, que o itinerário marxiano de Marx tem início ao cabo de extenso capítulo da história intelectual germânica, que envolve de maneira central e peculiar a questão ontológica. Com uma frase curta e precisa, Lukács, abrindo a parcela de sua *Ontologia* dedicada a Hegel, caracteriza de modo agudo e inusual a rota percorrida pela filosofia clássica alemã, ao dizer que nesta há "um movimento que leva da negação teórica da ontologia em Kant a uma ontologia universalmente explicitada em Hegel"[3]. Ressalva, como devido, que "a negação kantiana não se apresenta como absoluta"[4], pois "em Kant a práxis moral transpassa ao ontológico"[5], e que, já no pensamento fichtiano, "esse princípio se torna o fundamento único

---

[3] Georg Lukács, "A falsa e a verdadeira ontologia de Hegel", em *Ontologia do ser social* (São Paulo, Ciências Humanas, 1979), p. 9.

[4] Idem.

[5] Idem.

da verdadeira realidade, cuja essência é constituída pela razão ativa, que é afirmada como idêntica à realidade"[6]. Vale observar, de passagem, que fortes ecos, de não poucos desses traços ressalvados, estão presentes nos textos *pré-marxianos* de Marx: a tese doutoral e os artigos da *Gazeta Renana*. O registro é útil para a demarcação da emergência do pensamento original do autor. Nesse sentido, para franquear à questão do advento da obra efetivamente marxiana, há primeiro que completar o traçado da história intelectual que a antecede, reencetando pela "ontologia universalmente explicitada em Hegel" desde logo, para ressaltar a abrangência universal de seu caráter especulativo, isto é, a engenharia *lógico-ontológica* de seu todo, como Lukács não deixa de fazer, mas reservando ênfase especial para o que chama de "falsa ontologia", ou seja, às suas consequências mais problemáticas. Não é preciso, aqui, entoar as notas da última observação, já que dizem respeito, acima de tudo, a reservas já aludidas à demasiada aproximação de Marx a Hegel, característica da interpretação lukacsiana. Cabe, sim, completar o imediato quadro antecedente à reflexão marxiana, pela anotação da crítica de Feuerbach à especulação hegeliana e de seus reclamos por uma nova ontologia de orientação radicalmente distinta, ou seja, de pronunciada inclinação imanentista-naturalista, cuja relevância, no impulso a novos rumos filosóficos (evidentes, por sinal, no século XX), independe da precariedade e contraditoriedade da polimorfia errática dos encaminhamentos, desfechos e irresoluções de seu próprio trabalho.

Feuerbach, como é muito bem sabido, foi o único dos neo-hegelianos, segundo Marx, a acertar contas com a dialética hegeliana e a substituir embriaguez especulativa por pensamento sensato. A esse respeito é exemplar na ênfase de suas "Teses provisórias para a reforma da filosofia":

> A lógica hegeliana é a teologia reconduzida à *razão* e ao *presente*, a *teologia* feita *lógica*. *Assim como o ser divino da teologia é a quintessência ideal ou abstrata de todas as realidades*, isto é, *de todas as determinações, de todas as finitudes*, assim também ocorre com a lógica. Tudo o que existe sobre a terra reencontra-se no céu da teologia; assim também *tudo que se encontra na natureza reencontra-se no céu da lógica divina*: a qualidade, a quantidade, a medida, a essência, o quimismo, o mecanismo, o organismo.[7]

Com essa sinalização enérgica o filósofo abre caminho para, páginas adiante, tematizar:

---

[6] Idem.

[7] Ludwig Feuerbach, "Teses provisórias para a reforma da filosofia", em *Princípios da filosofia do futuro* (Lisboa, Edições 70, 1988), p. 21. Disponível em <http://www.lusosofia.net/textos/feuerbach_teses_provisorias_de_reforma_da_filosofia.pdf>.

A filosofia hegeliana é a supressão da contradição entre o pensar e o ser, como particularmente Kant a exprimiu, mas, cuidado!, é apenas a supressão dessa contradição *no interior da contradição* – no interior de *um só e mesmo* elemento – *no seio do pensamento*. Em Hegel, *o pensamento é o ser*; *o pensamento é o sujeito*; o ser é o *predicado*. A lógica é o pensamento no elemento do pensamento, ou o pensamento que pensa a si mesmo: o pensamento como *sujeito sem predicado*, ou o pensamento que é *ao mesmo tempo sujeito e predicado de si mesmo*. [...] Hegel só pensou os objetos como *predicados* do pensamento que pensa a si mesmo.[8]

Em decorrência, pode ser taxativo ao concluir a reflexão:

Quem não abandonar a filosofia hegeliana, não abandona a teologia. A doutrina hegeliana, segundo a qual a natureza, a realidade, é *posta* pela ideia, só é a expressão racional da doutrina teológica, segundo a qual a natureza é criada por Deus, o ser material por um ser imaterial, isto é, abstrato.[9]

Mas Feuerbach não se limita ao desmonte crítico. De outra parte, positivamente, formula com nitidez a esfera sustentada como resolutiva das novas premências ontológicas:

O verdadeiro nexo entre pensamento e ser é só este: o *ser é sujeito*; o *pensar, predicado*. O pensamento provém do ser, mas o ser não provém do pensamento. O ser existe a partir de si e por si – o ser só é dado pelo ser. O ser tem seu fundamento em si mesmo, porque só o ser é sentido, razão, necessidade, verdade, numa palavra, tudo em todas as coisas. O ser *é* porque o não ser é não ser, isto é, nada, *sem-sentido*.[10]

É o que tinha em mira e autorizara anunciar, pouco antes, que "a filosofia é o conhecimento do *que é*. Pensar e conhecer as coisas e os seres *como são* – eis a lei suprema, a tarefa máxima da filosofia"[11].

Em *Princípios da filosofia do futuro*, o mesmo panorama de inflexões antiespeculativas e projeções ontológicas é oferecido em escala ampliada. Vale estampar mais alguns fragmentos para consolidar a postura já traçada. Assim, é interessante observar como Feuerbach procura, na afirmação do sujeito sensível, se destacar contra e se situar para além – não só da filosofia especulativa hegeliana, mas de toda a especulação moderna – sem ignorar o passo evolutivo que esta consubstanciara na ultrapassagem do pensamento medieval:

---

[8] Ibidem, 30-1.
[9] Idem.
[10] Ibidem, p. 31.
[11] Ibidem, p. 26.

Se a *velha filosofia* tinha como ponto de partida a proposição: *sou um ser abstrato, um ser puramente pensante, o corpo não pertence à minha essência*, ao contrário, a nova filosofia começa com a proposição: *sou um ser real, um ser sensível, cujo corpo pertence ao meu ser; por certo, o corpo em sua totalidade é meu eu, meu próprio ser.*[12]

E logo a seguir, explica:

A filosofia moderna buscava algo *imediatamente certo*. Por conseguinte, rejeitou o pensar *carente de fundamento e base* da escolástica, fundando a filosofia na *autoconsciência*, isto é, pôs no lugar do ser puramente pensado, no lugar de Deus, do ser supremo e último de toda a filosofia escolástica, o ser *pensante*, o eu, o *espírito autoconsciente*; com efeito, para quem pensa, o pensante está *infinitamente mais próximo* do pensante, *mais presente e mais certo do que o pensado*. Suscetível de dúvida é a existência de Deus e, em geral, também o que penso, mas é indubitável que eu sou, eu que penso, que duvido. Mas a autoconsciência da filosofia moderna é, ela mesma, *apenas um ser pensado, mediado por abstração, portanto, um ser dubitável. Indubitável, imediatamente certo, é unicamente o objeto dos sentidos, da intuição e do sentimento.*[13]

Mesmo porque já havia argumentado que

Um ser *só pensante* e, ademais, que só pensa *abstratamente*, não tem *representação* alguma *do ser, da existência, da realidade. O ser é o limite do pensar; o ser enquanto ser* [*Sein als Sein*] *não é objeto* [*Gegenstand*] *da filosofia, ao menos da filosofia abstrata e absoluta.* [...] Para o pensamento abstrato, o ser, por conseguinte, é nada em si e para si mesmo, já que é o nada do pensamento, isto é, o nada ser para o pensamento, o *vazio de pensamento*. Precisamente por isso, o ser que a filosofia especulativa introduz em seu domínio e cujo conceito reivindica é também um puro espectro, que está em absoluta contradição com o ser real e com o que o homem entende por ser. O homem entende por *ser* [*Sein*], de acordo com a coisa real e a razão, *ser-aí* [*Dasein*], *ser-para-si* [*Fürsichsein*], *realidade* [*Realität*], existência [*Existenz*], efetividade [*Wirklichkeit*], objetividade [*Objektivität*]. Todas estas determinações ou nomes exprimem, ainda que de distintos pontos de vista, uma só e mesma coisa. Ser *in abstracto*, ser *sem* objetividade, *sem* efetividade, *sem* ser-para-si é, indubitavelmente, nada; mas, *neste nada, expresso apenas a niilidade de minha abstração.*[14]

E, mais uma vez em termos positivos, assinala o que vem a ser em seu posicionamento o verdadeiro campo da ontologia:

---

[12] Ludwig Feuerbach, "Princípios da filosofia do futuro", em *Princípios da filosofia do futuro*, cit., p. 82.
[13] Ibidem, p. 83.
[14] Ibidem, p. 70.

O real, *em sua realidade ou enquanto real*, é o real *enquanto objeto [Objekt] dos sentidos, é o sensível. Verdade, realidade e sensibilidade* são idênticas. Só um ser [*Wesen*] sensível é um ser verdadeiro, um ser real. Só mediante os *sentidos* se dá um *objeto* [*Gegenstand*] em sentido verdadeiro – e não mediante o pensar *por si mesmo*. O objeto *dado pelo pensar* ou *idêntico a ele é apenas pensamento*.[15]

Por isso, "a nova filosofia observa e considera *o ser* tal como é para nós, enquanto *seres não só pensantes*, mas também *realmente existentes* – por conseguinte, *o ser enquanto objeto do ser* – como objeto de si mesmo"[16]. Em síntese, reunindo a dimensão crítica ao princípio adiantado da nova *posição*:

> O ser *da lógica hegeliana é o ser da antiga metafísica*, que é anunciado de todas as coisas *indistintamente*, já que, segundo ela, todas as coisas *coincidem* em que estas *são*. Mas este *ser indiferenciado* é um *pensamento abstrato*, um *pensamento sem realidade*. *O ser é tão diferenciado como as coisas que são*. [...] O ser não é um *conceito universal, separável das coisas. É uno com o que é*.[17]

Contundentes na crítica antiespeculativa, bem como na viragem ontológica, as proposituras feuerbachianas são radicais, quer pela "coragem de ser absolutamente negativo" em relação ao passado filosófico imediato, síntese de longo percurso idealista, quer, afirmativamente, pelo "imperativo de realizar o novo", porque nele "reside a verdadeira necessidade", identificada esta "à necessidade da época, da humanidade", que é, em suma, "exigência do futuro", isto é, "futuro antecipado", como esculpe Feuerbach em sua brevíssima "Necessidade de uma reforma da filosofia"[18] (1842), à qual pertencem todas as menções deste parágrafo. É nessa dupla condição de radicalidade, tanto na ruptura, como na vigorosa impulsão a um universo ontológico qualitativamente novo, que as proposições feuerbachianas não podem ser ignoradas, como não o foram – o que é decisivo – por Marx.

De sorte que, em meados de 1843, ao principiar a formulação de seu próprio pensamento, Marx não tem apenas diante de si a "ontologia universalmente explicitada" por Hegel, mas também a explícita negação desta por Feuerbach. Poderia ter dado as costas ao fato, isto é, em especial às "Teses provisórias" e aos *Princípios*, ou tê-los acolhido de forma mais moderada e específica, sob o filtro de um ou

---

[15] Ibidem, p. 79.

[16] Ibidem, p. 80.

[17] Idem.

[18] Ludwig Feuerbach, "Necessidade de uma reforma da filosofia", em *Princípios da filosofia do futuro*, cit. Disponível em <http://www.lusosofia.net/textos/feurbach_necessidade_reforma_filosofia.pdf>.

outro aspecto mais diretamente *humanista*, como reagira em face de *A essência do cristianismo*[19] (1841), mas não foi o que aconteceu.

Já foi dito que o intervalo entre 1841 e meados de 1843, ao qual pertencem a tese doutoral e os artigos da *Gazeta Renana*, compreende o período inicial e *não marxiano* da elaboração teórica de Marx. Numa identificação menos genérica, o vínculo a ressaltar é com o *idealismo ativo*, próprio dos neo-hegelianos; aos escritos dessa fase é que cabe, *exclusivamente*, numa periodização fundamentada, a designação de *obra juvenil*. Nesta, a rigor, não se encontram vestígios do pensamento feuerbachiano; em contrapartida, Bruno Bauer é uma presença inegável.

Basta recordar que "A diferença entre a filosofia da natureza de Demócrito e a de Epicuro", cuja temática foi provavelmente sugerida ou, ao menos, respaldada por Bauer, é explicitamente apresentada como elaboração conduzida pelas urdiduras características da *filosofia da autoconsciência*, então hegemônica no círculo frequentado por Marx e pedra angular do pensamento baueriano, para o qual abordagens sobre a filosofia pós-aristotélica eram pertinentes e relevantes, dado que voltadas à problemática da consciência. Ou seja, nos próprios termos de Marx, em meio às ressalvas de praxe:

> [...] creio ter elucidado um problema, até aqui insolúvel, da história da filosofia grega. [...] Deve-se considerar este ensaio como simples antecipação de um escrito mais amplo, onde exporei em detalhe o ciclo da filosofia epicurista, estoica e cética, nas suas relações com o conjunto da especulação grega.[20]

Não importa que esse projeto tenha caído, rapidamente, em total esquecimento, mas sim o peso de suas dimensões e o significado que isso encerrava ao tempo em que foi anunciado. Desde logo porque o projeto se mede por Hegel e remete para além dele, ou para sua verdadeira profundidade, bem ao sabor de certos lineamentos neo-hegelianos em geral e baueristas em particular:

> Hegel, é verdade, definiu no conjunto com exatidão o caráter geral desses sistemas; mas, de um lado, a admirável vastidão e audácia do plano de sua história da filosofia, só a partir da qual a própria história da filosofia teve nascimento, não lhe permitia entrar em pormenores; de outro, a concepção do que chamava especulativo *par excellence* impedia esse gigantesco pensador de reconhecer a alta importância desses sistemas para

---

[19] Idem, *A essência do cristianismo* (Petrópolis, Vozes, 2007).
[20] Karl Marx, "Diferencia entre la filosofia democrateana y epycúrea de la naturaleza", em *Escritos de juventud*, cit., p. 17.

a história da filosofia grega e para o espírito grego em geral. Tais sistemas são a chave da verdadeira história da filosofia grega.[21]

Retido o contorno da propositura, afinal, qual é a grande descoberta do Marx *pré-marxiano*? O arcabouço da resposta está desenhado por inteiro no breve parágrafo I da primeira parte da tese, articulado pelos seguintes passos do autor:

• assinala que "as filosofias platônica e aristotélica se desenvolveram até à totalidade", e que "com Aristóteles parece findar a história objetiva da filosofia na Grécia"[22];

• indaga se "é casual que nos epicuristas, estoicos e céticos sejam representados integralmente todos os momentos da autoconsciência, porém, cada um como uma existência peculiar"[23], e também se seria um acaso que, "tomados em conjunto, esses sistemas formem a inteira construção da autoconsciência"[24];

• arremata, explicitando sua tese de fundo:

> Parece-me que, se os sistemas precedentes são mais significativos e interessantes pelo conteúdo, os sistemas pós-aristotélicos, em particular o ciclo das escolas epicurista, estoica e cética, o são ainda mais pela forma subjetiva, pelo caráter da filosofia grega. Ora, é justamente a forma subjetiva, o suporte espiritual dos sistemas filosóficos, que foi, até agora, quase que completamente esquecida a favor de suas determinações metafísicas.[25]

Próximo ao espírito baueriano, na linha que põe em contraste as formas exotérica e esotérica em proveito do esclarecimento da obra de um grande autor, a última observação parece reclamar contra a tematização unilateral e quase que exclusivamente voltada aos desenvolvimentos da autoconsciência impessoal ou absoluta de Hegel, além de pretender explicitamente, é o que mais importa ressaltar, o resgate e o reconhecimento – "contra todos os deuses celestes e terrestres"[26], tal como já havia antecipado no "Prefácio" – da "autoconsciência humana como divindade suprema"[27], assegurando com toda a ênfase que esta "não tem rival"[28].

---

[21] Idem.
[22] Ibidem, p. 20.
[23] Ibidem, p. 21.
[24] Idem.
[25] Idem.
[26] Ibidem, p. 18.
[27] Idem.
[28] Idem.

Esse relevo de princípio, conferido à autoconsciência, tem por consonância o corpo do texto. Tome-se como ilustração uma passagem dos fragmentos que restaram do Apêndice ("Crítica da polêmica de Plutarco contra a teologia Epicuro"), que é peremptória em relação à prova ontológica: "*as provas de existência de Deus não são mais do que provas da existência da autoconsciência humana essencial, explicações lógicas da mesma*. Valha o exemplo da prova ontológica. Que ser é imediatamente, tão logo seja pensado? A autoconsciência"[29].

A exata *posição* de Marx nesse período pode ser motivo de minuciosa polêmica, como a travada, por exemplo, entre Auguste Cornu e Mario Rossi, ambos argumentando com enraizamento nos textos; a conclusão, entretanto, não poderá deixar de ser a configuração de um certo ponto no gradiente idealista da época, ao qual Marx agrega dimensão crítica particularizadora, que o distingue tanto de Hegel quanto dos neo-hegelianos, em especial no que tange à problemática das relações entre filosofia e mundo, ou seja, entre consciência e substância, que deixam de ser configurações metafísicas absolutas e isoladas, para se tornarem em sua concepção, por meio de artes e diabruras dialéticas, entificações passíveis de complicadas metamorfoses e interfluxos.

De todo modo, a reflexão do Marx pré-marxiano – situada no universo de Hegel e dos marcos espirituais do idealismo ativo dos jovens hegelianos, bem ressalvadas suas tonalidades e inflexões diferenciadoras – está confinada ao quadro da autoconsciencialidade e por esta é estruturada. E suas pretendidas virtualidades são a razão maior de sua simpatia e opção por Epicuro, que transpassam toda a dissertação e a encerram pela conclusão categórica de que

> [...] em Epicuro, o *atomismo*, com todas as suas contradições, enquanto *ciência natural da autoconsciência* – que em si é princípio absoluto sob a forma da singularidade abstrata – é portanto inteiramente realizado e conduzido até à última consequência, sua dissolução e consciente oposição ao universal.[30]

Pois, oposto à "veneração dos corpos celestes, culto celebrado por todos os filósofos gregos"[31], Epicuro nega a "primazia da teoria dos meteoros em relação às outras ciências"[32] e "não admite que o conhecimento dos meteoros [...] nos faça chegar a algo diferente da ataraxia ou da firme confiança". Isso coloca em evidên-

---

[29] Ibidem, p. 70.
[30] Ibidem, p. 53-4.
[31] Ibidem, p. 47.
[32] Ibidem, p. 49.

cia que, para ele, essa doutrina "é uma questão de consciência", estabelecendo categoricamente que "os corpos celestes não são eternos porque perturbariam a ataraxia da autoconsciência; e essa conclusão é necessária e imperiosa"[33]. De modo que, postas de lado intrincadas mediações, "o princípio da filosofia epicurista [...] é o absoluto e a liberdade da autoconsciência"[34]. Asserções finalizadoras que rendem o seguinte comentário globalizante de Cornu:

> Ao opor Epicuro a Demócrito, Marx começava por enaltecer naquele o filósofo lúcido, o ateu que havia libertado o homem do temor aos deuses; o elogiava antes de tudo por haver analisado os fenômenos físicos em suas relações com o homem, e por haver feito da filosofia da natureza o fundamento de uma ética cujo objetivo era assegurar e justificar a liberdade humana. O idealismo, cujo princípio é a autonomia absoluta do espírito, constituía a tal ponto para ele o verdadeiro fundamento da ciência que considerava mérito de Epicuro a formulação verdadeira da teoria do átomo, ao distinguir a essência da substância e subordinar o elemento material ao espiritual, com o que superou o materialismo determinista de Demócrito.[35]

A esse respeito, Rossi segue na mesma direção e remete igualmente à teoria dos meteoros, ressaltando também as mencionadas passagens decisivas da tese:

> Marx conclui que onde se revela a alma da filosofia de Epicuro é precisamente na teoria dos meteoros: nada do que destrói a ataraxia da consciência individual é eterno; os corpos celestes a destroem porque são a universalidade existente, porque neles a natureza chegou à autonomia. O princípio de Epicuro é, pois, a liberdade da autoconsciência na forma da individualidade. Se a consciência individual abstrata é posta como princípio absoluto, toda ciência real e verdadeira é, desde logo, suprimida, posto que o que reina na natureza das coisas não é a natureza das coisas; porém, isso significa também a supressão de toda a transcendência, de tudo o que é contra a consciência e pertence ao intelecto imaginativo; se, pelo contrário, a autoconsciência universal abstrata é elevada a princípio, se chega ao misticismo mais supersticioso, como no caso dos estoicos. Essa tendência é precisamente a que Epicuro trata de combater, e por isso é o mais importante dos racionalistas gregos, merecendo plenamente o célebre elogio de Lucrécio, de vencedor da *religião* e libertador do gênero humano.[36]

---

[33] Ibidem, p. 50.
[34] Idem.
[35] Auguste Cornu, *Marx/Engels: del idealismo al materialismo histórico* (Buenos Aires, Platina Stilcograf, 1965), p. 151.
[36] Mario Rossi, *La genesis del materialismo histórico: el joven Marx* (Madri, Alberto Corazón, 1963), p. 38-9.

A autoconsciencialidade, como base e atmosfera, se estende pelos artigos da *Gazeta Renana*, o conjunto no qual se expressam com abundância e muita nitidez os traços marcantes do pensamento político pré-marxiano de Marx. Aliás, enquanto tal, sejam quais forem as divergências interpretativas que tenham ocorrido, esse é um capítulo, no fundamental, exegeticamente pacífico, inclusive no reconhecimento de sua grande relevância para o rumo futuro da orientação teórica do autor. Não – grife-se com toda força – porque contenha algum elemento germinal do itinerário posterior, mas, ao contrário, porque levou Marx, a partir de um dado momento, ao questionamento e subsequente abandono de todo o complexo teórico em que, até então, inseria sua reflexão.

Com efeito, bem de acordo com seu hegelianismo ou neo-hegelianismo de juventude, nos textos redigidos para a *Gazeta Renana*, Marx é um adepto exímio da vertente – clássica e de origem tão remota quanto a própria filosofia – que identifica na política e no Estado a própria realização do humano e de sua racionalidade. Vertente para a qual *Estado* e *liberdade* ou *universalidade, civilização* ou *hominização* se manifestam em determinações recíprocas, de tal forma que a politicidade é tomada como predicado intrínseco ao ser social e, nessa condição – enquanto atributo eterno da sociabilidade – reiterada sob modos diversos que, de uma ou de outra maneira, a conduziram à plenitude da estatização verdadeira na modernidade. Politicidade como qualidade perene, positivamente indissociável da autêntica entificação humana, portanto, constitutiva do gênero, de sorte que orgânica e essencial em todas as suas atualizações. Em suma, à época, Marx estava vinculado às estruturas tradicionais da filosofia política, ou seja, à *determinação ontopositiva da politicidade*, o que o atava a uma das inclinações mais fortes e características do movimento dos jovens hegelianos. E nada é mais fácil do que evidenciar, por meio de alguns extratos, as típicas posições teórico-políticas que o caracterizavam.

Alguns trechos finais do último artigo da série intitulada "O editorial do número 179 da *Gazeta de Colônia*" talvez sejam os melhores para ilustrar os contornos fundamentais de suas convicções à época. Diz Marx, polemizando contra Karl H. Hermes:

> Tereis necessariamente de reconhecer que o Estado não pode ser constituído partindo da religião, mas da razão da liberdade. Só a mais crassa ignorância pode sustentar a afirmação de que esta teoria, a autonomia do conceito de Estado, seja uma postulação efêmera dos filósofos de nossos dias. A filosofia não fez em política mais do que fizeram a física, a matemática, a medicina ou qualquer outra ciência em suas próprias esferas. [...] Ao redor da época do grande descobrimento de Copérnico sobre o verdadeiro

sistema solar, descobriu-se a lei da gravitação do Estado, se encontrou seu centro de gravidade nele mesmo [...].[37]

E depois de apontar a emergência de eventos práticos nessa direção, menciona as contribuições de Maquiavel a Hegel no plano teórico, para frisar que a partir deles se começou "a considerar o Estado com olhos humanos e a desenvolver suas leis partindo da razão e da experiência". O raciocínio é completado pela vinculação da *razão* de seu tempo à vertente universal da racionalidade: "A recente filosofia não fez mais que levar adiante um trabalho iniciado por Heráclito e Aristóteles", de modo que ataques contra a fundamentação racional do Estado são repelidos pelo jovem Marx com o argumento de que tais críticas, em verdade, "não são dirigidas contra a razão da nova filosofia, mas contra a filosofia sempre nova da razão"[38]. É com essa parametração que, finalizando suas considerações, explicita, positivamente, a concepção de Estado que defende e pela qual orienta suas próprias reflexões:

> Mas, se em outros tempos os mestres filósofos do direito público derivaram o Estado partindo dos impulsos da ambição ou do instinto social, ou também da razão, mas não da razão da sociedade, e sim da razão do indivíduo, a visão mais ideal e profunda da mais recente filosofia o derivam da ideia do todo. Ela considera o Estado como o grande organismo no qual a liberdade jurídica, moral e política devem encontrar a sua realização, e no qual cada cidadão, obedecendo às leis do Estado, não faça mais do que obedecer somente às leis de sua própria razão, da razão humana. *Sapienti sat* ["A bom entendedor, meia palavra basta"].[39]

Essa figura do Estado – encarnação da razão e entidade compelida ao progresso pela crítica filosófica, ferramenta espiritual na eliminação das *irracionalidades* do real pela determinação de cada existente pela essência, de toda realidade particular pelo seu conceito – é a mesma que comparece em "Debates sobre a lei punitiva dos roubos de lenha", um daqueles textos em que Marx, muito sintomaticamente, procurou resolver problemas socioeconômicos recorrendo ao pretendido formato racional do Estado moderno e da universalidade do direito. Bem indicativa dessa diretriz é a argumentação que gira em torno da contraposição entre a *universalidade do Estado* e a *particularidade da propriedade privada*. No caso, ao recusar a legislação punitiva, recrimina duramente a ocorrência pela qual "a propriedade privada, por não contar com os meios para se elevar à posição do Estado, faz este se rebaixar aos

---

[37] Karl Marx, "El editorial del número 179 de la *Gazeta de Colonia*", em *Escritos de juventud*, cit., p. 235.

[38] Idem.

[39] Ibidem, p. 236.

meios irracionais e antijurídicos da propriedade privada", alertando enfaticamente: "Essa arrogância da propriedade privada, cuja alma mesquinha nunca foi arejada e iluminada pela ideia de Estado, é uma lição severa e fundamental para o Estado", visto que, para a ótica de Marx – *spiritus rector* da Gazeta Renana –, "se o Estado se rebaixa, ainda que só em um ponto, e procede, não ao seu modo, mas ao modo da propriedade privada, ele se degrada"[40].

Consistindo a *degradação* do Estado precisamente em descender da universalidade, é provável que a melhor das ilustrações da ideia de Estado como universalidade humana seja a que aparece num artigo anterior da mesma série, quando Marx trata do infrator como cidadão, e o Estado emerge explicitamente como *comunidade*:

> O Estado deve ver algo mais no transgressor [...]. Por acaso cada um dos cidadãos não se acha unido a ele por mil nervos vitais, e por acaso pode se considerar autorizado a cortar todos esses nervos pelo simples fato de que um cidadão tenha cortado um nervo apenas? O Estado deve ver no infrator, além disso, um ser humano, um membro vivo da comunidade por cujas veias corre o sangue desta, um soldado chamado a defender a pátria, uma testemunha cuja voz deve ser ouvida ante os tribunais, um membro da comunidade capacitado para desempenhar funções públicas, um pai de família cuja existência deve ser sagrada e, acima de tudo, um cidadão do Estado, que não pode descartar levianamente um de seus membros de todas essas funções, pois o Estado, ao fazer de um cidadão um delinquente, amputa a si mesmo.[41]

Sejam quais forem as inflexões que a crítica pré-marxiana sofreu, no decurso dos escritos da *Gazeta Renana*, jamais afetaram a natureza do pensamento com o qual Marx esgrimia àquele tempo os desafios da esfera política. Desde o primeiro trabalho como articulista, "Observações sobre a recente instrução prussiana a respeito da censura", publicado nos *Anecdotis*, até o último estampado na *Gazeta Renana*, Marx exercitou com grande desenvoltura uma franca concepção onto-positiva da politicidade, na qual o "Estado descansa sobre a livre razão" e, por isso mesmo, é "a realização da razão política e jurídica", portanto, da eticidade racional, pois, de acordo com "as doutrinas dos heróis intelectuais da moral, tais como Kant, Fichte e Espinosa [...] a moral repousa sobre a autonomia do espírito humano". Essas passagens, todas extraídas das "Observações", estão em perfeita consonância com um padrão de juridicidade sustentado pelo jovem Marx, para o qual

---

[40] Karl Marx, "Debates sobre la ley castigando los robos de leña", em *Escritos de juventud*, cit., p. 263.
[41] Ibidem, p. 258-9.

As leis não são medidas repressivas contra a liberdade, da mesma forma que a lei da gravidade não é uma medida repressiva contra o movimento, já que impulsiona os movimentos eternos dos astros [...]. As leis são, antes, as normas positivas, luminosas e gerais em que a liberdade adquire uma existência impessoal, teórica e independente da vontade humana. Um código é a Bíblia da liberdade de um povo.[42]

É o mesmo caráter racional do direito que insurge o Marx pré-marxiano contra a subversão irracionalista da doutrina kantiana, perpetrada por Gustav Hugo e Friedrich Savigny em benefício do *direito positivo*, romanticamente embalado, da Escola Histórica do Direito[43].

De cabo a rabo, uma subjetividade racional, fundante e operante, que não nega o mundo objetivo, mesmo porque o concebe como passível de racionalização pela ação crítica da filosofia libertadora. Em suma, um poder público engendrado pela autoconsciência, de tal forma que

Em um verdadeiro Estado não há propriedade fundiária, nem industrial, nem elemento material, que na sua bruta elementaridade possa se acomodar com o Estado: há somente forças *espirituais*, e apenas ressurgindo no Estado, renascendo politicamente, as forças naturais adquirem direito de voto no Estado. O Estado penetra a natureza inteira com nervos espirituais, e é necessário que em qualquer dos pontos não seja a matéria que domine, mas a forma, não a natureza sem o Estado, mas a natureza do Estado, não o *objeto privado de liberdade*, mas o *homem livre* [...] [visto que] não deve nem pode o Estado, este reino natural do espírito, buscar e encontrar a própria e verdadeira essência em um dado da aparência sensível.[44]

Cornu, Rossi e Lukács[45] não vacilam em assinalar a matriz idealista da elaboração política de Marx ao tempo do periódico liberal de Colônia. Com maior (Rossi) ou menor (Lukács) análise dos textos, de acordo com a natureza e as proporções de seus próprios trabalhos, os três são convergentes no ponto central, todavia, visivelmente preocupados em acentuar, cada um deles por meio de aspecto diverso, a continuidade posterior da obra de Marx em relação aos escritos da *Gazeta Renana*, ou seja, procuram encontrar nestes, em alguma medida, a irrupção germinal do

---

[42] Idem, "Sobre a liberdade de imprensa", em *Escritos de juventud*, cit., p. 200-1.
[43] Idem, "Manifesto filosófico da escola histórica do direito", em *Escritos de juventud*, cit., p. 237-43.
[44] Karl Marx e Friedrich Engels, "Der Artikel in nr 335 und 336 der Augsburger 'Allgemeinen Zaitung' über die städichen Ausschüse in Preußen", em *Gesamtausgabe*, I, 1 (Berlim, Dietz Verlag, 1975), p. 275 e p. 283.
[45] Georg Lukács, *Il giovane Marx* (Roma, Riuniti, 1978), p. 38 e ss. [Ed. bras.: *O jovem Marx*, Rio de Janeiro, UFRJ, 2007.]

pensamento *marxiano*. Cornu tenta ver sempre e em toda parte precedentes do futuro roteiro materialista de Marx, rastros de uma suposta transição progressiva do hegelianismo e do democratismo radical para a esfera da doutrina revolucionária do materialismo e do comunismo, enquanto Lukács, ainda que de forma mais sumária, todavia dentro de lineamentos bastante próximos, acentua o distanciamento de Marx em relação a Hegel, através do que chama de "hegelianismo radical", e a crescente radicalização política do jovem pensador, do mesmo modo que Rossi, por meio de uma investigação bem mais detalhada e cuidadosa, de cunho analítico diverso, procura ressaltar o fortalecimento da inclinação de Marx ao concreto e à prática, sempre no interior da problemática, por ele destacada, das relações entre filosofia e mundo. Se apreendidos como presenças reflexivas atípicas ou dissonantes, os elementos ressaltados pelos três não precisam ser contestados em sua condição de inquietações teóricas abstratas e como emergências da fina sensibilidade humanitária de Marx, sempre que contrastados com a efetiva natureza da reflexão pré-marxiana dos artigos. De fato, tais momentos não alteram a natureza do arcabouço ideal que matriza o conjunto desses escritos, nem tampouco são traços constitutivos do futuro desenvolvimento *teórico* de seu autor. Essa é a questão decisiva, que os três intérpretes acabam por deixar bastante obscurecida, até mesmo em face dos próprios depoimentos biográficos de Marx. Em outros termos, o que suas interpretações elidem é o advento de uma *viragem radical* no pensamento de Marx, que este promoveu, imediatamente a seguir, não *com*, mas *contra* a natureza do pensamento político contido em seus artigos da *Gazeta Renana*. É do que se tratará agora, sempre em moldes esquemáticos.

Marx, no "Prefácio" de 1859 ao *Contribuição à crítica da economia política*, faz um depoimento muito claro a respeito de suas próprias condições intelectuais enquanto redator da *Gazeta Renana*, confessando que "me vi pela primeira vez em apuros por ter que tomar parte na discussão sobre os chamados interesses materiais". Enumera os temas que o desafiaram e narra que decidiu, diante da condenação do jornal à morte, "se retirar do cenário público para o gabinete de estudos", onde, instalado em Kreuznach, "o primeiro trabalho que empreendi para resolver a dúvida que me assediava foi uma revisão da filosofia do direito de Hegel"[46].

Essas passagens são muito bem conhecidas, mas uma de suas informações mais significativas não tem sido destacada e, devidamente levada em conta: apesar de esforços, Marx não conseguira se desembaraçar dos "apuros" por todo o período da *Gazeta Renana*, tanto que carregou para Kreuznach "a dúvida que me assedia-

---

[46] Karl Marx, *Contribuição à crítica da economia política* (São Paulo, Martins Fontes, 2003), p. 4.

va". Desde que tivera de examinar problemas sociais concretos, faceou os limites e viu questionada a validade de sua base teórica primitiva. Tentou resolver questões relativas aos "chamados interesses materiais" recorrendo ao aparato conceitual do Estado racional, como foi aludido no tópico anterior, porém não se deu por satisfeito com os resultados. Pelo testemunho, é evidente que seu professado idealismo ativo, centrado numa filosofia da autoconsciência, saíra abalado da vivência jornalística, mas chegou ao "gabinete de estudos" sem ter vislumbrado ainda os contornos de uma nova *posição* teórica.

Tanto isso é verdade – o que é vital para a correta determinação do evolver de sua consciência intelectual – que permanecia no interior das definições ontopositivas da politicidade. O que é comprovado, diretamente, por uma inequívoca carta a Ruge, escrita em maio de 1843, portanto, cerca de dois meses após ter abandonado a redação da *Gazeta Renana*. Nela se encontram frases exuberantes a esse respeito: "Ser humano deveria significar ser racional; homem livre deveria significar republicano"[47]. E com a mesma aura:

> Em primeiro lugar a autoconsciência do ser humano, a liberdade, tinha de ser acesa outra vez nos corações [...]. Só este sentimento, desaparecido do mundo com os gregos e evaporado pelo cristianismo no azul do céu, pode transformar a sociedade outra vez numa comunidade de seres humanos unidos pelo mais alto dos seus fins, o Estado democrático.[48]

E por contraposição ao quadro político alemão, "o mais pérfido dos mundos filisteus", afirma que a "Revolução Francesa restaurou o homem", uma vez que promoveu "a transição para o mundo humano da democracia"[49].

De fato, são termos eloquentes e indubitáveis que sustentam integralmente a caracterização; contudo, vale agregar ainda o final da carta, pois fornece a medida da radicalidade política alcançada por Marx ao final desse período. Algo que pode ser demarcado como a resultante de seu trânsito, no interior do idealismo ativo, entre a democracia radical e a democracia revolucionária. Revolução que Marx não pensa mais encabeçada na Alemanha pelo agente social que a conduzira na França, mas por um surpreendente dispositivo formado pela "humanidade sofredora que pensa e da humanidade pensante oprimida"[50]. E não se trata de mera frase solta, mas de um indicativo articulado:

---

[47] Karl Marx e Arnold Ruge, *Correspondance* (Paris, Éditions Sociales, 1977, t. I), p. 291.
[48] Idem.
[49] Ibidem, p. 292.
[50] Ibidem, p. 296.

Todos os homens que pensam e que sofrem têm chegado a um acordo, para o que antes careciam absolutamente de meios [...]. O sistema da indústria, do comércio, da propriedade e da exploração dos homens leva [...] a uma ruptura da sociedade atual [...]. De nossa parte, temos que expor o velho mundo à completa luz do dia e configurar positivamente o novo. Quanto mais tempo os acontecimentos deixam para a humanidade pensante refletir e para a humanidade sofredora mobilizar suas forças, tanto mais perfeito será o produto que o tempo presente leva em seu seio.[51]

Em conclusão, Marx desembocara numa revolução de *sofridos e pensantes* ainda no interior dos parâmetros teóricos do movimento neo-hegeliano, ou seja, configurara um agente heterodoxo para levar a cabo uma pura solução política – *convencional*, não só porque já historicamente estabelecida, mas também já sob questionamento –, a conquista do universo institucional do Estado moderno, entendido e identificado, especulativamente, à realização da racionalidade e da liberdade humanas, o que equivale dizer que, polarizando ao extremo na configuração de um novo protagonista, porém mantendo completamente inalterado o caráter da arena do combate e do objetivo a conquistar, Marx deixa patente que continuava estacionado no plano tradicional da determinação positiva da politicidade.

Foi com essa fisionomia teórica, assediada pela dúvida, que Marx se recolheu ao "gabinete de estudos". Grosso modo, havia se decidido por uma fértil ousadia no campo prático, mas incerto quanto ao suporte teórico para compreender e fundamentar a opção. Se é válido dizer que na *Gazeta Renana* tentara executar o programa implícito à tese doutoral, ou seja, unir a filosofia ao liberalismo na consecução do moderno Estado racional, enquanto equação de ponta para os dilemas do quadro alemão em busca da contemporaneidade, também é correto afirmar que não havia mudado ainda de propósito ao se recolher ao gabinete, mas apenas dotado o projeto de um novo agente, vislumbrado na "humanidade sofredora que pensa".

A grande mudança irrompeu somente com a "revisão da filosofia do direito de Hegel", instigada por duas poderosas influências: o irresoluto desafio teórico encravado pelos "interesses materiais" e os lineamentos feuerbachianos contidos em dois textos publicados exatamente à época: "Teses provisórias para a reforma da filosofia", escritas em abril de 1842, mas só publicadas nos *Anecdotis* em fevereiro de 1843, e *Princípios da filosofia do futuro*, editados em julho daquele mesmo ano. Para aferir a importância desses trabalhos no advento do pensamento marxiano, basta recordar poucas linhas do "Prefácio" e outro tanto do último dos *Manuscritos*

---

[51] Idem.

econômico-filosóficos de 1844. Marx, ao indicar o propósito de seu escrito e deixar assinalada a escassez da boa crítica alemã à economia política, enfatiza que

> A crítica da economia nacional deve, além do mais, assim como a crítica positiva em geral, sua verdadeira fundamentação às descobertas de *Feuerbach*. De Feuerbach data, em primeiro lugar, a crítica *positiva* humanista e naturalista. Quanto menos ruidosa, tanto mais segura, profunda, extensa e duradoura é a eficácia dos escritos *feuerbachianos*, os únicos nos quais – desde a *Fenomenologia* e a *Lógica*, de Hegel – se encerra uma efetiva (*wirkliche*) revolução teórica.[52]

No mesmo diapasão, já nas partes mais adiantadas do escrito, ao denunciar Strauss e Bauer por subsunção à lógica hegeliana, garante que Feuerbach demoliu "tanto em suas *Teses*, nos *Anecdotis*, quanto, pormenorizadamente, na *Filosofia do futuro* [...] o embrião da velha dialética e da velha filosofia". Defende ainda que "*Feuerbach* é o único que tem para com a dialética hegeliana um comportamento *sério*, *crítico*, e [o único] que fez verdadeiras descobertas nesse domínio, [ele é] em geral o verdadeiro triunfador [*Überwinder*] da velha filosofia"[53].

A declaração, enfática e cristalina, tributa a Feuerbach o mérito da ruptura com o pensamento hegeliano, numa extensão que implica o reconhecimento dos contornos de uma nova *posição* filosófica. Aliás, Marx faz isso explicitamente, na sequência do mesmo texto, ao resumir "o grande feito" de Feuerbach em três pontos:

• denúncia e condenação da filosofia especulativa como forma ou modo de existência do estranhamento do ser humano;

• fundação do *verdadeiro materialismo* e da *ciência real*, ao tornar "a relação social de 'homem a homem' o princípio fundamental da teoria";

• resgate e reconhecimento do *positivo* que repousa sobre si mesmo, que se funda positivamente em si, que é ponto de partida da certeza sensível, em oposição ao roteiro hegeliano da negação da negação, criticamente evidenciada tão somente como "a expressão *abstrata*, *lógica*, *especulativa* para o movimento da história, a história ainda não *efetiva* do homem enquanto um sujeito pressuposto"[54].

A adesão aos novos referenciais, nítida e franca, abrange igualmente três dimensões: descarte da especulação, ou seja, do logicismo e da abstratividade próprios aos volteios da razão autossustentada; reconhecimento do caráter fundante da *positividade* ou *objetividade* autopostas, determinação ontológica mais geral que

---

[52] Karl Marx, "Prefácio", em *Manuscritos econômico-filosóficos* (São Paulo, Boitempo, 2004), p. 16.

[53] Idem, *Manuscritos econômico-filosóficos*, cit., p. 117.

[54] Ibidem, p. 119.

subjaz ao perfilamento, igualmente ontológico, do homem em sua autoefetividade material; identificação da sociabilidade como base da inteligibilidade (não importa, aqui, o equívoco de Marx, pouco depois ultrapassado, em conferir caráter social à relação feuerbachiana de "homem a homem").

Merece ser repetido que tais aquisições germinaram tão somente no gabinete de Kreuznach, desbastando os caminhos analíticos na revisão de *Crítica da filosofia do direito de Hegel*, ao mesmo tempo em que por meio dessa empreitada crítica elas principiaram a ganhar carnação peculiar, dando início à configuração do pensamento marxiano. E tudo isso desencadeado pela dúvida assediante que havia se engendrado quando Marx tentara resolver questões relativas aos "interesses materiais", isto é, de caráter social, sem transmigrar da esfera política e não abandonando o aparato teórico do Estado racional.

É também no "Prefácio" de 1859 que se encontra a súmula, muito conhecida, da resultante proporcionada pela revisão da filosofia política de Hegel:

> Minha investigação desembocou no seguinte resultado: relações jurídicas, tais como formas de Estado, não podem ser compreendidas nem a partir de si mesmas, nem a partir do assim chamado desenvolvimento geral do espírito humano, mas, pelo contrário, elas se enraízam nas relações materiais da vida, cuja totalidade foi resumida por Hegel sob o nome de "sociedade civil", seguindo os ingleses e franceses do século XVIII; a anatomia da *bürgerliche Gesellschaft* [sociedade civil ou burguesa] deve ser procurada na economia política.[55]

Esse testemunho de Marx é decisivo, dado que aponta o caráter e o momento preciso da inflexão intelectual a partir da qual passa a elaborar seu próprio pensamento. Trata-se de uma viragem ontológica que a leitura de *Crítica da filosofia direito de Hegel* comprova indubitavelmente, se dela o leitor se aproximar sem preconceitos gnosiológicos, não importa quanto o texto seja inacabado e lacunar, por vezes impreciso e até mesmo obscuro, visto não ter jamais ultrapassado a condição de glosas para o autoesclarecimento do autor. É o início do traçado de uma nova *posição* ontológica que os textos subsequentes – de *Sobre a questão judaica* (1843) às "Glosas marginais ao 'Tratado de economia política' de Adolf Wagner" (1880) – confirmam, reiteram e desenvolvem num largo e complexo processo de elaboração.

Importa, aqui, a feição precisa do passo inicial da caminhada: em contraste radical com a concepção do Estado como demiurgo racional da sociabilidade, isto é, da universalidade humana, que transpassa a tese doutoral e os artigos da

---

[55] Karl Marx, "Prefácio para contribuição da crítica à economia política" (1859), em *Karl Marx* (São Paulo, Abril Cultural, 1974, Coleção Os Pensadores, v. 35), p. 135.

Gazeta Renana, irrompe e domina agora, para não mais ceder lugar, a "sociedade civil" – o campo da interatividade contraditória dos agentes privados, a esfera do *metabolismo social* – como demiurgo real que alinha o Estado e as relações jurídicas. Inverte-se, portanto, a relação determinativa: os complexos reais envolvidos aparecem diametralmente reposicionados um em face do outro. Mostram-se invertidos na ordem da determinação pela força e peso da lógica imanente a seus próprios nexos, não em consequência formal e linear de algum pretensioso volteio especial nos arranjos metodológicos, isto é, não como resultante de uma simples e mera reorganização da subjetividade do pesquisador, mas por efeito de uma trama reflexiva muito mais complexa, que refunde o próprio caráter da análise, elevando o procedimento cognitivo à analítica do reconhecimento do *ser-precisamente-assim*. Nesta, o direito *unilateral* da razão especulativa interrogar o mundo é superado pela via de mão dupla de um patamar de racionalidade em que o mundo também interroga a razão, e o faz na condição de raiz, de condição de possibilidade da própria inteligibilidade, como foi visto há pouco a respeito da apropriação marxiana dos indicativos feuerbachianos.

Essa reflexibilidade fundante do mundo sobre a ideação promove a crítica de natureza ontológica, organiza a subjetividade teórica e assim faculta operar respaldado em critérios objetivos de verdade, uma vez que, sob tal influxo da objetividade, o *ser* é chamado a parametrar o *conhecer*; ou, dito a partir do sujeito: sob a consistente modalidade do rigor ontológico, a consciência ativa procura exercer os atos cognitivos na deliberada subsunção, criticamente modulada, aos complexos efetivos, às *coisas* reais e ideais da mundaneidade. É o trânsito da especulação à reflexão, a transmigração do âmbito rarefeito e adstringente, porque genérico, de uma razão tautológica, pois autossustentada – e nisso se esgota a impostação imperial da mesma, para a potência múltipla de uma racionalidade flexionante, que pulsa e ondula, se expande ou se diferencia no esforço de reproduzir seus alvos, empenho que ao mesmo tempo entifica e reentifica a ela própria, no contato dinâmico com as "coisas" do mundo. Racionalidade, não mais como simples rotação sobre si mesma de uma faculdade abstrata em sua autonomia e rígida em sua conaturalidade absoluta, porém, como produto efetivo da relação, reciprocamente determinante, entre a força abstrativa da consciência e o multiverso sobre o qual incide a atividade, sensível e ideal, dos sujeitos concretos.

Marx ao revisitar a filosofia política hegeliana, sob a pressão da dúvida e a influência das mais recentes conquistas feuerbachianas, percorre exatamente as vias da interrogação recíproca entre teoria e mundo, o que lhe proporcionou identificar a conexão efetiva entre sociabilidade e politicidade, que fez emergir, polemicamente, como o inverso do formato hegeliano, implicando com isso a virtualidade de um novo universo ontológico.

As marcas desse achado proliferam por toda a "Crítica de Kreuznach". Acentuando as cores, pode ser dito que o conjunto dessas glosas contitui-se de dissecações múltiplas em torno dos ramos dessa mesma descoberta ontológica, recriminando sempre a orientação hegeliana por não poder e não querer "que o 'universal em si e para si' do Estado político não seja determinado pela sociedade civil, mas que, ao contrário, ele a determine"[56], como se lê quase ao final do parágrafo 304, dando com isso consecução à "A unidade do *fim último geral* do Estado e dos *interesses particulares* dos indivíduos"[57], em atendimento formal ao movimento lógico na realização de seu conteúdo racional. Linha determinativa e modo de procedimento com os quais, nesse exato momento, Marx rompe taxativamente, sob a emergência e o contraste de seu novo posicionamento teórico:

> O conteúdo concreto, a determinação real, aparece como formal; a forma inteiramente abstrata de determinação aparece como o conteúdo concreto. A essência das determinações do Estado não consiste em que possam ser consideradas como determinações do Estado, mas sim como determinações lógicometafísicas em sua forma mais abstrata. O verdadeiro interesse não é a filosofia do direito, mas a lógica. O trabalho filosófico não consiste em que o pensamento se concretize nas determinações políticas, mas em que as determinações políticas existentes se volatilizem no pensamento abstrato. O momento filosófico não é a lógica da coisa, mas a coisa da lógica. A lógica não serve à demonstração do Estado, mas o Estado serve à demonstração da lógica.[58]

Como se vê, sobressai também nessa viragem a polarização excludente entre a formação real, o complexo estatal concreto, do qual é reclamada a efetiva *reprodução teórica* – a captura da "lógica da coisa", e a formação ideal de natureza especulativa, que dissipa e desnatura as "determinações existentes", em seu reducionismo abstrativante à "coisa da lógica". Os dois movimentos aquisitivos são simultâneos e entrelaçados, mas sem que desapareça o *momento predominante* do ontológico sobre o gnosiológico, do "ser-precisamente-assim" em relação à representação ideal: retoras no movimento cognitivo, as "determinações existentes" não são passíveis de reprodução intelectual pelos andamentos *a priori* de qualquer configuração da lógica, e não podem conviver com qualquer *démarche* especulativa.

---

[56] Idem, *Crítica à filosofia do direito de Hegel* (São Paulo, Boitempo, 2005), p. 107.
[57] Ibidem, p. 28. (§ 261, remetendo ao 260.)
[58] Ibidem, p. 38-9. (§ 270, d.)

"Crítica à filosofia do direito de Hegel: Introdução" – texto distinto da "Crítica de Kreuznach", hoje vale advertir para isso o leitor menos familiarizado –, que foi redigido entre fins de 1843 e princípios de 1844 e publicado no número exclusivo dos *Anais franco-alemães*, é o único produto direto e acabado das *Glosas* de 1843, e como introdução das mesmas é apresentado pelo próprio autor; nessa condição pode ser encarado, especialmente em certos trechos, como uma espécie de sinopse do escrito originário. Nele reencontramos, entre outras, as componentes acima ressaltadas da nova postura teórica do autor. É famosa aí, em perfeita consonância com o descarte da especulação e a identificação do "momento filosófico" como a captura da "lógica da coisa", a propositura de que

> A *tarefa* imediata *da filosofia*, que está a serviço da história, é desmascarar a autoalienação humana nas suas *formas não sagradas*, agora que ela foi desmascarada na sua *forma sagrada*. A crítica do céu transforma-se deste modo em crítica da terra, a *crítica da religião em crítica do direito,* e a *crítica da teologia em crítica da política*", numa frase: "descobrir a verdade do aquém.[59]

A *terrenalidade*, o efetivamente existente, arma o esquadro desse artigo com toda sua envergadura, evidenciando a linha de força da nascente ontologia marxiana.

Aqui, porém, há que se cingir muito sumariamente à "crítica da política" e apenas a um ou a outro de seus aspectos, somente para deixar pinceladas a reiteração e o desenvolvimento da nova identificação da politicidade feita por Marx no alvorecer de seu pensamento original. A "Introdução", bem ao estilo equilibrado da análise marxiana, distingue as dimensões positivas da obra examinada, articuladamente com os enunciados de sua exercitação crítica. Assim, é reconhecido que

> A *Crítica à filosofia do direito de Hegel*, que teve a mais lógica, profunda e completa expressão em *Hegel,* surge ao mesmo tempo como a análise crítica do Estado moderno e da realidade a ele associada e como a negação definitiva de todas as anteriores *formas de consciência na jurisprudência e na política alemã,* cuja expressão mais distinta e mais geral, elevada ao nível de *ciência,* é precisamente a *filosofia especulativa do direito.*[60]

Dado como cimo, resultante e superação de todo o pensamento político e jurídico anterior, a reflexão política hegeliana, em passo subsequente, é recusada como "esse *pensamento* extravagante e abstrato acerca do Estado moderno [...] só a Alemanha poderia produzir a filosofia especulativa do direito"[61]. A explicação

---

[59] Ibidem, p. 146.
[60] Ibidem, p. 151.
[61] Idem.

dessa peculiaridade restringente leva ao que mais importa, ao entendimento e comprometimento crítico do próprio Estado moderno, determinado pelo seu teor imanente:

> [...] o representante *alemão* do Estado moderno, pelo contrário, que não toma em conta o *homem real*, só foi possível porque e na medida em que o próprio Estado moderno não atribui importância ao *homem real* ou unicamente satisfaz o homem *total* de maneira ilusória.[62]

Portanto, conclui Marx,

> [...] o *status quo* do *sistema político alemão* exprime a *consumação* do *ancien régime*, o cumprimento do espinho na carne do Estado moderno, o *status quo* da *ciência política alemã* exprime a *imperfeição do Estado moderno* em si, a degenerescência da sua carne.[63]

Texto primígeno, a "Introdução" também já sustenta, em plena concordância com a determinação ontológica que desvelara o Estado pela lógica da sociedade civil, que "a relação da indústria, do mundo da riqueza em geral, com o mundo político, é um dos problemas fundamentais dos tempos modernos"[64]. Mundo político, intrinsecamente imperfeito e carente de solidez, que é configurado como patamar inferior no evolver histórico, resumo do "nível oficial das nações modernas", ao qual é contraposto o patamar superior do "*nível humano*", altitude apontada como o "futuro imediato"[65] a ser atingido pelos povos que já alcançaram a modernidade política. Esse texto, portanto, erige uma escala que inferioriza o território político, ou nos termos de Marx, "as fases intermediárias da emancipação política", em face da *altitude do humano*, pois, "o homem é o ser supremo para o homem", o que desloca a politicidade para os contornos de uma entificação transitória a ser ultrapassada; Marx alude mesmo à necessidade de "demolir as barreiras gerais da política atual"[66]. É nítido, pois, desde o instante em que Marx passa a elaborar o seu próprio pensamento, que a esfera política perde a altura e a centralidade que ostenta ao longo de quase toda a história do pensamento ocidental, cedendo lugar ao complexo da "emancipação humana geral", vinculada no texto à noção de "revolução radical", que "organiza melhor todas as condições da existência humana sob o pressuposto da liberdade social", em contraste com "revolução parcial", identificada à "*meramente* política,

---

[62] Idem.
[63] Idem.
[64] Ibidem, p. 149.
[65] Ibidem, p. 151.
[66] Ibidem, p. 153.

que deixa de pé os pilares do edifício"⁶⁷. Em determinação confluente, resguardada sua importância como grau transitório de liberdade limitada ou, mais precisamente, de *iliberdade*, a revolução política, por natureza, é apenas uma função mediadora, encarregada simplesmente das tarefas destrutivas, enquanto a "revolução *radical*, a emancipação *humana universal*" ⁶⁸ compreende o teor do grande e verdadeiro objetivo – é o *télos* permanente, onímodo e, como tal, último em sua infinitude, por isso mesmo demanda sempre reiterada, que não se esgota em qualquer instância conclusiva ou momento final, pois cada ponto de chegada é também de partida, perfazendo no conjunto a universalidade da sucessão contraditória e sem termo de todos os patamares de afirmação e construção do ser humano-societário.

Em verdade, esse *télos*, nunca como centro temático de uma antropologia, positiva ou negativa, pois do caráter desse tipo de abordagem redundaria de qualquer modo o defeito capital do isolamento e autonomização da individualidade, nem como o dever ser de um humanismo ético qualquer, que não deixaria de soçobrar na navegação idealista entre fato e utopia – mas como possibilidade objetiva identificada no tratamento ontológico da mundaneidade social, constitui o núcleo propulsor das inquietações teóricas e práticas de Marx desde o advento de seu pensamento marxiano, e daí em diante irradiadas por toda sua obra. Ponto crucial que recebe tratamento vibrante nas últimas páginas da "Introdução", com o qual ultrapassa o que havia sido sua fórmula mais avançada aos tempos da *Gazeta Renana*, a revolução política pelo Estado racional a partir da "humanidade sofredora que pensa". Por certo, agora, a pedra angular é a "revolução radical", consubstanciada na "emancipação humana geral", e seu agente passa a ser, igualmente, uma categoria social de "cadeias radicais", uma vez que "uma classe da sociedade civil que não é uma classe civil", que é a dissolução de todas as configurações societárias, que só é universal pela universalidade de seus sofrimentos, que não padece injustiças parciais, mas "a injustiça pura e simples", que, em suma, "já não pode reclamar um título histórico, mas simplesmente o título humano", "que é, em suma, a *perda total* da humanidade, portanto, só pode redimir-se a si mesma por uma *redenção total* do homem"⁶⁹. Não há expressão mais precisa e eloquente do que essa para pôr em evidência que a *revolução radical ou emancipação global* passa a ser, desde a emergência do pensamento marxiano, o complexo entificador da universalidade e da racionalidade humanas, da efetiva e autêntica realização do homem, e não mais

---

⁶⁷ Ibidem, p. 154.

⁶⁸ Idem.

⁶⁹ Ibidem, p. 156.

uma forma qualquer de Estado ou de prática política, por mais perfeitas que estas possam ser, pragmática ou piedosamente, imaginadas. Ou seja, a emancipação humana compreende resolubilidade real e global, enquanto virtualidade engendrada pelas "determinações existentes" na concreta esfera humano-societária, passível de reconhecimento pelo entendimento a partir do instante em que nas *Glosas* de 1843, segundo os corretos e incisivos termos de Maximilien Rubel, "Marx rompe definitivamente com a ideia de Estado como instituição racional"[70].

Em síntese, a redefinição teórica de Marx, naquela oportunidade, é de tal envergadura que só pode ser facultada e ter explicação por uma cabal revolução ontológica. O salto extremo, que vai da sustentação ardorosa do Estado racional como demiurgo da universalidade humana à negação radical de sua possibilidade, consubstanciado pela emergência de um complexo determinativo que se lastreia como reprodução ideal do efetivamente real, transcende as condicionantes mais próximas – dúvidas e influências – e dá início à instauração de uma nova *posição* filosófico-científica e à sua correlata postura prática.

Que a *crítica ontológica* tenha incidido, em primeiro lugar, sobre matéria política, é simples decorrência do próprio itinerário pessoal de Marx, vinculado às ênfases e prioridades de um dado tempo e lugar. Todavia, proporcionou a conquista precoce de uma dimensão fundamental ao pensamento marxiano, que foi mantida na íntegra em seus escritos até o fim da vida. De fato, elaborada a partir das *Glosas* de 1843, a crítica da política produziu uma teoria básica cujo caráter e traços são explícitos ou estão subjacentes, desde então, em toda abordagem marxiana dessa esfera. Dela já tratei em outras oportunidades (com certa brevidade, por exemplo, nos números 13* e 15/16** da revista *Ad Hominem*, e com mais extensão em alguns eventos acadêmicos), tendo cunhado para identificar a expressão *determinação ontonegativa da politicidade*, bem como outras correlatas. É impossível aqui retomar a questão, mas hão de bastar para seu registro os afloramentos dos parágrafos anteriores, e a reiteração de que ela é o marco exponencial que separa, totalmente, o Marx juvenil, adepto da filosofia da autoconsciência, do Marx *marxiano* que principia em 1843. A esse respeito, além dos textos já citados, entre os mais característicos figuram *Sobre a questão judaica*, "Glosas críticas ao

---

[70] Maximilien Rubel, *Crônica de Marx* (São Paulo, Ensaio, 1991), p. 25.

* J. Chasin, "Democracia política e emancipação humana", *Ad Hominem*, Santo André, n. 1, tomo III, 2000, p. 91-100. (N. E.)

** Idem, "Poder político e representação – três supostos e uma hipótese constituinte", *Ad Hominem*, cit., p. 101-8. (N. E.)

artigo 'O rei da Prússia e a reforma social'", "Materiais preparatórios" para a redação de *A guerra civil na França* e um sem-número de passagens por todo o conjunto da obra marxiana.

Para evitar objeções indolentes, velhos mal-entendidos ou precipitações irrefletidas, que, desatentas à complexa problemática da teoria marxiana da *determinação ontonegativa da politicidade*, cedam à cavilosa tentação reducionista de a emparelhar ao mero lema anarquista da extinção do Estado, uma sinalização de alerta.

Tratando-se de uma configuração de natureza ontológica, o propósito essencial dessa teoria é identificar o caráter da política, esclarecer sua origem e configurar sua peculiaridade na constelação dos predicados do *ser social*. Donde, é *ontonegativa*, precisamente, porque exclui o atributo da política da essência do *ser social*, só o admitindo como extrínseco e contingente ao mesmo, isto é, na condição de historicamente circunstancial; numa expressão mais enfática, enquanto predicado típico do ser social, apenas e justamente, na particularidade do longo curso de sua *pré-história*. É no interior da intrincada trajetória dessa *pré-história* que a politicidade adquire sua fisionomia plena e perfeita, sob a forma de poder político centralizado, ou seja, do Estado moderno:

> A máquina que por meio de órgãos complexos e ubíquos enreda, como uma jiboia, a sociedade civil viva [trata-se, pois, do] poder de Estado ordenado e dotado de uma divisão do trabalho sistemática e hierarquizada, que expande seu raio de ação e independência em relação à sociedade real e o controle sobrenatural sobre ela [de modo que é uma] excrescência parasitária sobre a sociedade civil, fingindo ser sua contrapartida ideal.[71]

Esse traçado marxiano é o oposto, sem dúvida, de qualquer expressão própria ao âmbito secularmente predominante da determinação *ontopositiva* da política, para a qual o atributo da politicidade não só integra o que há de mais fundamental do ser humano-societário – é intrínseco a ele – mas tende a ser considerado como sua propriedade por excelência, a mais elevada, espiritualmente, ou a mais indispensável, pragmaticamente; tanto que conduz à indissolubilidade entre política e sociedade, a ponto de tornar quase impossível, até mesmo para a simples *imaginação*, um formato social que independa de qualquer forma de poder político.

---

[71] Karl Marx, *La guerre civile en France – 1871* (Paris, Éditions Sociales, 1972), p. 210. [Ed. port.: *A guerra civil em França*, Lisboa, Avante!, 1984. Disponível em <http://www.dorl.pcp.pt/images/classicos/guerracivil.pdf>.]

Ao identificar a natureza da força política como *força social pervertida e usurpada*, socialmente ativada como estranhamento por debilidades e carências intrínsecas às formações sociais contraditórias, pois ainda insuficientemente desenvolvidas e, por consequência, incapazes de autorregulação puramente social, nas quais, pela fieira dos sucessivos sistemas sociais, quanto mais o Estado se entifica real e verdadeiramente, tanto mais é contraditório em relação à sociedade civil e ao desenvolvimento das individualidades que a integram, Marx assinala, categoricamente, que a emancipação é na essência a reintegração ou recuperação humano-societária dessas forças sociais alienadas à política, ou seja, que ela só pode se realizar como reabsorção de energias próprias despidas da forma política, depuradas, exatamente, da crosta política sob a qual haviam se autoaprisionado e perdido. É o que sustenta, seja no início de sua obra adulta, como, por exemplo, em *Sobre a questão judaica*, seja em plena maturidade, tal qual se expressa nos "Materiais preparatórios" para a redação de *A guerra civil na França*.

De sorte que, por toda duração da *pré-história*, tempo das sociabilidades contraditórias, por isso mesmo pouco evolvidas e racionais, o predicado da politicidade estará presente, "asfixiando"[72] o ser social, em conjunto com sua inseparável outra face, a propriedade privada dos meios de produção e reprodução da base material da vida. Siamesas, uma não vive sem a outra, do mesmo modo que só podem morrer como vivem, juntas. Por conseguinte, presente o atributo da politicidade, tal não cessa de reiterar a exigência por atos de poder, donde a necessidade generalizada de atividade política, tanto a que os respalda como a que os contesta.

Todavia, quando a contestação visa consciente e deliberadamente à emancipação, necessita transmigrar para outra esfera, tem de praticar uma política orientada pela superação da política, *fazer uma política que desfaça a política*, pois seu escopo é a reconversão e o resgate das energias sociais desnaturadas em vetores políticos. Portanto, a revolução radical, isto é, *social*, desentranhada por Marx na intelecção da sociedade contemporânea, bem compreendido o fundamento de sua reflexão política – a *determinação ontonegativa da politicidade* – não demanda ou propõe a mera prática política, nem a reconhece como sua atividade característica e decisiva, mas exige uma prática *metapolítica*: conjunto de atos de efetivação que não apenas se desembarace de formas particularmente ilegítimas e comprometidas de dominação política, para substituí-las por outras supostas como melhores, mas que vá se desfazendo, desde o princípio, de toda e qualquer politicidade, à medida que se eleva da aparência política à essência social das lutas históricas concretas, à pro-

---

[72] Idem.

porção em que promove a afloração e realiza seus objetivos humano-societários, os quais, em suma, têm naquela ultrapassagem, indissociável da simultânea superação da propriedade privada dos bens de produção, a condição de possibilidade de sua realização. Numa frase, a crítica marxiana da política, decifração da natureza da politicidade e de seus limites, é por consequência o desvendamento da estreiteza e insuficiência da *prática política* enquanto atividade humana racional e universal, donde o salto metapolítico ao encontro resolutivo da *sociabilidade*, essência do homem e de todas as formas da prática humana.

São mais do que taxativas as palavras de Marx a esse respeito. Ao fazer, por exemplo, uma avaliação de conjunto dos processos revolucionários do passado, critica: "as revoluções apenas aperfeiçoaram a máquina do Estado, em vez de se desfazerem dela, desse *pesadelo asfixiante*". E, a propósito da Comuna de Paris, explica e aprova:

> Todas as revoluções anteriores só haviam transferido o poder organizado – essa forma organizada da escravidão do trabalho – de uma mão para outra. A Comuna não foi uma revolução contra esta ou aquela forma de poder de Estado – legitimista, constitucional, republicana ou imperial. Foi uma revolução contra o próprio Estado, esse aborto prodigioso da sociedade; foi a retomada pelo povo, para o povo, de sua própria vida social. Não transferiu essa máquina terrível de dominação de classe de uma fração das classes dominantes para outra, mas uma revolução que demoliu a própria máquina. [...] A Comuna foi a negação clara da usurpação estatal, por isso o início da revolução social do século XIX. [...] Só os trabalhadores, inflamados pelo cumprimento de uma tarefa social nova para toda a sociedade – acabar com todas as classes, com toda a dominação de classe – eram os homens que podiam quebrar o instrumento dessa dominação – o Estado, o poder governamental centralizado e organizado, que, usurpador, se pretende senhor e não servidor da sociedade. [...] A Comuna é a reabsorção do poder de Estado pela sociedade, que constitui suas próprias forças vivas, em lugar de forças que a controlem e subjuguem.[73]

Posto em evidência que a primeira das críticas ontológicas, no advento do pensamento marxiano, teve por objeto a politicidade, e frisada sua grande relevância, não pode deixar de ser reacentuado algo que já veio à baila em outras passagens: sua íntima relação com a crítica ontológica da filosofia especulativa – segunda das críticas constitutivas da nova *posição* – tendo por alvo privilegiado a filosofia do direito de Hegel, embora incursione pela *Fenomenologia do espírito* e a *Lógica*, como atestam os *Manuscritos econômico-filosóficos*, ademais da larga exercitação da mesma, com grande dose de sarcasmo, em especial sobre textos do cenáculo de Bauer e escritos de Stirner

---

[73] Ibidem, p. 211-2.

e Proudhon, aos quais estão voltados, um após outro, nada menos do que *A sagrada família*, *A ideologia alemã* e *Miséria da filosofia*, como todos sabem.

A vinculação dessas duas críticas é motivada, desde logo, pela natureza filosófica da obra centralmente examinada; todavia, a conexão também encerra algo bem mais decisivo: ao enfocar e superar, tão substancial e rapidamente, a esfera política, a rota de Marx faz transparecer que o núcleo propulsor de seus esforços articulava interesses teóricos e práticos que se estendiam à globalidade do complexo humano-societário, implicando a demanda por uma planta intelectual bem mais ampla, para além das fronteiras de uma estrita teoria política, se esse tipo de abordagem sempre fosse incapaz de dar corpo à completa e resolutiva intelecção da mundaneidade emergente em seu tempo, como acabara de verificar que ocorreria, pela revisão do melhor de seus exemplares, em qualquer formulação do gênero.

Numa frase, Marx havia se defrontado com o esgotamento histórico da filosofia precedente. A partir das singularidades dos "apuros", gerados pelo enfrentamento dos "interesses materiais", acabara diante da contraditoriedade universal imanente à nova sociedade, em face da qual "a onipotência ontológica da razão", para usar expressões lukacsianas, "não pode deixar de se revelar inteiramente inadequada enquanto centro do pensamento filosófico"[74].

Com certeza, não terá sido indiferente, ao espírito em mutação do Marx de Kreuznach, o enunciado feuerbachiano sobre essa questão, pouco antes emitido, de modo característico, em verdadeira proclamação pública do colapso da filosofia hegeliana, no seu brevíssimo "Necessidade de uma reforma da filosofia". Feuerbach, sinalizando para o "limiar de uma nova época, de um novo período da humanidade" e para a urgência da elaboração de "uma filosofia que corresponda a uma necessidade da humanidade", que seja "imediatamente a história da *humanidade*", bem como tendo por critério que "as diferenças fundamentais da filosofia são diferenças fundamentais da humanidade", sustenta a diretriz de que "a reforma da filosofia só pode ser a necessária, a verdadeira, a que corresponde à necessidade da época, da humanidade", e justifica:

> Em períodos da decadência de uma concepção do mundo de alcance histórico, há certamente necessidades contrárias – a uns é, ou parece necessário, conservar o antigo e banir o que é novo; para outros, é imperativo realizar o novo. Em que lado reside a verdadeira necessidade? Naquele que contém a exigência de futuro – que é o futuro antecipado: naquele que é movimento para a frente. A necessidade de conservação é apenas uma necessidade artificial, criada – é apenas reação. A filosofia hegeliana foi a

---

[74] Georg Lukács, *Il giovane Marx*, cit., p. 25 e ss.

síntese arbitrária de diversos sistemas existentes, de insuficiências – sem força positiva, porque sem negatividade absoluta. Só quem tem a coragem de ser absolutamente negativo tem a força de criar a novidade.[75]

A larga flexibilidade dos contornos mais gerais dessas configurações, o reconhecimento enfático da necessidade de elaborar um pensamento capaz de anunciar o advento, o perfil e as premências da nova época, a extrema radicalidade na crítica à exaustão dos figurinos teóricos antecedentes, a veemente exigência de teor prático em filosofia e tantos outros aspectos das proposições feuerbachianas não só eram confluentes com as interrogações do pesquisador recolhido em Kreuznach como as respaldava, propiciando algum solo e certa ancoragem para as primeiras linhas da arquitetônica marxiana. Razão pela qual esse momento originário, se devidamente considerado a partir dos textos e não por meio de critérios exógenos, estabelecidos ao puro arbítrio do intérprete, é um instante privilegiado para o exame consistente da relação Marx-Feuerbach. Não foram poucas as abordagens inconvincentes a respeito, todas concentradas em localizar o momento a partir do qual se dissiparia a influência feuerbachiana na obra de Marx, a hora "luminosa" em que Marx deixaria de ser feuerbachiano. Posta nesses termos enviesados, a questão é insolúvel, porque não é possível a um determinado pensamento deixar de ser o que nunca foi. E, a rigor, bastaria não mais do que ler sem antolhos gnosiológicos e politicistas o texto primígeno de 1843 para chegar a tal conclusão. Essa "simples" leitura imanente, como condição de possibilidade de compreensão efetiva do escrito, no entanto, é hoje quase uma barreira intransponível para a grande maioria dos leitores. Situação lastimável tanto para o leitor quanto para a obra de Marx.

Basta aqui, com rápida pincelada, confrontar os dois autores no plano da tematização política; à plataforma ontológica já foram feitas menções e ainda outras serão acrescidas mais à frente. No tópico anterior foi configurado, suficientemente, que na emergência de seu pensamento original Marx se destaca, a rigor, exatamente pela crítica ontológica à política, ao desvendar a identidade ontonegativa da politicidade, em contraste radical com seu pensamento político anterior, francamente vinculado ao universo teórico oposto. Ora, inexiste qualquer rastro de transformação dessa monta em Feuerbach. Ao contrário, em perfeita rima com o espírito dominante nos círculos neo-hegelianos, Feuerbach, nos textos que foram importantes para Marx e em toda sua obra, é um defensor intransigente e absoluto da máxima relevância da política e do Estado. É a voz mais estrondosa na exaltação da politicidade que possa ser concebida ou imaginada; talvez, como alguém já notou, o entusiasmo e a estridência das

---

[75] Ludwig Feuerbach, "Necessidade de uma reforma da filosofia", cit., p. 13-4.

suas convicções pelas virtudes políticas e estatais superem até mesmo as ênfases de Hegel na louvação desse suposto demiurgo. É suficiente, para ilustrar essa cortante diferença em relação a Marx, um único parágrafo do texto feuerbachiano citado há pouco; passagem esta que é antecedida por uma exortação igualmente característica: "Devemos, pois, tornar-nos novamente *religiosos* – a *política* deve tornar-se nossa religião", brada Feuerbach, tomando por base o "princípio do ateísmo", isto é, "o abandono de um Deus distinto do Homem"[76]. Imperativo ao qual corresponde o parágrafo de consagração do Estado:

> No Estado, as forças do homem se separam e se desenvolvem para, por meio dessa separação e sua reunificação, constituírem um ser infinito; muitos homens, muitas forças, constituem uma só força. O Estado é a soma de todas as realidades, o Estado é a providência do homem. No Estado, os homens se representam e se completam uns aos outros – o que eu não posso ou sei, outro o pode. Não existo para mim, entregue ao acaso da força da natureza; outros existem para mim, sou abraçado por um círculo universal, sou membro de um todo. O Estado (verdadeiro) é o homem ilimitado, infinito, verdadeiro, completo, divino. Só o Estado é o homem – o Estado é o homem que se determina a si mesmo, o homem que se refere a si próprio, o *homem absoluto.*[77]

Impossível, pela voz dos próprios textos, ouvir um Marx feuerbachiano, mas são perfeitamente audíveis certos acordes de Feuerbach nas partituras marxianas. Na crítica à filosofia especulativa, especialmente na recusa à especulação como método científico, eles muito sonoramente estão presentes, mas reintegrados à textura da composição marxiana. Não é à toa que as "Teses provisórias" e os *Princípios da filosofia do futuro* contenham de modo muito explícito uma rejeição global aos procedimentos hegelianos e a sustentação do ser material ou sensível como o único ser real e verdadeiro, isto é, do ser que é inseparável das coisas, que "é uno com o que é".

É provável que uma das melhores ilustrações que possam ser dadas a respeito da questão dos procedimentos analíticos, na emergência da reflexão marxiana, seja a da mudança na concepção de *crítica*. Passagem que vai de uma configuração situada nas proximidades da *pura negatividade* baueriana à crítica enquanto análise genética da necessidade intrínseca às entificações. Os irmãos Bauer, Ruge e a irradiação do seu tipo de procedimento, por quase todo o movimento neo-hegeliano, haviam unilateralizado em favor do pensamento, da subjetividade dos indivíduos, a identidade hegeliana entre sujeito e objeto, bem como reduzido a *dialética da*

---

[76] Ibidem, p. 16.
[77] Ibidem, p. 17.

superação, operada em Hegel pela conciliação ou mediação dos opostos, à franca predominância do momento negativo, ou seja, a um confronto entre contraditórios do qual emergia um vitorioso absoluto. De fato, sem abstrair os momentos distintos de uma gama extensa de formulações, o movimento neo-hegeliano teve nesse *criticismo* sua pedra de toque: um direcionamento da atividade espiritual que supunha fazer eco ao jovem Hegel, no sentido de que "revolucionado o reino das ideias, a realidade não pode se manter inalterada".

O Marx da tese doutoral e dos artigos da *Gazeta Renana*, sempre com modulações próprias, está abrangido por essa tendência. Cornu, citando o articulista da referida *Gazeta*, é convergente às linhas básicas desse diagnóstico:

> Como os demais jovens hegelianos, pensava [...] que a melhor forma de promover o desenvolvimento racional do Estado – que considerava como Hegel a encarnação da Razão e o elemento motor do progresso – era a *crítica que elimina* o irracional do real, "determinando cada modo de existência por sua essência, cada realidade particular por seu conceito".[78]

Essa interpretação é reiterada com alguns acréscimos ao final do mesmo capítulo:

> Diferentemente de Ruge, que em sua crítica à *Filosofia do direito* de Hegel já se inspirava em Feuerbach, Marx, todavia, não aplicava seu método crítico. Ainda idealista, continuava utilizando na luta política o método da *filosofia crítica*, que julgava toda realidade por seu conteúdo racional.[79]

Com inflexões próprias, Lukács também entende a questão na mesma linha básica. Falando da tese e dos artigos, afirma:

> O método desses brilhantes ataques jornalísticos contra a Prússia reacionária já viera à luz na *Dissertação*: consiste naquele específico hegelianismo radical que o jovem Marx havia adquirido durante os anos dos estudos universitários. Já na *Dissertação* é afirmado que nas grandes épocas históricas das crises a filosofia deve se tornar prática; "somente a *práxis* da filosofia é também *teórica*. É a *crítica* que confronta cada existência à essência, a realidade particular à ideia". Como se vê, é ainda um método idealista-hegeliano. E este método é por ora conservado essencialmente também nos escritos da *Gazeta Renana*. O reconhecimento que Marx, no início de 1842, havia expressado em relação a Feuerbach é mantido, precisamente, ainda de maneira muito genérica; por consequência, não há ainda a viragem de princípio do método hegeliano.[80]

---

[78] Auguste Cornu, *Marx/Engels: Del idealismo al materialismo histórico*, cit., cap. II.

[79] Idem. (Grifo meu.)

[80] Georg Lukács, *Il giovane Marx*, cit., p. 47.

Em síntese, para o Marx pré-marxiano, *crítica* era uma exercitação do intelecto que, nos fulcros básicos, acompanhava o *criticismo neo-hegeliano*, cuja trama operativa característica – avaliar pelo metro de essências especulativas as formas de existência – dissolvia objetos em consciência, no suposto de recusar e demolir o *mundo estabelecido* e deixar limpo o terreno para a edificação do Estado racional.

Para desenhar a feição da *nova crítica*, é preciso realudir a uma passagem conclusiva das *Glosas* de 1843, já enfatizada anteriormente, que faz parte de menções apresentadas por Lukács como "os momentos de maior destaque da argumentação" de Marx, quando este, "partindo do ponto central da metodologia hegeliana, trata desse conjunto de questões em termos de concreticidade"[81]. Motivo pelo qual importa retracejar o contorno da nascente abordagem marxiana, no interior da qual se destaca a nova concepção de *crítica*. Logo nas primeiras páginas do manuscrito, ao comentar a tematização hegeliana das relações entre família, sociedade civil e Estado, pondo em evidência que "a assim chamada 'ideia real' (o espírito como espírito infinito, real) é representada como se agisse segundo um princípio determinado e por uma intenção determinada", Marx objeta caracteristicamente: "Aqui aparece claramente o misticismo lógico, panteísta"[82]. Pouco mais adiante, tratando ainda das mesmas relações, explicita a objeção de modo mais geral e detalhado:

> Mas a condição torna-se o condicionado, o determinante torna-se o determinado, o produtor é posto como o produto de seu produto. [...] A especulação enuncia esse fato como um ato da Ideia [...]. A realidade empírica é, portanto, tomada tal como é; ela é, também, enunciada como racional; porém, ela não é racional devido à sua própria razão, mas sim porque o fato empírico, em sua existência empírica, possui um outro significado diferente dele mesmo. O fato, saído da existência empírica, não é apreendido como tal, mas como resultado místico. O real torna-se fenômeno; porém, a Ideia não tem outro conteúdo a não ser esse fenômeno. Também não possui a Ideia outra finalidade a não ser a finalidade lógica: "ser espírito real para si infinito". Nesse parágrafo, encontra-se resumido todo o mistério da filosofia do direito e da filosofia hegeliana em geral.[83]

Essa linha de raciocínio, parágrafos à frente, leva Marx a dizer, condenando a supressão das essências específicas das entificações:

---

[81] Idem, "A falsa e a verdadeira ontologia de Hegel", em *Ontologia do ser social* (São Paulo, Ciências Humanas, 1979), p. 26.
[82] Karl Marx, *Crítica à filosofia do direito de Hegel*, cit., p. 29. (§ 262.)
[83] Ibidem, p. 30-1.

É exatamente a mesma passagem que se realiza, na lógica, da esfera da Essência à esfera do Conceito. A mesma passagem é feita, na filosofia da natureza, da natureza inorgânica à vida. São sempre as mesmas categorias que animam ora essas, ora aquelas esferas. Trata-se apenas de encontrar, para determinações singulares concretas, as determinações abstratas correspondentes.[84]

São esses os contornos que levam à conclusão marxiana, já citada, que, para Hegel, "O momento filosófico não é a lógica da coisa, mas a coisa da lógica"[85].

O quadro e a natureza dessa refutação do método especulativo conduzem à nova concepção da *crítica*. Grife-se, apesar da obviedade, que o fundamental da recusa marxiana à especulação não é algo circunscrito à sua fisionomia *técnica* ou, menos ainda, restrito a defeitos ou insuficiências particulares da mesma, os quais, inadvertidos no seio originário, uma vez retificados, pudessem levar à retomada do paradigma a que pertencem. Ao inverso, trata-se de uma rejeição de fundo, porque de caráter ontológico. Em poucas palavras, o que Marx impugna, entendendo que seja o defeito capital da especulação, é o próprio fundamento das operações hegelianas: a *ideia* como origem ou princípio de entificação do multiverso sensível, ou, como foi estampado mais acima, "o fato como realização da ideia", pois esse como tal é um mero "resultado místico", um produto do "misticismo lógico" ao operar simplesmente no plano da "relação *universal* entre *necessidade* e *liberdade*"[86], que enforma a inversão entre determinante e determinado, desconsiderando as *essências específicas* das distintas entificações efetivamente existentes, constituindo uma ruptura ontológica com a especulação em nome e pelo resgate, precisamente, da "lógica da coisa".

O perfil e a estrutura da nova concepção de *crítica* são organizados, é nítido, pelo propósito de desvendar os nexos imanentes aos "objetos reais". A certa altura do parágrafo 304, ao consignar, a propósito da "antinomia entre *Estado político* e *sociedade civil*", que "o erro principal de Hegel consiste em assumir a *contradição do fenômeno* como *unidade no ser, na ideia*, quando essa contradição tem sua razão de ser em algo mais profundo, isto é, em uma *contradição substancial*", e distinguir o equívoco hegeliano do erro inverso, em que recai aquela que chama de "crítica vulgar", Marx oferece os elementos constitutivos da "verdadeira crítica". Convém transcrever a passagem por inteiro:

---

[84] Ibidem, p. 32. (§ 267.)
[85] Ibidem, p. 39. (§ 270, d.)
[86] Ibidem, p. 32. (§ 266.)

A crítica vulgar cai em um erro *dogmático* oposto. Assim ela critica, por exemplo, a constituição. Ela chama a atenção para a oposição entre os poderes etc. Ela encontra contradições por toda parte. Isso é, ainda, crítica dogmática, que *luta* contra seu objeto, do mesmo modo como, antigamente, o dogma da santíssima trindade era eliminado por meio da contradição entre um e três. A verdadeira crítica, em vez disso, mostra a gênese interna da santíssima trindade no cérebro humano. Descreve seu ato de nascimento. Com isso, a crítica verdadeiramente filosófica da atual constituição do Estado não indica somente contradições existentes; ela *esclarece* essas contradições, compreende sua gênese, sua necessidade. Ela as apreende em seu significado *específico*. Mas esse *compreender* não consiste, como pensa Hegel, em reconhecer por toda parte as determinações do Conceito lógico, mas em apreender a lógica específica do objeto específico.[87]

Vale aditar que, em verdade, a condenação da *ideia*, da *ideia pura*, da *ideia abstrata*, da *ideia lógica*, da *ideia como sujeito*, que, por mais sutis e elaborados que sejam os seus volteios, é incapaz de reproduzir a peculiaridade concreta dos objetos reais, bem como a exigência de que o conhecimento seja exatamente essa força reprodutora das entidades efetivas, é constante e taxativa por toda a "Crítica de Kreuznach". A título de confirmação, leia-se um trecho de um dos primeiros parágrafos:

> Mas uma explicação que não dá a *differentia specifica* não é uma explicação. O único interesse é, pura e simplesmente, reencontrar "a Ideia", a "Ideia lógica" em cada elemento, seja o do Estado, seja o da natureza, e os sujeitos reais, como aqui a "constituição política", convertem-se em seus simples *nomes*, de modo que há apenas a aparência de um conhecimento real, pois esses sujeitos reais permanecem incompreendidos, visto que não são determinações apreendidas em sua essência específica.[88]

O contraste entre as duas críticas é radical, e por seu formato a segunda ultrapassa, num só movimento, a especulação hegeliana e o criticismo neo-hegeliano: tanto a *dogmática* superior da razão autossustentada, como a *dogmática* vulgar da caça às contradições, propiciada pelo confronto entre uma suposta essência racional e a mísera existência eivada de irracionalismo. Aliás, é oportuno fazer menção de passagem ao parágrafo 279, em que tem lugar, a propósito da discussão sobre as diferenças entre monarquia e democracia, uma das primeiras demolições marxianas do padrão convencional de emprego das categorias de essência e existência e de suas relações. Basta deixar anotado um fragmento para assinalar que elas, desde o princípio da reflexão marxiana, perdem a rigidez e a polarização excludente dos mitos extrassensíveis da inteligibilidade especulativa em geral, adquirindo

---

[87] Ibidem, p. 108.
[88] Ibidem, p. 34. (§ 269.)

a plasticidade necessária que as capacita a ser veículos conceituais dúcteis, receptivos aos conteúdos próprios dos objetos investigados, na reprodução teórica dos complexos da mundaneidade, deixando para trás as velhas antinomias que embaraçavam seu emprego:

> A democracia é o *enigma* resolvido de todas as constituições. Aqui, a constituição não é somente *em si*, segundo a essência, mas segundo a *existência*, segundo a realidade, em seu fundamento real, o *homem real*, o *povo real*, e posta como a obra *própria* deste último. A constituição aparece como o que ela é, o produto livre do homem.[89]

Abandonado o *criticismo* das essências abstratas *contra* o mundo irracional das contradições, a "crítica verdadeira" ascende à decifração da mundaneidade imperfeita em sua realidade, para *esclarecê-la, compreendendo sua gênese e necessidade*, ou seja, para capturá-la em seu *significado próprio*, por meio da determinação das *lógicas específicas* que *atualizam* os objetos de seu multiverso. É a extraordinária passagem da tópica negatividade absoluta do criticismo neo-hegeliano à *crítica ontológica* – investigação do ente autoposto em sua imanência, seja esse uma formação real ou ideal; procedimento teórico – "verdadeira crítica filosófica", diz Marx – em que a tematização, isto é, a reprodução ideal das *coisas* é procedida a partir delas próprias, da malha ou do aglutinado de seus nexos constitutivos, processo analítico pelo qual são desvendadas e determinadas em sua gênese e necessidade próprias.

A terceira das críticas ontológicas que instauram o pensamento marxiano é a crítica da economia política. Última a integrar o programa de investigações de Marx, a partir daí ocupou o centro do mesmo e foi a mais desenvolvida. Beneficiou-se largamente das duas primeiras, das quais nunca se divorciou, numa potencialização recíproca que percorreu o conjunto da obra marxiana, independentemente dos montantes que cada uma delas perfez no conjunto dos escritos.

Aqui, na adstrição ao destaque da importância germinal das três, só é possível consignar que elas não se esgotaram nessa função originária, mas permaneceram ativas como momentos essenciais do projeto de intelecção de mundo armado por Marx. É da integração das mesmas que redunda o teor e o caráter do novo patamar de inteligibilidade proporcionado pela síntese filosófico-científica engendrada pela reflexão marxiana. Calha bem referendar o argumento, arrematando a passagem com uma límpida afirmação lukacsiana, conclusiva a esse respeito: "Enquanto crítica ontológica de todos os tipos de ser, a filosofia continua sendo – mesmo sem

---

[89] Ibidem, p. 50.

a pretensão de dominar e submeter os fenômenos e suas conexões – o princípio diretivo dessa nova cientificidade"⁹⁰.

É também Lukács quem destaca, com toda pertinência e a devida ênfase, que é no pensamento marxiano que, "pela primeira vez na história da filosofia, as categorias econômicas aparecem como as categorias da produção e reprodução da vida humana, tornando assim possível uma descrição ontológica do ser social sobre bases materialistas" e que isso tem "sua primeira expressão adequada nos *Manuscritos econômico-filosóficos*"⁹¹. Essa elevação das categorias econômicas ao plano da filosofia irradia consequências decisivas por todo o complexo fundante da reflexão marxiana. Contudo, para evitar interpretações reducionistas de perversa tradição, há que sublinhar que não se trata de uma aquisição abrupta, nem unilateralizante, mas de uma configuração resolutiva cuja possibilidade principiou a ser entreaberta quando os "apuros" diante dos "interesses materiais" foram assumidos como "dúvidas" no "gabinete de estudos", e de modo mais efetivo com o teor e pela natureza de seus primeiros resultados: a crítica da política, que desvenda o caráter determinante da *sociedade civil*, e o concomitante rechaço da especulatividade, que leva ao patamar da *crítica ontológica*. Não é casual a sequência dos textos então produzidos – "Crítica de Kreuznach"; *Sobre a questão judaica*; "Crítica da filosofia do direito de Hegel: Introdução" e as *Glosas* de 1844, que perfizeram, à época, as duas referidas aquisições – alçando o curso analítico à temática dos *Manuscritos econômico-filosóficos*, cuja relevância agora é clarificada. Por certo, numa rota tão consistente a casualidade do interesse intelectual não desempenha qualquer papel significativo. Tomados em conjunto e em seu significado fundamental, os textos não comparecem aí enquanto escritos erráticos, mas como passos de um itinerário deliberado, ciente da sua orientação, que se reforça na própria marcha. Rumo dado, segundo o próprio autor, pela desembocadura de sua investigação primígena: "A anatomia da sociedade civil deve ser procurada na economia política"⁹².

É, portanto, na busca da anatomia da sociedade civil que as categorias da economia política são ontocriticamente elevadas à esfera filosófica, onde esplendem como malha categorial da produção e reprodução da vida humana. De fato, é nesse plano e momento que Marx, mantendo com rigor e rara consequência sua nova postura antiespeculativa, encontra a raiz do que virá a ser a arquitetônica de seu

---

⁹⁰ Georg Lukács, "Os princípios ontológicos fundamentais de Marx", cit., p. 29.
⁹¹ Ibidem, p. 14-5.
⁹² Karl Marx, "Prefácio à contribuição da crítica à economia política" (1859), cit., p. 135.

pensamento, os *pressupostos inelimináveis* de toda a investigação concreta da sociedade, cujo enunciado explícito e bem articulado é oferecido em *A ideologia alemã*:

> O primeiro pressuposto de toda a história humana é, naturalmente, a existência de indivíduos humanos vivos(as). O primeiro fato a constatar é, pois, a organização corporal desses indivíduos e, por meio dela, sua relação dada com o restante da natureza. Naturalmente não podemos abordar, aqui, nem a constituição física dos homens nem as condições naturais, geológicas, oro-hidrográficas, climáticas e outras condições já encontradas pelos homens. Toda historiografia deve partir desses fundamentos naturais e de sua modificação pela ação dos homens no decorrer da história.
>
> Pode-se distinguir os homens dos animais pela consciência, pela religião ou pelo que se queira. Mas eles mesmos começam a se distinguir dos animais tão logo começam a *prozduzir* seus meios de vida, passo que é condicionado por sua organização corporal. Ao produzir seus meios de vida, os homens produzem, indiretamente, sua própria vida material.
>
> O modo pelo qual os homens produzem seus meios de vida depende, antes de tudo, da própria constituição dos meios de vida já encontrados e que eles têm de reproduzir. Esse modo de produção não deve ser considerado meramente sob o aspecto de ser a reprodução da existência física dos indivíduos. Ele é, muito mais, uma forma determinada de sua atividade, uma forma determinada de exteriorizar sua vida, um determinado *modo de vida* desses indivíduos. Tal como os indivíduos exteriorizam sua vida, assim são eles. O que eles são coincide, pois, com sua produção, tanto com *o que* produzem como também com *o modo como* produzem. O que os indivíduos são, portanto, depende das condições materiais de sua produção.[93]

Em confluência, István Mészáros, ao dissecar o desenvolvimento filosófico de Marx desde a famosa carta ao pai de 1837, onde aflorou "o princípio de 'buscar a ideia na própria realidade'", argumenta que a consecução desse alvo dependia da realização de dois passos preliminares, os quais, entretanto,

> [...] só foram enunciados de maneira completa alguns anos depois. O primeiro se refere ao caráter insolúvel da problemática filosófica do passado, inerente à tentativa dos filósofos de encontrar soluções na própria filosofia (isto é, dentro das limitações autoimpostas pela mais abstrata forma de teoria). E o segundo se refere ao fato de que a constituição de uma forma adequada da teoria deve ser concebida como parte essencial da unidade entre teoria e prática.[94]

---

[93] Karl Marx e Friedrich Engels, *A ideologia alemã*, cit., p. 87.
[94] István Mészáros, *Filosofia, ideologia e ciência social* (São Paulo, Boitempo, 2008), p. 99.

Passos resolutivos esses que vieram a ser dados "em oposição consciente aos sistemas filosóficos de seus predecessores", perfazendo "um programa que ancorava firmemente a teoria na 'vida real' e na 'representação da atividade prática'", e que se expressaram de modo exuberante, apontando para "a tarefa vital da totalização", precisamente, em *A ideologia alemã*, na qual Mészáros se apoia com toda convicção e de modo conclusivo:

> Como podemos ver, a preocupação de Marx com a "ciência *positiva real*" significava uma reorientação da filosofia, inequivocamente clara e radical, voltada para os "homens *reais e ativos*"; na direção do seu "*real* processo de desenvolvimento, perceptível empiricamente"; em direção a seu "processo de vida material" considerado dialeticamente como um processo de vida *ativo*; em resumo: em direção à representação "da *atividade prática*, do processo *prático* de desenvolvimento dos homens". Isso se adequava bem com a inspiração juvenil de "procurar a ideia na própria realidade", apesar de, naturalmente, entendida em nível muito mais elevado, visto que a última formulação indicava, nas referências à práxis social, também a solução, enquanto a primeira se reduzia a uma intuição – ainda que genial – do *problema* em si.[95]

De modo que a crítica ontológica da economia política, em busca da "anatomia da sociedade civil", leva à *raiz*, que impulsiona pelo nexo intrincado das *coisas*, materialmente, à analítica da *totalidade*. Portanto, o *ser social* – do complexo da individualidade ao complexo de complexos da universalidade social – bem como sua relação com a natureza são alcançados e envolvidos, como já foi assinalado de início, pelas irradiações consequentes à elevação das categorias econômicas ao plano filosófico na forma das categorias de produção e reprodução da vida humana. Com efeito, reconhecida em sua centralidade, essa problemática implica, desde a reconsideração da própria natureza enquanto tal e, em especial, diante da sociabilidade, até a precisa determinação, por exemplo, dos contornos da subjetividade. Em suma, posta em andamento, a crítica ontológica da economia política, ao contrário de reduzir ou unilateralizar, induz e promove a universalização, estendendo o âmbito da análise desde a raiz ao todo da mundaneidade, natural e social, incorporando toda gama de objetos e relações. Donde a rapidez com que emerge, logo no terceiro dos *Manuscritos econômico-filosóficos*, a sustentação de que

> A história mesma é uma parte *efetiva* da *história natural*, do devir da natureza até ao homem. Tanto a ciência natural subsumirá mais tarde precisamente a ciência do homem como a ciência do homem subsumirá sob si a ciência natural: será *uma* ciência.[96]

---

[95] Ibidem, p. 103-4.

[96] Karl Marx, *Manuscritos econômico-filosóficos*, cit., p. 112.

Expectativa que se transforma, às primeiras páginas de *A ideologia alemã*, numa consagrada fórmula de reconhecimento: "Conhecemos uma única ciência, a ciência da história. A história pode ser examinada de dois lados, dividida em história da natureza e história dos homens"[97]. Mesmo porque, ao se enlaçarem, as três críticas instauradoras dão contorno nascente a uma visão global de mundo, uma vez que tem por objetos a *prática*, a *filosofia* e a *ciência*, respectivamente nas formas da *política*, da *especulação hegeliana* e da *economia política clássica*, admitidas como expressões de ponta da elaboração teórica de toda uma época, por isso mesmo enfrentadas como os circuitos esgotados de um patamar de atividade e racionalidade que cabe superar.

Com essas considerações se alude, pois, ao extraordinário papel que a crítica da economia política desempenha no reconhecimento marxiano daquilo que Lukács chamou de "existência primária dos grandes complexos do ser". Já a partir dos *Manuscritos econômico-filosóficos*, distinguindo com rigor graus, tipos ou formas de ser, Marx rompe com a concepção excludente entre natureza e sociedade, pondo em primeiro plano o metabolismo humano-societário que as relaciona, no qual a primeira se apresenta como plataforma natural, que a sociabilidade transforma sem cessar em sua autoedificação cada vez mais puramente social, consumando o progressivo "afastamento das barreiras naturais", que tipifica o autoengendramento do ser humano, no sentido da presença necessária, mas não determinante da natureza na infinitude intensiva e extensiva dessa entificação. Excelente ilustração dessa tessitura e da processualidade que a atualiza, em toda sua amplitude, é oferecida no "Terceiro Manuscrito" (V):

> [...] tanto o material de trabalho quanto o homem enquanto sujeito são tanto resultado quanto ponto de partida do movimento (e no fato de eles terem de ser este *ponto de partida* reside, precisamente, a *necessidade* histórica da propriedade privada). Portanto, o caráter *social* é o caráter universal de todo o movimento; *assim como* a sociedade mesma produz o *homem* enquanto *homem*, assim ela é *produzida* por meio dele. A atividade (*Tätigkeit*) e a fruição, assim como o seu conteúdo, são também os *modos de existência* segundo a atividade *social* e a fruição *social*. A essência *humana* da natureza está, em primeiro lugar, para o homem *social*; pois é primeiro aqui que ela existe para ele na condição de *elo* com o *homem*, na condição de existência sua para o outro e do outro para ele; é primeiro aqui que ela existe como *fundamento* da sua própria existência *humana*, assim como também na condição de elemento vital da efetividade humana. É primeiro aqui que a sua existência *natural* se lhe tornou a sua existência *humana* e a natureza [se tornou] para ele o homem. Portanto, a *sociedade* é a unidade essencial completada (*vollendete*) do homem

---

[97] Karl Marx e Friedrich Engels, *A ideologia alemã*, cit., p. 86.

com a natureza, a verdadeira ressurreição da natureza, o naturalismo realizado do homem e o humanismo da natureza levado a efeito.[98]

E parágrafos à frente (IX), detendo-se em época histórica concreta, bem anterior à plenitude desenhada na passagem acima, toma o metabolismo sob a forma específica da indústria:

> A *indústria* é a relação histórica *efetiva* da natureza e, portanto, da ciência natural com o homem; por isso, se ela é apreendida como revelação *exotérica* das *forças essenciais* humanas, então também a essência *humana* da natureza ou a essência *natural* do homem é compreendida dessa forma, e por isso a ciência natural perde a sua orientação abstratamente material, ou antes idealista, tornando-se a base da ciência *humana*, como agora já se tornou – ainda que em figura estranhada – a base da vida efetivamente humana; uma *outra* base para a vida, uma outra para a *ciência* é de antemão uma mentira. A natureza que vem a ser na história humana – no ato de surgimento da história humana – é a natureza *efetiva* do homem, por isso a natureza, assim como vem a ser por intermédio da indústria, ainda que em figura *estranhada*, é a natureza *antropológica* verdadeira.[99]

Aqui, é sob forma da indústria moderna que o metabolismo mais interessa, pois foi a partir dela que a "economia política ilustrada descobriu a *essência subjetiva* da riqueza". Determinação com a qual principia o "Terceiro Manuscrito": "A *essência subjetiva* da propriedade privada, a propriedade como atividade para si, como *sujeito*, como *pessoa*, é o *trabalho*". Unindo os vários termos da bateria de equações, temos: ao buscar a anatomia da sociedade civil pela crítica da economia política, Marx depara com o pressuposto insuprimível dos *homens ativos*, que remete à totalidade do laço metabólico entre sociedade e natureza, em especial sob a forma da indústria moderna, donde a emergência da figura centralíssima do *trabalho* – o segredo reconhecido, *positivamente*, pela economia política ilustrada. Reconhecido, mas não desvendado; descoberto, mas não explicado. Por isso mesmo, concebido unilateralmente, só pelo seu lado positivo, enquanto "essência subjetiva da riqueza". Ou, de forma crítica mais abrangente, nos próprios termos marxianos:

> A economia nacional parte do trabalho como [sendo] propriamente a alma da produção, e, apesar disso, nada concede ao trabalho e tudo à propriedade privada. Proudhon, a partir desta contradição, concluiu em favor do trabalho [e] contra a propriedade privada. Nós reconhecemos, porém, que esta aparente contradição é a contradição do

---

[98] Karl Marx, *Manuscritos econômico-filosóficos*, cit., p. 106-7.
[99] Ibidem, p. 110.

trabalho estranhado consigo mesmo, e que a economia nacional apenas enunciou as leis do trabalho estranhado.[100]

Desde o início, pois, a crítica marxiana da economia política se manifesta como impugnação e recusa, formal e material, de um dado *corpus* científico. O próprio reconhecimento de seu valor heurístico *passado* é uma aferição de seus limites e da insuficiência de seu estatuto racional. Assinalar esses aspectos, em linhas rápidas, é o que resta fazer para deixar tracejada a identidade da terceira crítica instauradora. A denúncia da estreiteza global do porte analítico desse aparato teórico é feita, por exemplo, numa passagem exemplar:

> A economia nacional parte do fato dado e acabado da propriedade privada. Não nos explica o mesmo. Ela percebe o processo *material* da propriedade privada, que passa, na realidade (*Wirklichkeit*), por fórmulas gerais, abstratas, que passam a valer como *leis* para ela. Não *concebe* (*begreift*) estas leis, isto é, não mostra como têm origem na essência da propriedade privada. A economia nacional não nos dá esclarecimento algum a respeito do fundamento (*Grund*) da divisão entre trabalho e capital, entre capital e terra. Quando ela, por exemplo, determina a relação do salário com o lucro de capital, o que lhe vale como razão última é o interesse do capitalista; ou seja, ela supõe o que deve desenvolver. Do mesmo modo, a concorrência entra por toda parte. É explicada a partir de circunstâncias exteriores. Até que ponto estas circunstâncias exteriores, aparentemente casuais, são apenas a expressão de um desenvolvimento necessário.[101]

É evidente que essas objeções são desenvolvidas sob os parâmetros da *nova crítica*, centrada na exigência de capturar "a lógica específica da coisa específica" e de esclarecê-la por sua gênese e necessidade. Ou, para seguir com a argumentação do *Manuscrito*: o defeito geral da economia política é

> [...] justamente pelo fato de a economia nacional não compreender a conexão do movimento [...] pois concorrência, liberdade industrial, divisão da posse da terra eram desenvolvidas e concebidas apenas como consequências acidentais, deliberadas, violentas, [e] não como [consequências] necessárias, inevitáveis, naturais do monopólio, da corporação e da propriedade feudal.[102]

Tais posições representam censuras e restrições de fundo à economia política ilustrada que Marx, a partir daí, jamais abandonará. Ao contrário, serão reiteradas, desenvolvidas e multiplicadas, tanto mais quanto maior for seu domínio sobre

---

[100] Ibidem, p. 88.
[101] Ibidem, p. 79.
[102] Ibidem, p. 80.

a matéria. A título de exemplo, recorde-se a recriminação aos "empiristas ainda abstratos", aqueles precisamente que não interligam os fatos, nem os entendem como resultantes da prática social dos indivíduos, ou seja, que são incapazes de conceber "mundo sensível" como "atividade sensível". A esse respeito são muito expressivas passagens de *A ideologia alemã* e da *Miséria da filosofia*. Da primeira, para uma denotação mais geral, a escolha pode recair sobre a seguinte afirmação: "Tão logo seja apresentado esse processo ativo de vida, a história deixa de ser uma coleção de fatos mortos, como para os empiristas ainda abstratos"[103]. E da *Miséria da filosofia* é suficiente ficar com excertos da "Primeira observação":

> Os economistas exprimem as relações da produção burguesa, a divisão do trabalho, o crédito, a moeda etc. como categorias fixas, imutáveis, eternas. [...] Os economistas nos explicam como se produz nessas relações dadas, mas não nos explicam como se produzem essas relações, isto é, o movimento histórico que as engendra.[104]

Embora seja bastante instrutivo transcrever, igualmente, algumas linhas da "Sétima" para fechar o quadro:

> Os economistas têm procedimentos singulares. Para eles, só existem duas espécies de instituições, as artificiais e as naturais. As instituições da feudalidade são artificiais, as da burguesia são naturais. Nisto, eles se parecem aos teólogos, que também estabelecem dois tipos de religião: a sua é a emanação de Deus, as outras são invenções do homem. Dizendo que as relações atuais – as relações da produção burguesa – são naturais, os economistas dão a entender que é nessas relações que a riqueza se cria e as forças produtivas se desenvolvem segundo as leis da natureza. Portanto, essas relações são, elas mesmas, leis naturais independentes da influência do tempo. São leis eternas que devem, sempre, reger a sociedade. Assim, houve história, mas já não há mais.[105]

O perfil e o teor dessas objeções atingem a economia política em profundidade: esta é evidenciada como incapaz de explicar os fenômenos que aborda, de mostrar o processo constitutivo das entificações, de revelar a necessidade dos eventos, bem como de não compreender as interconexões do movimento produtivo das ocorrências factuais, o andamento temporal que as engendra. É denunciada por lançar mão de fatores externos e circunstanciais para justificar os objetos considerados, dando por suposto o que teria de ser desvendado, e também por colecionar fatos mortos, ao desconhecer o mundo sensível como determinação da atividade sensível.

---

[103] Karl Marx e Friedrich Engels, *A ideologia alemã*, cit., p. 94-5.
[104] Karl Marx, *Miséria da filosofia* (São Paulo, Global, 1989), p. 102.
[105] Ibidem, p. 115.

É reprovada porque se restringe a captar os adventos efetivos em generalizações abstratas, de imediato convertidas em leis, igualmente incompreendidas porque não desentranhadas dos nexos imanentes aos complexos reais. Seu resultado conceitual é um conjunto de categorias fixas, imutáveis e rígidas, uma vez que ignoram origens e desenvolvimentos, isto é, os processos formativos; categorias que por sua natureza são coniventes com "procedimentos singulares", tão arbitrários quanto os teológicos. É, decerto, uma recusa crítica à natureza, aos limites e aos modos operativos de todo um padrão de cientificidade, ao qual é contraposta a exigência de um patamar bem mais elevado de racionalidade, cujo alvo científico e critério de rigor é a captura do *todo efetivo* das entificações em suas lógicas específicas por meio da identificação de suas gêneses, necessidades e desenvolvimentos, tais como produzidas pela reiteração da atividade sensível no movimento histórico que a possibilita, caracteriza e diversifica.

Essa demanda fundamental pela integridade ontológica na reprodução teórica das *coisas* mostra sua alta produtividade na crítica marxiana à concepção de *trabalho* própria à economia política, onde pode ser devidamente apreciada. Trata-se de momento excepcional na rota constitutiva do novo pensamento, dele resultando a problemática que armou para sempre o centro propulsor de toda atividade reflexiva de seu autor. Afirmando partir "de um fato nacional-econômico *presente*", em oposição ao economista – "Não nos desloquemos, como [faz] o economista nacional quando quer esclarecer [algo], a um estado primitivo imaginário"[106] – Marx sustenta, no "Primeiro manuscrito" (XXII), que

> O trabalhador se torna tanto mais pobre quanto mais riqueza produz, quanto mais a sua produção aumenta em poder e extensão. O trabalhador se torna uma mercadoria tão mais barata quanto mais mercadorias cria. Com a *valorização* do mundo das coisas [*Sachenwelt*] aumenta em proporção direta a *desvalorização* do mundo dos homens [*Menschenwelt*].[107]

Ou, como diz linhas adiante: "A efetivação [*Verwirklichung*] do trabalho é a sua objetivação. Esta efetivação do trabalho aparece ao estado nacional-econômico como desefetivação [*Entwirklichung*] do trabalhador", de modo que

> Na determinação de que o trabalhador se relaciona com o *produto de seu* trabalho como [com] um objeto *estranho* estão todas estas consequências. Com efeito, segundo este pressuposto está claro: quanto mais o trabalhador se desgasta trabalhando [*ausarbeitet*], tanto mais poderoso se torna o mundo objetivo, alheio [*fremd*] que

---

[106] Idem, *Manuscritos econômico-filosóficos*, cit., p. 80.
[107] Idem.

ele cria diante de si, tanto mais pobre se torna ele mesmo, seu mundo interior, [e] tanto menos [o trabalhador] pertence a si próprio.[108]

Essa antítese real, desvendada a partir da análise "de um fato nacional-econômico *presente*", é guia e critério, no Caderno III, para a consideração da concepção de trabalho da economia política. Ao reconhecer o trabalho como "*essência subjetiva* da riqueza – no interior da propriedade privada", isto é, encarando o trabalho como princípio, a economia política deixa de considerar a riqueza como "um *estado* exterior ao homem", tal como faziam "os partidários do sistema monetário e mercantilista", pretendendo com isso ter configurado uma clara afirmação do homem, ou seja, tem por valorizado o homem, essência da riqueza, pela concepção positiva do trabalho. Marx – lembrando que "Engels chamou com razão Adam Smith de *Lutero nacional-econômico*", uma vez que este último "suprimiu [*aufhob*] a religiosidade *externa* enquanto fazia da religiosidade a essência *interna* do homem" – argumenta que "assim fica suprimida [*aufgehoben*] a riqueza existente fora do homem e dele independente [...] na medida em que a propriedade privada se incorpora ao próprio homem e reconhece o próprio homem enquanto sua essência". O efeito das duas operações, formalmente idênticas, redunda, igualmente, no inverso do que aparenta: "o próprio homem é posto na determinação da propriedade privada, tal como em Lutero [o homem é posto] na [determinação] da religião"[109]. Donde a importância do desfecho da argumentação, que explicita o *homem negado*, pois convertido no fundamento contraditório da propriedade privada:

> Sob a aparência de um reconhecimento do homem, também a economia nacional, cujo princípio é o trabalho, é antes de tudo apenas a realização consequente da renegação do homem, na medida em que ele próprio não mais está numa tensão externa com a essência externa da propriedade privada, mas ele próprio se tornou essa essência tensa da propriedade privada. O que antes era *ser-externo-a-si* [*sich Äusserlichsein*], exteriorização [*Entäusserung*] real do homem, tornou-se apenas ato de exteriorização, de venda [*Veräusserung*].[110]

Em suma, circunscrito pela crítica como essência da riqueza, contraditoriamente subsumida à propriedade privada, o trabalho revela sua face negativa como atividade desefetivadora do agente produtor.

---

[108] Ibidem, p. 81.

[109] Ibidem, p. 99-100.

[110] Ibidem, p. 100.

Oposto é o rumo analítico no evolver teórico da economia política, que transita da *hipocrisia* de "um aparente reconhecimento do homem, de sua autonomia, de sua atividade própria", para o *cinismo total*, "ao desenvolver mais *unilateral* e por isso *mais aguda e consequentemente* o trabalho como a única essência da riqueza", diante do desenvolvimento sempre mais contraditório da indústria, assumindo cada vez mais, de forma positiva e consciente, a alienação anti-humana. Isso porque,

> [...] na medida em que fazem da propriedade privada, em sua figura ativa, sujeito, acabam fazendo, ao mesmo tempo, do homem, essência, e simultaneamente do homem enquanto não ser, ser, assim mesmo a contradição da efetividade corresponde plenamente à essência contraditória que eles reconheceram como princípio. A *efetividade* | |II| dilacerada *da indústria* confirma seu *princípio dilacerado em si*, muito antes de o refutar. Seu princípio é, sim, o princípio desse dilaceramento.[111]

Convém assinalar, à guisa de fecho, que a crítica marxiana à unilateralidade da concepção positiva do trabalho não se limita ao âmbito da economia política, mesmo porque ela se realiza na transposição à filosofia das categorias econômicas. Nesse sentido, muito característica e ilustrativa dessa universalidade é a crítica ao pensamento hegeliano, consignada à página XXIII do mesmo *Manuscritos*: "Hegel se coloca no ponto de vista dos modernos economistas nacionais. Ele apreende o *trabalho* como a *essência*, como a essência do homem que se confirma; ele vê somente o lado positivo do trabalho, não seu [lado] negativo"[112]. Diante da força e nitidez, e das reverberações dessa expressão, seria ocioso qualquer acréscimo para reafirmar a importância decisiva da crítica ontológica à unilateralidade da concepção positiva do trabalho, bem como à economia política em geral, na instauração do pensamento marxiano, ainda mais que, desde sua emergência, Marx a converteu no centro de suas ocupações intelectuais.

A descrição do arcabouço das três críticas ontológicas encadeou material e formalmente os passos constitutivos do pensamento marxiano. A resultante é um panorama integrado, cujas articulações emanam dos próprios textos de Marx, sem que a intervenção de qualquer fator ou critério exterior a eles seja responsável pela unidade encontrada. Em outros termos, o exame imanente dos materiais revela a natureza e a organização de um pensamento que dispensa qualquer artificialismo ou recurso extrínseco para evidenciar consistência e identidade. Não precisa de aditivos, recortes ou remontagens para ser legitimado no universo do pensamento de rigor. Ao contrário, a própria configuração de sua gênese – impulsionada

---

[111] Idem.
[112] Ibidem, p. 124.

pelo reconhecimento da necessidade de estabelecer um patamar de cientificidade para além das esferas esgotadas da racionalidade prática, filosófica e científica de seu tempo – impede que seja abordado retroativamente, inclusive por variantes modernizadas de filosofias anteriores, tornando incongruentes quaisquer tentativas de o reidentificar e refundamentar (ou o contrário) por meio delas. Por isso mesmo a própria voz dos escritos pulveriza as interpretações irrazoáveis desse feitio e desmancha as hipóteses de investigação centradas em apriorismos, equações sempre subjetivas, não importa em que paradigma creiam estar apoiadas, pois construtos desse tipo nunca podem ser nada além de moldagens ou figuras, mais ou menos organizadas, de elementos da própria subjetividade, e enquanto tais, já nascem em crise, pois estão em originária tensão dicotômica com os objetos. Muito em especial e de modo agudo quando investidos do propósito analítico de desvendar o *corpus* teórico marxiano, uma vez que, por seu princípio, estão impedidos de respeitar o estatuto teórico daquele, entrando em contradição frontal com o mesmo, choque do qual só pode brotar a *guerra santa* contra a letra e o espírito que o anima – a decifração das efetividades enquanto elas mesmas e a partir delas próprias, respeitadas em suas precisas formas de constituição e existência, de modo que sejam vertidas ou decantadas à forma teórica em suas específicas densidades lógicas, e não simplesmente dissolvidas por generalizações ou mumificadas sob incriteriosa desagregação factual. Teoria, pois, como *descoberta*, não como jogo especulativo, reducionismo abstrativante ou versão arbitrária, imputativa de significado.

É patente, pelo desenrolar e imbricamento das três críticas, como se dá o enovelado dos conteúdos e o modo pelo qual são tratados. Desvencilhado, simultaneamente, da especulação e da idealidade de prática política como território suposto da efetivação da racionalidade, ou, em termos positivos, alçado à *nova crítica* e à *determinação ontonegativa da politicidade*, Marx, por efeito dessas conquistas, é conduzido à crítica da economia política enquanto formação real e ideal, o que promove a crítica da própria sociedade civil, pletora da interatividade contraditória dos interesses privados. Isso faz com que se deságue na universalidade dos objetos humano-societários, agora passíveis de concepção a partir de um novo limiar da racionalidade, que permite compreender o *lado negativo do trabalho*, ou seja, o *homem negado*, e descobrir o caráter *social* da verdadeira resolução em potência desse complexo problemático último, o que induz à elevação humana e racional da prática, ou seja, a impulsiona ao solo radical da *metapolítica*, vislumbrada como possibilidade real da lógica onímoda do trabalho em resposta ao imperativo de sua emancipação.

Diante dessa arquitetônica esculpida pelos textos marxianos, a tese primitiva do *amálgama originário* é simplesmente pueril, ou antes, impensável, bem como mostram sua dose de ingenuidade, historicamente condicionada, bem como as tentativas muito mais sofisticadas de defender ou desqualificar o pensamento marxiano por meio de epistemologismos e politicismos por vezes altamente elaborados, nem por isso mais compatíveis com a natureza da obra marxiana ou mais aptos para a sua delucidação. Precisamente por sua condição de pensamento pós-especulativo ou pós-gnosiológico e antipoliticista, a obra marxiana não é, nem poderia ter sido, a aglutinação ressintetizada das melhores porções do pensamento de ponta de seu tempo. Lidou com o mesmo em suas vertentes mais avançadas, todavia, não para operar a mágica canhestra de um somatório absurdo de suas "partes vivas", nem mesmo, e puramente, para se fazer herdeiro de uma dita tradição dialética, aliás, palavra ambígua e traiçoeira se empregada genérica e indeterminadamente, e que já serviu de termo cabalístico para dissimular ignorâncias e perversidades de toda ordem. Lidou, sim, com as melhores cabeças de toda uma época, mas para armar um salto para além delas.

Como esclarece a exposição das três críticas, o pensamento especulativo, a economia política e a reflexão política, inclusive a dos utópicos (da qual não foi preciso tratar aqui, dada a universalidade das implicações da determinação ontonegativa da politicidade), não foram bases ou fontes provedoras de materiais teóricos acabados ou semielaborados para a montagem da obra marxiana, mas, rigorosamente, *objetos de crítica*, dos quais não foram retidos e reaproveitados certas peças ou procedimentos. Do embate contra eles redundou, isto sim – sob a *nova crítica* ou, nos termos de Marx, "verdadeira crítica filosófica", armada pela decisiva presença analítica dos complexos reais envolvidos, tomados em sua qualidade de atividade sensível – reelaborações radicais de caráter filosófico, que perfilaram o traçado geral de um novo quadro teórico, marcado pelo assentamento de uma ontologia histórico-imanente do ser social. Portanto, a transmigração de Marx ao estatuto de seu pensamento definitivo se deu pelo abandono de uma concepção de mundo calibrada por uma filosofia da autoconsciência, enervada pela contradição entre essência e existência, entre forma e matéria, como costumam assinalar alguns de seus intérpretes, em favor de uma ontologia na qual o *ser* só é reconhecido pela identificação à objetividade, em especial à objetividade social – enfim decifrada como atividade sensível, o que supera em larga escala os indicativos feuerbachianos, em que pese a grande utilidade que tiveram no arranque da trajetória marxiana. Eis o que resume e caracteriza a instauração de seu pensamento original, assim como esclarece a identidade e o matrizamento de toda sua elaboração posterior.

Nesse quadro e somente por seus parâmetros é que se torna legítimo expor com algum detalhe e interrogar, quando for o caso, o equacionamento metodológico pertinente à arquitetônica teórica de Marx.

A RESOLUÇÃO METODOLÓGICA

Conferida a natureza ontológica do pensamento marxiano, é fértil principiar esta parte derradeira por uma honesta provocação: a rigor, não há uma *questão de método* no pensamento marxiano. Essa afirmação acompanha o espírito de certa observação lukacsiana pela qual todo problema gnosiológico importante só encontra solução no campo ontológico, mas pretende ir bem mais além.

Se por método se entende uma arrumação operativa, *a priori*, da subjetividade, consubstanciada por um conjunto normativo de procedimentos, ditos científicos, com os quais o investigador deve levar a cabo seu trabalho, então, não há método em Marx. Em adjacência, se todo método pressupõe um fundamento gnosiológico, ou seja, uma teoria autônoma das faculdades humanas cognitivas, preliminarmente estabelecida, que sustente ao menos parcialmente a possibilidade do conhecimento, ou, então, se envolve e tem por compreendido um *modus operandi* universal da racionalidade, não há, igualmente, um problema do conhecimento na reflexão marxiana. E essa inexistência de método e gnosiologia não representa uma lacuna, nem decorre, como sugere Lukács, às primeiras linhas de seu capítulo sobre Marx na *Ontologia do ser social*, do fato deste jamais ter se preocupado em estudar as relações entre ontologia, gnosiologia, lógica etc., uma vez que partira, "ainda que desde os inícios em termos críticos, da filosofia hegeliana"[1], e que esta "se move dentro de uma certa unidade, determinada pela ideia de sistema, entre ontologia, lógica e teoria do conhecimento; o conceito hegeliano de dialética implica, no próprio momento em que põe a si mesmo, uma semelhante unificação e, inclusive, tende

---

[1] Georg Lukács, "Os princípios ontológicos fundamentais de Marx", em *Ontologia do ser social* (São Paulo, Ciências Humanas, 1979), p. 11.

a fundir uma coisa com a outra"². Como se depreende dos passos ontocríticos que instauraram o pensamento marxiano, não terá sido por resquícios de *hegelianismo* que Marx rompeu com o método lógico-especulativo, nem se situou, pela mediação do pressuposto ineliminável da atividade sensível do homem, para além da fundamentação gnosiológica. Isso equivale a admitir que a suposta *falta* seja antes uma afirmação de ordem teórico-estrutural, do que uma debilidade por origem histórica insuficientemente digerida.

Mesmo porque, no caso, a ausência da "questão de método", bem como do "problema do conhecimento", isto é, de tematizações autônomas sobre metodologia e gnosiologia, que pretendam fundar o discurso científico e guiar sua constituição por meio do ordenamento autárquico e independente da atividade subjetiva, não assinala qualquer omissão ou deslize quanto ao reconhecimento do complexo do conhecimento em sua efetividade, nem indiferença em relação aos procedimentos cognitivos. Ao contrário, é um clarão que alerta para a peculiaridade do tratamento marxiano desses temas, de modo que a *ausência* de equacionamento convencional do assunto é apenas o sinal negativo da completa reconversão e resolução positivas que a matéria encontra na reflexão marxiana, ainda que só tratada ocasional e esparsamente, tanto que à mesma não foi reservado um único texto exclusivo e sistemático que delineasse os contornos de sua fisionomia. Contudo, atentando para momentos fundamentais da elaboração fragmentária de Marx a esse respeito, é possível captar e expor as linhas mestras de sua concepção em quatro tópicos:

- a fundamentação ontoprática do conhecimento;
- a determinação social do pensamento e a presença histórica do objeto;
- a teoria das abstrações;
- a lógica da concreção.

Ao postular a atividade do pensamento de rigor como reprodução teórica da lógica intrínseca ao objeto investigado, Marx apenas deu início – com inflexão decisiva e emblemática, é verdade – à composição de sua plataforma científica. Por certo, definiu a tarefa do sujeito e assinalou o *locus* da verdade. No entanto, essa fórmula sintetiza, acima de tudo, sua ruptura antitética com o pensamento especulativo, a qual, resumida a si, é somente um passo unilateral, na medida em que a meta cognitiva do sujeito é replasmada por inteiro, sem que, todavia, o próprio sujeito seja redeterminado, ao passo que, em relação aos objetos, é feita uma grande e certeira alusão – são reconhecidos como a malha sólida de suas próprias

---

² Idem.

lógicas. Contudo, a natureza dos mesmos não é, conceitualmente, recomposta ou esclarecida. Em realidade, nesse momento inicial, sujeito e objeto, porquanto sejam reivindicados em sua terrenalidade, não são ainda distinguidos, positiva e especificamente, das acepções correntes ou tradicionais, parecendo se facear como simples exterioridades. Pela carência de elaboração são categorialmente indeterminados, apesar de sua referência direta a entificações concretas, sugerindo, por assim dizer, figuras substantificadas um tanto vagas em sua distinção e autonomia. O tratamento diferenciado dos mesmos só virá a emergir, de modo explícito e elaborado, nas páginas dos *Manuscritos econômico-filosóficos* e de *A ideologia alemã*. Os sujeitos, então, serão determinados como os *homens ativos* e os objetos enquanto *atividade sensível*.

Aqui, o espaço não comporta largas considerações, mas é necessário ancorar certos traços do complexo ontológico aflorado. Ao enveredar pela crítica da economia política, quando o lastro dos indicativos feuerbachianos é mais explícito, a ponto de haver deles transcrições quase literais nos *Manuscritos*, Marx adota o princípio determinativo de que "o ser é uno com a coisa que é", esgrimindo contra a argumentação da *Lógica*, Feuerbach sustenta que

> [...] o conceito de ser, na medida em que é separado do conteúdo do ser, já não é o conceito de ser. O ser é tão diverso como as coisas. O ser é uno com a coisa que é. Tirar o ser de uma coisa significa tirar-lhe tudo. O ser não se deixa separar para si. O ser não é um conceito *particular*: ao menos para o entendimento é um todo.[3]

E, em consonância, no manuscrito XXVII, a argumentação marxiana assegura: "Um ser não objetivo é um *não ser [Unwesen]*"[4]. Donde o cariz do desdobramento, declaradamente em oposição ao "ser *não objetivo, espiritualista*" de Hegel:

> Assenta um ser, que nem é ele próprio objeto nem tem um objeto. Um tal ser seria, em primeiro lugar, o *único* ser, não existiria nenhum ser fora dele, ele existiria isolado e solitariamente. Pois, tão logo existam objetos fora de mim, tão logo eu não esteja *só*, sou um *outro*, uma *outra efetividade* que não o objeto fora de mim. Para este terceiro objeto eu sou, portanto, uma *outra efetividade* que não ele, isto é, [sou] *seu* objeto. Um ser que não é objeto de outro ser, supõe, pois, que não existe *nenhum* ser objetivo. Tão logo eu tenha um objeto, este objeto tem a mim como objeto. Mas um ser *não objetivo*

---

[3] Ludwig Feuerbach, *Apuntes para la crítica de la filosofía de Hegel* (Buenos Aires, La Pleyade, 1974), p. 37.
[4] Karl Marx, *Manuscritos econômico-filosóficos* (São Paulo, Boitempo, 2004), p. 128. (Convém lembrar a multivocidade do termo alemão, que inclui as acepções de "monstro", "fantasma", "absurdo".)

é um ser não efetivo, não sensível, apenas pensado, isto é, apenas imaginado, um ser da abstração. Ser (*sein*) *sensível*, isto é, ser efetivo, é ser objeto do sentido, ser objeto *sensível*, e, portanto, ter objetos sensíveis fora de si, ter objetos de sua sensibilidade. Ser sensível é ser *padecente*.[5]

O acorde mais geral e evidente, formado pelas notas que compõem essas linhas, ressoa com toda limpidez: o *ser*, em sua multiplicidade, é objetividade, relação e padecimento. Por complexificação aditiva e distintiva, no devir de seu grau específico de *ser*, o homem detém esses traços universais e agrega outros que compõem sua diferença específica. Marx esquematiza a questão em dois passos. O homem, diz, "é imediatamente *ser natural*. Como ser natural, e como ser natural vivo, está, em parte, dotado de *forças naturais*, de *forças vitais*, é um ser natural *ativo*, [...] que padece, condicionado e limitado, tal qual o animal e a planta", da necessidade de objetos que "existem exteriormente como objetos independentes dele", os quais, entretanto, "são *objetos* de seu *carecimento*, *objetos* essenciais, imprescindíveis para a efetuação e confirmação de suas *forças essenciais*", ou seja, objetos que, fora dele, são indispensáveis "à sua integração e externação essencial"[6]. Essa descrição da atividade do homem em sua naturalidade, movido por sua limitação ou incompletude, como ato de integralização e confirmação de si mesmo, é sucedida, parágrafos à frente, pela indicação de sua especificidade:

> Mas o homem não é apenas ser natural, mas ser natural *humano*, isto é, ser existente para si mesmo [*für sich selbst seiendes Wesen*], por isso, *ser genérico*, que, enquanto tal, tem de atuar e confirmar-se tanto em seu ser quanto em seu saber. Consequentemente, nem os objetos *humanos* são os objetos naturais assim como estes se oferecem imediatamente, nem o *sentido humano*, tal como *é* imediata e objetivamente, é sensibilidade *humana*, objetividade humana. A natureza não está, nem objetiva nem subjetivamente, imediatamente disponível ao ser *humano* de modo adequado.[7]

O destaque enérgico deve recair, pois, sobre a determinação de que objetividade e subjetividade *humanas* são produtos da autoconstitutividade do homem, a partir e pela *superação* de sua naturalidade. O homem e o seu mundo são produções de seu gênero – a interatividade universal e mutante dos indivíduos em processualidade infinita, que tem por protoforma o *trabalho*, a atividade especificamente humana, porque consciente e voltada a um fim. Único ser que trabalha, através da sucessão

---

[5] Ibidem, p. 127-8.

[6] Idem.

[7] Ibidem, 128.

e multiplicidade de seus fins básicos e imediatos, constitui igualmente a si mesmo, não importa quão radicalmente contraditória e, de fato, cruel, perversa e mutiladora seja a maior parte dessa trajetória sem fim. A prática é, pois, a prática mesmo da fabricação do *homem*, sem prévia ideação ou *télos* último, mas pelo curso do "rico *carecimento* humano", aquele pelo qual a própria efetivação do homem "como necessidade [*Notwendigkeit*] interior, como *falta* (*Not*)"[8]. Ou tudo isso expresso, diretamente, com algumas proposições desse mesmo "Terceiro manuscrito": "Um *ser* se considera primeiramente como independente tão logo se sustente sobre os próprios pés, e só se sustenta primeiramente sobre os próprios pés tão logo deva a sua *existência* a si mesmo"[9], todavia,

> [...] é preciso evitar fixar mais uma vez a "sociedade" como abstração frente ao indivíduo. O indivíduo *é* o *ser social*. Sua manifestação de vida – mesmo que ela também não apareça na forma imediata de uma manifestação *comunitária* de vida, realizada simultaneamente com outros – *é*, por isso, uma externação e confirmação da *vida social*. A vida individual e a vida genérica do homem não são *diversas*, por mais que também – e isto necessariamente – o modo de existência da vida individual seja um modo mais *particular* ou mais *universal* da vida genérica, ou quanto mais a vida genérica seja uma vida individual mais *particular* ou *universal*.[10]

Por isso, tomadas as determinações abrangentes aos dois polos do ser social em suas conexões efetivas,

> Se as *sensações*, paixões etc. do homem não são apenas determinações antropológicas em sentido próprio, mas sim verdadeiramente afirmações *ontológicas* do ser (natureza) – e se elas só se afirmam efetivamente pelo fato de o seu *objeto* ser para elas *sensivelmente*, então é evidente: 1) que o modo da sua afirmação não é inteiramente um e o mesmo, mas, ao contrário, que o modo distinto da afirmação forma a peculiaridade [*Eigentümlichkeit*] da sua existência, de sua vida; o modo como o objeto é para elas, é o modo peculiar de sua *fruição*; 2) aí, onde a afirmação sensível é o suprassumir imediato do objeto na sua forma independente (comer, beber, elaborar o objeto etc.), isto é a afirmação do objeto; 3) na medida em que o homem é *humano*, portanto também sua sensação etc., é *humana*, a afirmação do objeto por um outro é, igualmente, sua própria fruição; 4) só mediante a indústria desenvolvida, ou seja, pela mediação da propriedade privada, vem a ser [*wird*] a essência ontológica da paixão humana, tanto na sua totalidade como na sua humanidade; a ciência do homem é, portanto,

---

[8] Ibidem, p. 113.
[9] Idem.
[10] Ibidem, p. 107.

propriamente, um produto da autoatividade [*Selbstbetätigung*] prática do homem; 5) o sentido da propriedade privada – livre de seu estranhamento – é a *existência* dos *objetos essenciais* para o homem, tanto como objeto da fruição, como da atividade.[11]

Esse encadeamento de fragmentos dispensa paráfrases para reenfatizar o nódulo central da questão: por sua essência ativa as individualidades humano-societárias, autoras de sua afirmação e de seu gênero, são como tais as efetivadoras de suas esferas próprias de objetividade e subjetividade.

É o mesmo conteúdo, no fundamental e abstraídas formas de tratamento, que aparece em *A ideologia alemã* sob a figuração mais concreta dos *pressupostos reais e inelimináveis*: "São os indivíduos reais, sua ação e suas condições materiais de vida, tanto aquelas por eles já encontradas como as produzidas por sua própria ação"[12]. Para finalizar o esboço atinente à reconcepção das categorias de sujeito e objeto, serão considerados de *A ideologia alemã* apenas trechos de crítica frontal a Feuerbach, de modo que, simultaneamente, fique registrada a natureza da ultrapassagem marxiana do mesmo. Reprovando a dualidade da concepção feuerbachiana do mundo sensível, de um lado, contemplativa, "profana, que percebe apenas o que é 'imediatamente palpável'" e, por outro, voltada em abstrato à "'verdadeira essência' das coisas"[13], Marx, polemicamente, explicita sua própria visão:

> Ele não vê como o mundo sensível que o rodeia não é uma coisa dada imediatamente por toda a eternidade e sempre igual a si mesma, mas o produto da indústria e do estado de coisas da sociedade, e isso precisamente no sentido de que é um produto histórico, o resultado da atividade de toda uma série de gerações, que, cada uma delas sobre os ombros da precedente, desenvolveu sua indústria e seu comércio e modificou sua ordem social de acordo com as necessidades alteradas.[14]

Acentuando ainda mais o caráter produzido do *mundo sensível* e a condição socialmente derivada da *certeza sensível*, prossegue:

> Mesmo os objetos da mais simples "certeza sensível" são dados a Feuerbach apenas por meio do desenvolvimento social, da indústria e do intercâmbio comercial. Como se sabe, a cerejeira, como quase todas as árvores frutíferas, foi transplantada para nossa região pelo comércio, há apenas alguns séculos e, portanto, foi dada à "certeza sensível" de Feuerbach.[15]

---

[11] Ibidem, p. 157.
[12] Karl Marx e Friedrich Engels, *A ideologia alemã* (São Paulo, Boitempo, 2007), p. 86-7.
[13] Ibidem, p. 30.
[14] Idem.
[15] Ibidem, p. 30-1.

E, naturalmente, à realidade produzida corresponde o sujeito produtor. Também sob esse aspecto correlato as deficiências feuerbachianas são apontadas, e contra elas se afirma o pensamento marxiano:

> [...] ele apreende o homem apenas como "objeto sensível" e não como "atividade sensível" [...] não concebe os homens em sua conexão social dada, em suas condições de vida existentes, que fizeram deles o que eles são, ele não chega nunca até os homens ativos, realmente existentes, mas permanece na abstração "o homem" e não vai além de reconhecer no plano sentimental o "homem real, individual, corporal", isto é, não conhece quaisquer outras "relações humanas" "do homem com o homem" que não sejam as do amor e da amizade, e ainda assim idealizadas [...]. Não consegue nunca, portanto, conceber o mundo, sensível como a *atividade* sensível, viva e conjunta dos indivíduos que o constituem.[16]

Assim, na recaracterização de sujeito e objeto afloraram e foram combatidos os graves limites do pensamento de Feuerbach: contribuíra para a crítica da especulação e promovera a inflexão ontológica rumo à concepção da *objetividade do ser*, sustentando a tese de que "o ser é uno com a coisa que é", mas fora incapaz de ultrapassar a pressuposição de "um indivíduo humano abstrato, *isolado*", que tem por essência "uma abstração inerente ao indivíduo singular", a qual "só pode ser apreendida como 'gênero', como generalidade interna, muda, que une muitos indivíduos *de modo natural*"[17], isto é, fora incapaz de compreender a efetiva *essência humana* como objetividade social, pois a mesma, "em sua realidade, é o conjunto das relações sociais". Incapacidade essa que estrangula o conjunto de sua reflexão e que decorre, apesar de sua aspiração por objetos sensíveis e clara insatisfação com o pensamento abstrato, de que "não apreende a própria atividade humana como atividade *objetiva* [*gegenständliche Tätigkeit*]"[18], assim como "não compreende o sensível [*die Sinnlichkeit*] como atividade *prática*, humano-sensível"[19]. Em suma, não descobrira, justamente, o que constitui o grande mérito e o salto marxiano para além dos indicativos feuerbachianos, a precisa identificação ontológica da objetividade social – posta e integrada pelo complexo categorial que reúne sujeito e objeto sobre o denominador comum da atividade sensível.

Isso torna mensurável o contributo de Feuerbach e destaca a verdadeira altitude da resolução teórica de Marx. Este, compete aditar, após o arrefecimento de

---

[16] Ibidem, p. 32.
[17] Idem, "Ad Feuerbach", em *A ideologia alemã*, cit., p. 534, tese VI, item 2.
[18] Ibidem, p. 533, tese I.
[19] Ibidem, p. 534, tese V.

seus justificados entusiasmos iniciais, alcançou a respeito uma visão ponderada e definitiva, que pode ser exemplificada com certa passagem de uma famosa carta a J. B. Schweitzer, de 24/1/1865:

> Comparado a Hegel, Feuerbach é muito pobre. Contudo, depois de Hegel, ele assinalou uma época, já que realçou alguns pontos pouco agradáveis para a consciência cristã e importantes para o progresso da crítica, que Hegel deixara em mística penumbra.[20]

Aludindo de imediato à crítica da religião, os *pontos importantes para o progresso da crítica* englobam a crítica à especulação e a reorientação ontológica, pois aquela os implica. Lukács, apesar da forma curiosa de sua indecisão quanto à influência feuerbachiana no "decurso filosófico que leva Marx ao materialismo", é enfático ao reconhecer a natureza da inflexão feuerbachiana: "Não há dúvida que a virada provocada por Feuerbach no processo de dissolução da filosofia hegeliana teve caráter ontológico" e certeiro na avaliação geral de que

> [...] o juízo de Marx sobre Feuerbach tem duplo caráter: o reconhecimento de sua virada ontológica como o único ato filosófico sério desse período; e, ao mesmo tempo, a constatação de seus limites, ou seja, o fato de que o materialismo alemão feuerbachiano ignora completamente o problema da ontologia do ser social.[21]

Feito esse breve estaqueamento ontológico, então, é pertinente e compreensível afirmar que a *atividade sensível* como sujeito e objeto, ou o complexo sujeito-objeto como *atividade sensível*, organiza estruturalmente o conjunto das teses "Ad Feuerbach", em especial a primeira – espinha dorsal desse pequeno e marcante conjunto aforismático. Núcleo articulador que se impõe pela identificação marxiana do caráter do mundo humano ou totalidade da objetividade social, na qual *efetivador* e *efetivado*, em suas determinações recíprocas, são determinidades da mesma geratriz – a *atividade sensível*, sendo esta por isso mesmo o princípio real e necessário de suas respectivas representações. Razões pelas quais a tese I fustiga:

> O principal defeito de todo o materialismo existente até agora – o de Feuerbach incluído – é que o objeto [*Gegenstand*], a realidade, o sensível, só é apreendido sob a forma do *objeto* [*Objekt*] ou da *contemplação*; mas não como *atividade humana sensível*, como *prática*, não subjetivamente.[22]

---

[20] Karl Marx e J. B. Schweitzer, *Correspondance, 1865–1867* (Paris, Éditions Sociales, 1981, tomo VIII), p. 10.

[21] Georg Lukács, "Os princípios ontológicos fundamentais de Marx", em *Ontologia do ser social*, cit., p. 13.

[22] Karl Marx e Friedrich Engels, "Ad Feuerbach", cit., p. 533, tese I.

É fundamental compreender a verdadeira natureza dessa refutação marxiana do materialismo antigo. A tese, traduzida muitas vezes, em diversas línguas, e inúmeras vezes mais citada, é oferecida, generalizadamente, em viés gnosiológico que embaraça as primeiras e torna impertinentes as segundas. É o resultado de duzentos anos de culturalismo antiontológico. Todavia, lida sem tal pré-juízo, não é difícil perceber que o nódulo significativo que a orienta não é algo relativo ao campo da problemática do conhecimento. O velho materialismo não é meramente questionado em relação a seus procedimentos científicos, à trama de suas operações cognitivas, ou cobrado por suas insuficiências ou mazelas epistêmicas. A crítica tem outra direção e natureza distinta, que é a denúncia de uma grave lacuna ontológica: o materialismo antigo ignora por completo a qualidade da objetividade social, isto é, sua *energeia*, sua atualização pela *atividade sensível dos homens* ou, simplesmente, desconhece sua *forma subjetiva*. Para esse materialismo a realidade é apenas exterioridade, multiverso contraposto ao sujeito, que este pode mentalizar, não havendo qualquer outro vínculo entre objetividade e subjetividade, que restam oclusas e imobilizadas no isolamento de suas distintas esferas.

Essa concepção de mundo bipartido em objetos e intuições desconhece, portanto, a atividade, em especial a atividade sensível. Motivo pelo qual, explica Marx na continuidade da mesma tese, "Daí o lado *ativo*, em oposição ao materialismo, [ter sido] abstratamente desenvolvido pelo idealismo – que, naturalmente, não conhece a atividade real, sensível, como tal"[23]. De modo que a crítica marxiana põe em evidência, simultaneamente, a radical insuficiência de todo o leque filosófico de seu tempo, no que tange à acuidade na identificação do cerne da efetividade social: enquanto o antigo materialismo desconhece a atividade, inclusive Feuerbach – "ele não apreende a própria atividade humana como atividade *objetiva*"[24] –, o idealismo só a apreende, unilateralmente, como atividade abstrata, espiritual.

A solução marxiana desse problema crucial articula "atividade humana sensível", *prática*, com "forma subjetiva", *dação de forma pelo efetivador*. Tal como encadeadas na tese I, as duas expressões são sinônimas, o que reflete sua simultaneidade em determinação geral – *prática é dação de forma*: a primeira contém a segunda, da mesma forma que esta implica a anterior, uma vez que efetivação humana de alguma coisa é dação de forma humana à coisa, bem como só pode haver forma subjetiva, sensivelmente efetivada, em alguma coisa. O que instiga a novo passo analítico, fazendo emergir, em determinação mais detalhada ou concreta, uma

---

[23] Idem.
[24] Idem. (Grifo meu.)

distinção decisiva: para que possa haver dação sensível de forma, o efetivador tem primeiro que dispor dela em si mesmo, o que só pode ocorrer sob configuração *ideal*, evidenciando momentos distintos de um ato unitário, no qual, pela mediação da prática, objetividade e subjetividade são resgatadas de suas mútuas exterioridades, ou seja, uma transpassa ou transmigra para a esfera da outra, de tal modo que interioridade subjetiva e exterioridade objetiva são enlaçadas e fundidas, plasmando o universo da realidade humano-societária – decantação de *subjetividade objetivada* ou, o que é o mesmo, de *objetividade subjetivada*. É, por conseguinte, a plena afirmação conjunta, enriquecida pela especificação do atributo dinâmico de cada uma delas, da subjetividade como *atividade ideal* e da objetividade como *atividade real*, enquanto momentos típicos e necessários do *ser social*, cuja potência se expressa pela síntese delas, enquanto construtor de si e de seu mundo.

Não importam, aqui, os graus de contraditoriedade entre objetividade e subjetividade com que isso se dá, efetivamente, por conta do "movimento da *propriedade privada*, de sua riqueza e de sua miséria", ou seja, "da *indústria material costumeira*", pela qual "temos diante de nós as *forças essenciais objetivadas* do homem, sob a forma de objetos sensíveis, estranhos, úteis"[25]. Não vem ao caso porque o alvo é, exclusivamente, apontar e ressaltar a *transitividade* entre objetividade e subjetividade, sempre distintas, mas não necessariamente contrárias, nem intransitivas porque contraditórias. Dito de outra maneira, a contraditoriedade entre elas não nega sua transitividade; ao inverso, porque, se intransitivas, nunca poderiam estar em contradição, apenas em círculos inertes e excludentes, como mitos metafísicos, à semelhança de tantas concepções em voga, de antiga procedência, tão velha quanto a própria teoria do conhecimento, que parte de acrítica separação ontológica entre sujeito e objeto como substâncias distintas, e se condena por isso à impossibilidade de encontrar a forma de seu enlace no saber. Tanto que numa projeção do vir a ser da sociabilidade, Marx faz da *transitividade* liberta de contrariedade a própria realização da essência humana, isto é, a realização do único ser que se autoconstitui:

> A propriedade privada nos fez tão cretinos e unilaterais que um objeto somente é o *nosso* [objeto] se o temos, portanto, quando existe para nós como capital ou [é] por nós imediatamente possuído, comido, bebido, trazido em nosso corpo, habitado por nós [...]. O lugar *de todos* os sentidos físicos e espirituais passou a ser ocupado, portanto, pelo simples estranhamento de todos esses sentidos, pelo sentido do *ter*. A esta absoluta miséria tinha de ser reduzida a essência humana, para com isso trazer para fora de si sua riqueza interior. [...] A suprassunção da propriedade privada é, por conseguinte, a

---

[25] Karl Marx, *Manuscritos econômico-filosóficos*, cit., p. 111.

emancipação completa de todas as qualidades e sentidos humanos; mas ela é esta emancipação justamente pelo fato desses sentidos e propriedades terem se tornado *humanos*, tanto subjetiva quanto objetivamente. O olho se tornou olho *humano*, da mesma forma como o seu *objeto* se tornou um objeto social, *humano*, proveniente do homem para o homem. Por isso, imediatamente em sua práxis, os *sentidos* se tornaram *teoréticos*. [...] a objetivação da essência humana, tanto do ponto de vista teórico quanto prático, é necessária tanto para fazer *humanos* os *sentidos* do homem quanto para criar *sentido humano* correspondente à riqueza inteira do ser humano e natural.[26]

Toda essa argumentação, aqui reduzida ao mínimo, desemboca no quadro da plena realização da transitividade:

> Vê-se como subjetivismo e objetivismo, espiritualismo e materialismo, atividade e sofrimento perdem a sua oposição apenas quando no estado social e, por causa disso, a sua existência enquanto tais oposições; vê-se como a própria resolução das oposições *teóricas só* é possível de um modo *prático*, só pela energia prática do homem e, por isso, a sua solução de maneira alguma é apenas uma tarefa do conhecimento, mas uma *efetiva* tarefa vital que a *filosofia* não pôde resolver, precisamente porque a tomou *apenas* como tarefa teórica.[27]

Transitividade ou conversibilidade entre objetividade e subjetividade compreende, pois, a dissolução da unilateralidade ou limites desfiguradores, materialistas e idealistas, do sujeito e do objeto: aquele perde a estreiteza de pura interioridade espiritual e este a de mera exterioridade inerte. Pela constatação do intercâmbio, a subjetividade é reconhecida em sua possibilidade de ser *coisa* no mundo, e a objetividade como *dynameis – campo de possíveis*. O sujeito se confirma pela exteriorização sensível, na qual plasma sua subjetividade, e o objeto pulsa na diversificação, tolerando formas subjetivas ao limite de sua plasticidade, isto é, de sua maleabilidade para ser outro. Cara a cara, em tensão dinâmica, fazem emergir a regulação de suas trocas, nunca arbitrárias. O objeto pode ser compelido à existência multiforme, contanto que a prévia ideação do escopo, a teleologia – configuração da subjetividade que almeja ser coisa no mundo – seja capaz de pôr a seu serviço, sem transgressão, a lógica específica do objeto específico, ou seja, a legalidade da malha causal de sua constitutividade material primária. Sujeito ativo e objeto mutável, potências reais e distintas, complexos de forças mais ou menos ricas no gradiente de suas configurações concretas, portanto, se delimitam na interação que *realiza o objetivo* do primeiro sobre as *possibilidades de reconfiguração* do segundo – transfigurações que jamais

---

[26] Ibidem, p. 108-9.
[27] Ibidem, p. 111.

poderiam se manifestar por geração espontânea da legalidade muda do objeto. A natureza desta não muda ao ser acionada pelo sujeito, mas o modo e a direção em que é posta a funcionar dependem, inteiramente, da iniciativa deliberada daquele, sem a qual nenhuma transformação do tipo pode se verificar.

A transitividade, pois, confirma a lógica intrínseca aos objetos, ao mesmo tempo em que põe em evidência outra dimensão da forma subjetiva enquanto momento ideal da atividade sensível – o saber. Identificado como *atividade sensível*, o homem é duplamente ativo – *efetiva e idealiza*: se é capaz de efetivação sensível, então está capacitado também a antecipar idealmente sua efetivação; e se a forma ideal é permutável em mundo sensível, então leva em conta a lógica intrínseca ao objeto moldado, ou seja, o sujeito a usa e respeita enquanto tal, o que só é possível porque a conhece. O homem se *faz* ou é um *ser prático*, então, é capaz de *conhecer*, ao menos, o que permite *fazer*, confirmar sua natureza prática. A partir disso, por conseguinte, o conhecimento também está confirmado, não sendo mais plausível a alternativa teórica de sua impossibilidade por via dos maneirismos céticos, nem o reducionismo que o derroga a simples convenção por efeito dos atos de linguagem num quadro dado de uma gramática especial, nem menos ainda sua desqualificação a mera poeira do imaginário, este mesmo simples fantasma onipresente de uma metafísica da impotência. A *prática* subentende, traz embutida em si, indissoluvelmente, ao contrário da negação da atividade do pensamento, a presença de dois de seus momentos exponenciais: a subjetividade proponente – teleologia, e a subjetividade receptora – capacidade cognitiva. De modo que, tal como diz Marx no manuscrito: "Pensar e ser são, portanto, certamente *diferentes*, mas [estão] ao mesmo tempo em *unidade* mútua", razão pela qual o ser *humano*, por isso *genérico*, ou seja, social, "tem de atuar e confirmar-se tanto em seu ser quanto em seu saber"[28].

Ser ativo que pensa, e como tal, capaz de conhecer, é no exercício de sua capacidade peculiar que o homem deve *comprovar* seu conhecimento. É o que assegura a proposição fundamental da tese II de "Ad Feuerbach": "na prática que o homem tem de provar a verdade, isto é, a realidade e o poder, a natureza citerior [*Diesseitigkeit*] de seu pensamento"[29]. Ser efetivante pela dação de forma subjetiva, o homem avalia o conhecimento nela contido pela resultante objetiva de seus atos, que não apenas confirma ou infirma seu saber, mas junto com este seu próprio ser; ao limite, se incapaz de saber, o homem é incapaz de ser – *humano*: entificação autoconstituinte que elabora seu mundo próprio. Colocada em evidência, toda a questão do conheci-

---

[28] Ibidem, cit., p. 108 e 128.
[29] Karl Marx e Friedrich Engels, "Ad Feuerbach", cit., p. 533, tese II.

mento é reconfigurada pela raiz. Por razões ontológicas – a impossibilidade de conhecer suprimiria a capacidade de confirmação do ser social, e um ser que não se confirma, sensivelmente, é um não ser, isto é, um absurdo – o questionamento sobre a *possibilidade* do conhecimento se torna ocioso. Isso recentra a interrogação sobre o verdadeiro problema, qual seja, o do critério de verdade. E a resolução marxiana é, novamente, ontológica ou, mais precisamente, *ontoprática*. Tanto a parte central da tese II já transcrita como o restante da mesma o atestam. Desde a definição do caráter do problema, "A questão de saber se ao pensamento humano cabe alguma verdade objetiva [*gegenständliche Wahrheit*] não é uma questão da teoria, mas uma questão *prática*", até a finalização do aforismo, que reforça e expande, criticamente, essa determinação: "a disputa acerca da realidade ou não realidade de um pensamento que se isola da prática é uma questão puramente *escolástica*"[30].

O fato, mais do que sintomático, de que o complexo do conhecimento aflore e seja tratado na tese II, e não antes, ainda uma vez traduz a natureza do estatuto teórico do pensamento marxiano e o modo coerente e rigoroso de sua condução. Tal como ocorre em todos os outros escritos em que trata da matéria – basta lembrar "O mistério da construção especulativa" (*A sagrada família*) de 1844, "O método" (*Miséria da filosofia*) de 1847, a "Introdução de 1857" e as "Glosas marginais ao 'Tratado de economia política' de Adolf Wagner" de 1880 –, o plano gnosiometodológico não instaura o discurso, não desempenha papel fundante, só vindo a ocupar um dado espaço depois que, em certa medida, sujeito e objeto já tenham sido tematizados. No caso dos aforismos de "Ad Feuerbach", como foi visto, a tese I estabelece a natureza da existência social, decifrada em termos de *atividade sensível*, e apenas na II toma lugar o problema do conhecimento, sendo este resolvido, o que tem peso demonstrativo, a partir do complexo de entificação firmado na primeira. Ou seja, a determinação do que *é* antecede a admissão e o tratamento de temas gnosioepistêmicos. Ao contrário de qualquer abordagem sob critério gnosiológico, em que um pré-discurso nesse diapasão pretende fundamentar o discurso propriamente dito a respeito do objeto, no pensamento marxiano o tratamento ontológico dos objetos, sujeito incluso, não só é imediato e independente, como autoriza e fundamenta o exame da problemática do conhecimento. O exame desta é que depende de critério ontológico, e só por meio deste é que pode ser concebida em seu lugar próprio e na malha das relações devidas que propiciam sua adequada investigação. Lugar derivado e subsequente na ordem dos discursos, uma vez que o conhecimento, sendo, entre outras, uma relação específica entre sujeito e objeto, pressupõe para efeito de sua abordagem a

---

[30] Idem.

determinação preliminar das figuras obrigatórias nele envolvidas, o que promove sua inserção na rede das correlações em geral entre sujeito e objeto, facultando ser determinado em sua especificidade e em suas condições reais de possibilidade.

Lugar e malha estabelecidos e decifrados, pois, sob o rigor próprio à crítica ontológica, pela qual o conhecimento, como qualquer alvo de investigação, é determinado pela gênese e necessidade de sua entificação. Pertinência e superioridade de tratamento, desde logo, porque não isola saber de fazer, o que equivale a não separar o pensamento como predicado do ser que pensa. Lida, portanto, com o pensamento no complexo real onde se manifesta como força específica de um ser peculiar nos atos pelos quais este se confirma. São clássicas as passagens de *A ideologia alemã* que tratam da questão:

> Os homens são os produtores de suas representações, de suas ideias e assim por diante, mas os homens reais, ativos, tal como são condicionados por um determinado desenvolvimento de suas forças produtivas e pelo intercâmbio que a ele corresponde, até chegar às suas formações mais desenvolvidas. A consciência [*Bewusstsein*] não pode jamais ser outra coisa do que o ser consciente [*bewusste Sein*], e o ser dos homens é o seu processo de vida real. [...] Não é a consciência que determina a vida, mas a vida que determina a consciência. [...] No primeiro modo de considerar as coisas, parte-se da consciência como do indivíduo vivo; no segundo, que corresponde à vida real, parte-se dos próprios indivíduos reais, vivos, e se considera a consciência apenas como *sua* consciência.[31]

A essa argumentação corresponde o taxativo desfecho da tese II pelo qual é condenado o procedimento que investiga a problemática do conhecimento *isolando o pensamento* da atividade sensível do sujeito, ou seja, dele mesmo, portanto, que desconsidera sua condição de atributo e o transforma numa entidade autônoma, ontologicamente desnaturada: de força e propriedade exclusivas do ser social em insondável potência abstrata. Com essa grave desfiguração, também a questão da possibilidade do conhecimento é inteiramente descaracterizada: não é mais indagado se o homem é capaz de conhecer, mas se um *logos desencarnado* – enquanto tal sem gênese determinada e sem vínculos necessários – tem essa faculdade. Por isso, no dizer de Marx, polemizar "acerca da realidade ou não realidade do pensamento – que é isolado da prática – é uma questão puramente escolástica", isto é, bizantina, improcedente ou sem nexo, uma vez que separar o atributo do pensamento do ser ativo que pensa é arrancar o mesmo de suas condições reais de possibilidade: lá onde o homem confirma o seu ser, confirma seu pensamento, pois o ser do homem é o ser de sua atividade, assim como o seu saber é o saber

---

[31] Karl Marx e Friedrich Engels, "Feuerbach: fragmento 2", em *A ideologia alemã*, cit., p. 94.

de seu ser ativo. Donde a irrealidade e a brutalidade teóricas do ato gnosiológico que isola pensamento de atividade sensível – equivalente e tão sólido quanto a separação entre pensamento e ser pensante.

A impugnação e descarte da querela gnosiológica tradicional – na melhor das hipóteses uma unilateralidade especulativa, condenada à irresolução, como uma vez mais o falso problema da *crise dos paradigmas* evidencia – tanto quanto a categórica afirmação ontoprática da efetividade do pensamento remetem à figura do *saber interessado*. Interesse e verdade – desde há muito e hoje pela universalização incriteriosa da *suspeita*, que reduz todo discurso à ideologia e esta à falsidade – se tornaram incompatíveis ou, meramente, vinculáveis pelo agravo do pragmatismo. Ou seja, verdade interessada passou a ser compreendida apenas como verdade utilitária, funcionalizada ou instrumentalizada, sem que fosse encarado a sério o tema preliminar da verdade e da falsidade como utilidades históricas. No extremo, verdade e interesse foram incompatibilizados, sem que tivesse havido o entendimento de que a tese da *impossibilidade da verdade* é um produto histórico, não a consequência de uma mitológica *condição humana*, esta também um resultado da mesma ordem. A questão merece um olhar mais detido.

Marx, a certa altura do "Terceiro manuscrito" (X-XI), respondendo a um interlocutor hipotético que se interrogava sobre a geração do "primeiro homem e da natureza em geral", identifica a pergunta como "um produto da abstração", feita de "um ponto de vista absurdo [...] para um pensamento racional", e argumenta: "Quando perguntas pela criação do homem e da natureza, fazes abstração do homem e da natureza. Tu os supõe como *não existentes*, e queres que eu os prove a ti como *existentes*". Sugere que a abstração seja abandonada, e com ela a pergunta. E, diante da irredutibilidade do interlocutor, arremata:

[...] se renuncias à tua abstração também renuncias à tua pergunta ou, se quiseres manter a tua abstração, sê então consequente, e quando pensando pensas o ser humano e a natureza como *não sendo* ||XI|, então pensa-te a ti mesmo como não sendo, tu que também és natureza e ser humano. Não penses, não me perguntes, pois, tão logo pensas e perguntas, tua *abstração* do ser da natureza e do homem não tem sentido algum. Ou és um tal egoísta que assentas tudo como nada e queres, tu mesmo, ser?[32]

Há dois pontos a destacar: o absurdo das perguntas abstratas e sua urdidura pelo egoísmo – forma particular de existência e ideação.

---

[32] Karl Marx, *Manuscritos econômico-filosóficos*, cit., p. 114.

Se, diante das evidências da insuprimível atividade sensível dos homens, o conhecimento verdadeiro é pensado como inexistente, ou seja, uma abstração elaborada de um ponto de vista absurdo, correspondente ao egoísmo. E o que é egoísmo, se não o indivíduo posto em isolamento, produto de uma dada época histórica, cuja lógica específica da individuação consiste em separar e contrapor os indivíduos já em si fragmentados? Negar ou fazer abstração da realidade e do conhecimento pode ser e, de fato, tem sido a componente ideal e a justificativa conformista – alienação e estranhamento do homem, perda e contraposição do homem a si mesmo, identificados à natureza humana – da índole ferina da individuação produzida por uma sociabilidade cuja negação do homem é, em essência, sua única forma de o entificar. Donde o falso como utilidade histórica, todavia, sustentado pela verdade efetiva da atividade sensível dos homens, que o confirmam pela negação. O que permite ressaltar, concluindo o tópico, que tanto verdade como falsidade são *interessadas*, não descaracterizando nenhuma das duas, com a diferença fundamental de que o interesse só confirma o falso como espírito inautêntico, porquanto recurso pragmático ou tacanha ilusão, ao passo que confirma a verdade como força e necessidade típicas e decisivas do ser que a inclui como atividade ideal em sua própria confirmação real. Saber interessado, portanto, que se revela como saber vital – *interesse em ser*.

É por essa dimensão ou, antes, grandeza – constituir a si mesmo e a seu mundo, inclusive na contraditoriedade e na própria negação de si, que o homem demonstra a possibilidade e a efetividade de seu pensamento. É o que reconhece e assenta como pedra angular a fundamentação ontoprática do conhecimento. Forma de demonstração que em tudo e por tudo é muito superior, seja por seu estatuto, seja por sua resolubilidade, dada a infinitude da reiteração multiforme de suas evidências, ao formato que qualquer outra de natureza puramente especulativa poderia engendrar em sua unilateralidade congênita. Ademais, sendo uma resolução de natureza ontológica, torna possível encarar com rigor a delucidação do complexo do conhecimento, pois evita, desde logo, o escolho de pensar o conhecimento como exercício de uma subjetividade autônoma que se impõe idealmente ao objeto, uma vez que, segundo palavras de Lukács, "a ontologia trata da estrutura da realidade"[33], ou melhor ainda, como diz no capítulo sobre Marx:

> [...] a função da crítica ontológica [...] tem por meta despertar a consciência científica no sentido de restaurar no pensamento a realidade autêntica, existente em-si. [...] uma cientificidade que, no processo de generalização, nunca abandona esse nível, mas que, apesar disso, em toda verificação de fatos singulares, em toda reprodução ideal de uma

---

[33] Georg Lukács, *Pensamento vivido* (Santo André/Viçosa, Ad Hominen/UFV, 1999).

conexão concreta, tem sempre em vista a totalidade do ser social e a utiliza como metro para avaliar a realidade e o significado de cada fenômeno singular; uma consideração ontofilosófica da realidade em-si, [...] com o único objetivo de poder captar todo ente na plena concreticidade da forma de ser que lhe é própria, que é específica precisamente dele.³⁴

Enquanto tematização dessa natureza, a fundamentação ontoprática do conhecimento consolida a questão em sua forma inteligível e no devido lugar científico, facultando sua investigação concreta pela indicação de seus lineamentos estruturais.

A fundamentação ontoprática do conhecimento, pela autogênese do homem e o correlativo engendramento de sua própria mundaneidade, remete, de saída, à *determinação social do pensamento*. Outro dos aspectos muito mal entendidos do pensamento marxiano, é generalizadamente tomado no sentido básico de constrangimento social que pesa, obstaculiza e deforma, quando não impede, o processo de aquisição do saber, em razão dos vetores e valores societários e por causa de sua incorporação pelos homens em geral, incluídos os investigadores, uma vez que todos são individualidades *situadas*. Por estranha e profundamente ingênua que seja essa imagem do ideário marxiano, sua difusão quase não teve limites, causando estragos, de algum modo, até mesmo no que houve de melhor entre seus adeptos, para não falar daqueles que, avessos ao pensador e achando que faziam justiça, com alguma cerimônia o reduziram a membro de uma estranha confraria, o clube das *filosofias da suspeita*, o qual, é evidente, com tiradas de seu conhecido sarcasmo, Marx se recusaria a frequentar.

Um contorno rápido dessa questão polimorfa deve ferir, de imediato, seu ponto central e positivo: a sociabilidade como condição de possibilidade do pensamento. Três curtos parágrafos do "Terceiro manuscrito" bastam para comprovar que, já desde 1844, Marx concebia de modo afirmativo o nexo fundamental entre a consciência, suas formações ideais, e a sociedade:

> Posto que também sou *cientificamente* ativo etc., uma atividade que raramente posso realizar em comunidade imediata com outros, então sou ativo *socialmente* porque [o sou] enquanto *homem*. Não apenas o material da minha atividade – como a própria língua na qual o pensador é ativo – me é dado como produto social, a minha *própria* existência *é* atividade social; por isso, o que faço a partir de mim, faço a partir de mim para a sociedade, e com a consciência de mim como um ser social. Minha consciência *universal* é apenas a figura *teórica* daquilo de que a coletividade *real*, [o] ser social, é a figura *viva*, ao passo que hoje em dia a consciência *universal* é uma abstração da vida efetiva e como tal se defronta hostilmente a ela. Por isso, também a *atividade* da minha consciência universal –

---

³⁴ Idem, "Os princípios ontológicos fundamentais de Marx", cit., p. 27.

enquanto uma tal [atividade] – é minha existência *teórica* enquanto ser social. [...] Como *consciência genérica* o homem confirma sua *vida social* real e apenas repete no pensar a sua existência efetiva, tal como, inversamente, o ser genérico se confirma na consciência genérica, e é, em sua universalidade como ser pensante, para si.[35]

O núcleo da formulação é límpido em sua determinação, e o conteúdo enquanto tal, independentemente de cogitações relativas à sua verdade ou falsidade, não é passível de leituras ou interpretações: *atividade ideal é atividade social*. O pensamento tem caráter social porque sua atualização é a atualização de um predicado do *homem*, cujo ser é, igualmente, atividade social. Na universalidade ou na individualidade de cada modo de existência teórica – cientista, pensador etc. – o pensamento é atividade social, inclusive pelos materiais e instrumentos empregados. Em síntese, consciência, saber, pensamento etc., sob qualquer tipo de formação ideal, das mais gerais às mais específicas, da mais individualizada à mais *genérica*, dependem do ser da atividade sensível, socialmente configurado, ao qual confirmam por sua atividade abstrata, igualmente social.

A esse respeito, *A ideologia alemã* tem sido o manancial mais explorado; é bem verdade que, na maioria das vezes, com acentuada simplificação e unilateralidade, acomodadas por leituras fragmentárias e extratos seletivamente viciados, que redundam em versões robóticas sobre os nexos que entrelaçam sociedade e pensamento. Obra destinada a pulverizar os neo-hegelianos, seu caráter polêmico, todavia, não impede que nela sejam traçados delineamentos temáticos bastante densos. Quanto ao caráter social da consciência, há mesmo uma espécie de roteiro de fundo que pesponta das origens mais remotas, desde a consciência *tribal* ou *gregária*, que "toma o lugar do instinto" ou é "instinto consciente", um "começo tão animal quanto a própria vida social nesta fase", até sua *emancipação do mundo* com o surgimento da "divisão entre o trabalho material e o espiritual", momento a partir do qual "a consciência *pode* realmente imaginar ser outra coisa diferente da consciência da práxis existente, representar algo realmente sem representar algo real"[36].

Há nessa obra, pois, material para toda uma gama de reflexões, mas só importa acentuar que a identificação marxiana da *atividade abstrata*, independentemente do solo histórico a que esteja vinculada e das figuras que assuma, é feita, como sempre, por seu caráter social. Bastará um extrato mais longo para o evidenciar. Marx, depois de inventariar "quatro aspectos das relações históricas originárias", provoca com ironia polêmica: "Somente agora, verificamos que o homem tem

---

[35] Karl Marx, *Manuscritos econômico-filosóficos*, cit., p. 107, VI.
[36] Karl Marx e Friedrich Engels, *A ideologia alemã*, cit., p. 35.

também 'consciência'", desenvolvendo em seguida o trecho que vai estampado, aqui, a título de síntese:

> Mas esta também não é, desde o início, consciência "pura". O "espírito" sofre, desde o início, a maldição de estar "contaminado" pela matéria, que, aqui, se manifesta sob a forma de camadas de ar em movimento, de sons, em suma, sob a forma de linguagem. A linguagem é tão antiga quanto a consciência – a linguagem *é* a consciência real, prática, que existe para os outros homens e que, portanto, também existe para mim mesmo; e a linguagem nasce, tal como a consciência, do carecimento, da necessidade de intercâmbio com outros homens.[37]

De modo que a semântica da *contaminação* é esclarecida pela *necessidade de interatividade dos indivíduos*; contaminação é conexão, carência do outro e de objetos exteriores ao indivíduo, o que confirma o ser objetivo do homem, seu caráter relacional ou social. É o que explicita a continuidade do fragmento em transcrição: "Onde existe uma relação, ela existe para mim: o animal não se 'relaciona' com nada, simplesmente não se relaciona. Para o animal, sua relação com outros não existe como relação". Donde a conclusão identificadora da qualidade fundamental do complexo da atividade abstrata: "a consciência já é um produto social e continuará sendo enquanto existirem homens"[38].

Vincadas à sociabilidade, e dela nascendo, as formas do pensamento "são uma expressão consciente – real ou ilusória – de suas verdadeiras relações e atividades"[39]. Em outras palavras, verdadeiras ou falsas, as representações dos indivíduos, os únicos dotados de capacidade espiritual, brotam sempre do terreno comum do intercâmbio social. Correta ou fantasiosa, efetiva reprodução ideal de um objeto, ou rombudo borrão mental, as ideações não são autoengendradas, variando de um polo a outro em função do potencial societário em que se manifestam:

> Se a expressão consciente das relações efetivas desses indivíduos é ilusória, se em suas representações põem a sua realidade de cabeça para baixo, isto é consequência de seu modo limitado de atividade material e das suas relações sociais limitadas que daí derivam.[40]

Positivas ou negativas em razão do chão social a que pertencem, e mesmo sem aludir à contraditoriedade do mesmo, pela qual são afetadas essencialmente, as

---

[37] Ibidem, p. 34-5.
[38] Ibidem, p. 35.
[39] Ibidem, p. 93.
[40] Idem.

formações ideais desconhecem a autonomia, esta mesma uma fantasia decorrente do mesmo quadro de determinações:

> Também as formações nebulosas na cabeça dos homens são sublimações necessárias de seu processo de vida material, processo empiricamente constatável e ligado a pressupostos materiais. A moral, a religião, a metafísica e qualquer outra ideologia, bem como as formas de consciência a elas correspondentes, são privadas, aqui, da aparência de autonomia que até então possuíam. Não têm história, nem desenvolvimento; mas os homens, ao desenvolverem sua produção e seu intercâmbio materiais, transformam também, com esta sua realidade, seu pensar e os produtos de seu pensar. Não é a consciência que determina a vida, mas a vida que determina a consciência.[41]

Condição de possibilidade da atividade ideal, a vida societária *responde* como fonte primária ou raiz polivalente pelas grandezas e falácias do pensamento. De suas formas emanam carências e constrangimentos que impulsionam ao esclarecimento ou, pelo contrário, conduzem ao obscurecimento da consciência, em todos os graus e mesclas possíveis. De suas formações, que demarcam épocas, tempos predominantes de luz e afirmação do homem, ou de sombra e negação do mesmo, ela se impõe e realiza, abrangendo todo o *gênero* em suas tendências peculiares e contraditórias. Direcionamentos ou angulações sociais da atividade do pensamento, patamares de sua exercitação, tal como aparecem configurados por Marx em síntese percuciente nas teses VIII, IX e X de "Ad Feuerbach". A primeira encerra a relação universal entre teoria e essência prática da sociabilidade, assegurando que "todos os mistérios que conduzem a teoria ao misticismo encontram sua solução racional na prática humana e na compreensão dessa prática"[42]. As duas subsequentes, já no âmbito da crítica a Feuerbach, mostram o peso fundamental das *óticas* societárias no alcance das formações ideais. Assim, o campo visual *máximo* do velho materialismo é a percepção "dos indivíduos singulares e da sociedade burguesa"[43], delimitação que permanece ao ponto de vista imanente à economia política. Ou seja, restringe-se a reconhecer apenas *indivíduos isolados*, contrapostos uns aos outros – *a essência subjetiva da riqueza* – e o lugar onde perseguem seus objetivos, no qual se agitam como simples portadores de mercadorias, sob a igualdade formal das trocas, ainda que correspondam no pensamento feuerbachiano a figuras *humanamente inertes*, pois o mesmo não apreende a sensibilidade como atividade objetiva, só concebendo a prática fixada em sua forma suja (tese I). Em oposição e contraste, "o ponto de

---

[41] Ibidem, p. 94.
[42] Karl Marx e Friedrich Engels, "Ad Feuerbach", cit., p. 534, tese VIII.
[43] Ibidem, p. 535, tese IX.

vista do velho materialismo é a sociedade burguesa; o ponto de vista do novo é a sociedade humana, ou a humanidade socializada"⁴⁴, isto é, da sociabilidade descoberta pela crítica da economia política, que desvenda o homem e seu mundo como *atividade sensível*. Não mais um ponto de vista estrangulado do *homem atomizado e negado*, mas da individualidade genérica que compreende as forças sociais como suas próprias forças pessoais.

Os aforismos de "Ad Feuerbach", ademais, também confirmam a determinação social do pensamento quando assinalam a limitação da crítica feuerbachiana da religião. Reconhecem que ela "parte do fato da autoalienação [*Selbstentfremdung*] religiosa, da duplicação do mundo [*Welt*] num mundo religioso e num mundo mundano [*weltliche*]", dissolvendo "o mundo religioso em seu fundamento mundano" (IV), ou ainda que "dissolve a essência religiosa na essência *humana*" (VI), mas frisam que "o sentimento religioso" é, ele mesmo, um *produto social*" (VIII), donde não compreender o próprio fundamento terreno em seu autodilaceramento e contradição (IV)⁴⁵.

Outra evidência textual da sociabilidade como rampa ou talude das formas de consciência é uma passagem famosa, muitas vezes referida fora de foco, o que a torna uma citação obrigatória, do "Prefácio" de 1859 de *Para a crítica da economia política*, em que Marx resume de modo autobiográfico o "fio condutor de seus estudos":

> [...] na produção social da própria vida, os homens contraem relações determinadas, necessárias e independentes de sua vontade, relações de produção estas que correspondem a uma etapa determinada de desenvolvimento das suas forças produtivas materiais. A totalidade destas relações de produção forma a estrutura econômica da sociedade, a base real sobre a qual se levanta uma superestrutura política e jurídica, e à qual correspondem formas sociais determinadas de consciência. O modo de produção da vida material condiciona o processo em geral de vida social, política e espiritual. Não é a consciência dos homens que determina o seu ser, mas, ao contrário, é o seu ser social que determina sua consciência.⁴⁶

A formulação é terminante e dispensa maiores comentários, pois, em última análise, não vai muito além de reiterar sob feição mais técnica e estruturada uma passagem de *A ideologia alemã*, que não tem causado maiores estremecimentos:

> Tal como os indivíduos exteriorizam sua vida, assim são eles. O que eles são coincide, pois, com sua produção, tanto com *o que* produzem como também com *o modo como*

---

⁴⁴ Ibidem, p. 535, tese X.
⁴⁵ Ibidem, p. 534-5.
⁴⁶ Karl Marx, *Contribuição à crítica da economia política* (São Paulo, Martins Fontes, 2003), p. 5.

produzem. O que os indivíduos são, portanto, depende das condições materiais de sua produção.⁴⁷

E isso é de tal modo claro que o fecho de ouro do fragmento de 1859 é uma frase também com similar em *A ideologia alemã*, tendo por diferença muito significativa o revestimento decididamente ontológico, o que facilita a percepção de que o núcleo sobre o qual gira o feixe determinativo do extrato é o *ser social*, isto é, o sujeito decifrado como *atividade sensível*, do qual o espírito é inerência reiterada na própria confirmação objetiva daquele. O que há, então, de escandaloso em constatar que *tal como os indivíduos manifestam sua vida, assim eles pensam*? A extravagância não está, exatamente, em sustentar o oposto? Donde a suspeita de que haja certa fissura economicista no trecho seja antes de tudo desconsideração pelo estatuto da obra marxiana e, por consequência, desatenção relativa ao teor precípuo da composição conceitual, mesmo porque focalizar condicionamentos é tratar de discernir *condições*, possibilidades ou impedimentos de atualização; é deslindar processos genéticos, o que só é passível de elisão em face do *incondicionado*, do *absoluto*, cuja figura, aliás, ao contrário de consagrar uma presença de validade infinita, remete ao vazio, pois basta desconhecer ou abstrair a origem e o desenvolvimento de algo, real ou ideal, para que o mesmo assuma a máscara do eterno. Conversão que não encerra, meramente, um erro analítico isolado, circunscrito a si mesmo, mas traduz um procedimento alinhado ao "ponto de vista da economia burguesa", como assinala Marx ao avaliar Proudhon na já mencionada carta a Schweitzer, bem como em inúmeras outras oportunidades, sempre que faz menções críticas à filosofia especulativa e à economia política clássica. Em consonância, cabe agregar que, tão logo emergiu com a "Crítica" de 1843, o pensamento marxiano considerou, universalmente, que autonomizar a razão ou consciência e seus produtos é operar sua transmutação em "substância mística".

Também em *Miséria da filosofia*, mais de uma década antes do "Prefácio" de 1859, Marx já havia elaborado nítidas considerações do gênero a propósito da obra dos economistas. A "Sétima e última observação", por sinal, chega a estabelecer uma verdadeira classificação das escolas econômicas – clássica, romântica, fatalista, humanista, filantrópica – vinculando cada uma, exatamente, a momentos do desenvolvimento capitalista, sob o diagnóstico de que suas variantes teóricas traduzem formas de reação às mutações desse processo, da implantação do novo regime à explicitação de sua natureza antagônica. Desse modo, por exemplo,

---

⁴⁷ Karl Marx e Friedrich Engels, *A ideologia alemã*, cit., p. 87.

Os economistas como Adam Smith e [David] Ricardo, que são os historiadores desta época, não têm outra missão que a de demonstrar como se adquire a riqueza nas relações de produção burguesa, de formular estas relações em categorias, em leis e de demonstrar como estas leis e categorias são, para a produção de riquezas, superiores às leis e às categorias da sociedade feudal. A miséria, a seus olhos, é apenas a dor que acompanha toda gestação, tanto na natureza como na indústria.[48]

A essa visão clássica dos "inconvenientes da produção burguesa", classificada por Marx como *indiferença ingênua*, os românticos contrapõem "um olhar de soberbo desprezo sobre os homens-máquinas que fabricam as riquezas. Plagiam todos os desenvolvimentos feitos pelos seus antecessores, e a indiferença que, naqueles, era ingenuidade, neles se converte em afetação". Por sua vez, a escola humanitária

> [...] toma a peito o lado mau das relações de produção atuais. Ela procura, para descargo de consciência, amenizar, ainda que minimamente, os contrastes reais; deplora sinceramente a infelicidade do proletariado, a concorrência desenfreada dos burgueses entre si; [...]. Toda a teoria desta escola assenta sobre as distinções intermináveis entre a teoria e a prática, os princípios e os resultados, a ideia e a aplicação, o conteúdo e a forma, a essência e a realidade, o direito e o fato, os lados bom e mau.[49]

Por fim,

> [...] a *escola filantrópica* é a escola humanitária aperfeiçoada. Ela nega a necessidade do antagonismo; quer tornar burgueses todos os homens e quer realizar a teoria na medida em que esta se distingue da prática e não contém nenhum antagonismo. [...] Esta teoria, pois, corresponderia à realidade idealizada. Assim, os filantropos querem conservar as categorias que exprimem as relações burguesas sem o antagonismo que as constitui e que é inseparável delas.

De sorte que, da *indiferença ingênua* à *utopia,* passando pela presunção dos "fatalistas enfastiados" e o moralismo dos *humanistas teóricos*, as variantes teóricas vão emergindo, vincadas às inflexões societárias, pois, "no curso do seu desenvolvimento histórico, a burguesia desenvolve necessariamente o seu caráter antagônico que, inicialmente, aparece mais ou menos disfarçado, existindo apenas em estado latente", e tanto "mais se evidencia este caráter antagônico, mais os economistas, os representantes científicos da produção burguesa, se embaraçam com a sua própria teoria e se formam diferentes escolas"[50]. Como se vê, sutil e minucioso, distante de

---

[48] Karl Marx, *Miséria da filosofia* (São Paulo, Global, 1989), p. 117-8.
[49] Ibidem, p. 118.
[50] Idem.

qualquer linearidade ou automatismo, o exame das formações ideais vinculado às inflexões da sociabilidade não compreende qualquer mecânica do constrangimento que reduza a produção espiritual a epifenômeno. Ao revés, reconhece a qualidade ativa das ideias, sua capacidade operativa, isto é, sua função social enquanto coprotagonistas de qualquer efetivação humana, inclusive quando falsas. Em verdade, as resgata da mera abstração para a vida, na exata medida em que "toda vida social é essencialmente *prática*".

O reconhecimento da determinação social do pensamento e a consequente crítica ontológica das formações ideais integram a prática teórica marxiana em geral, e tanto mais intensamente à medida que esta avança no tempo. Basta exemplificar com o enorme manuscrito das "Teorias da mais-valia", projetado como o livro IV de *O capital*, do qual faria parte enquanto história crítica do pensamento econômico, recordando a observação engelsiana sobre o grande empenho de Marx em determinar "onde, quando e por quem foi claramente expresso pela primeira vez um pensamento econômico [...] que tenha significado para a história da ciência, que seja a expressão teórica mais ou menos adequada da situação econômica de sua época"[51]. De fato, exemplos desse tipo de preocupação e abordagem estão por toda parte da obra marxiana. Tome-se por ilustração duas de suas ocorrências em *O capital*, particularmente instrutivas porque tratam ao mesmo tempo dos *condicionamentos* do pensamento e do objeto, ou seja, da determinação social da atividade teórica e do complexo formativo ou presença histórica do objeto investigado. Questões, evidentemente, correlatas e entrelaçadas, constitutivas de uma problemática unitária, as quais, contudo, não devem ser confundidas e dissolvidas pela sua indistinção.

A primeira ocorrência diz respeito "ao grande pensador que primeiro analisou a forma do valor, assim como muitas formas de pensamento, de sociedade e da natureza. Ou seja, Aristóteles"[52]. Convém atentar que os contornos do tema são esboçados desde os primeiros parágrafos do "Prefácio" da primeira edição de *O capital*, quando Marx, após assinalar que "a forma do valor [...] é muito simples e vazia de conteúdo", sustenta que, embora tão singela, "o espírito humano tem procurado desvendá-la em vão há mais de 2 mil anos, enquanto, por outro lado, teve êxito, ao menos aproximado, a análise de formas muito mais complicadas e replenas de conteúdo". Em suma, Aristóteles foi o primeiro a abordar a questão,

---

[51] Friedrich Engels, "Prefácio à terceira edição", em Karl Marx, *O capital* (São Paulo, Abril Cultural, 1983, livro 1, v. 1), p. 28.

[52] Karl Marx, *O capital*, cit., p. 61.

mas não a resolveu. Investigar qual foi seu mérito e porque não foi bem sucedido sintetiza a problemática em tela, envolvendo os dois aspectos acima aludidos.

É com grande estima pelo trabalho aristotélico que Marx registra seus passos analíticos. Citando *Ética a Nicômaco*, enfatiza que Aristóteles não só compreendeu que "a forma dinheiro da mercadoria é apenas a figura mais desenvolvida da forma simples do valor, isto é, da expressão do valor de uma mercadoria em outra mercadoria qualquer", pois equiparar uma mercadoria a outra "não se diferencia", como diz Aristóteles, de sua equiparação ao dinheiro, mas apreendeu também que na relação de valor as mercadorias são equiparadas qualitativamente, "e que essas coisas perceptivelmente diferentes, sem tal igualdade de essências, não poderiam ser relacionadas entre si, como grandezas comensuráveis", visto que Aristóteles afirma, precisamente, que "a troca não pode existir sem a igualdade, nem a igualdade sem a comensurabilidade". É no que consiste a marcante aquisição aristotélica. Segundo Marx, "o gênio de Aristóteles resplandece justamente em que ele descobre uma relação de igualdade na expressão de valor das mercadorias"[53].

Todavia, nesse ponto, precisamente do alto de sua percepção, Aristóteles dá as costas à sua conquista e abandona, explicitamente, a análise da forma do valor: "É, porém, em verdade, impossível que coisas de espécies tão diferentes sejam comensuráveis, isto é, qualitativamente iguais. Essa equiparação pode apenas ser algo estranho à verdadeira natureza das coisas, por conseguinte, somente um artifício para a necessidade prática"[54].

Tão significativa quanto a descoberta é a renúncia à verdade alcançada, ambas iluminuras de primeira grandeza para o destaque da problemática atinente aos condicionamentos da atividade do pensamento. Para a analítica marxiana, a própria reflexão aristotélica põe em evidência a razão de seu fracasso – a "falta do conceito de valor". A incapacidade de identificar a "substância comum" que uma mercadoria representa para outra na expressão de valor, e que simplesmente *não podia existir* do ponto de vista aristotélico. De fato, uma impossibilidade, não por qualquer limite pessoal ou idiossincrasia do filósofo, mas porque aquilo que é realmente igual entre mercadorias distintas é trabalho humano, ou seja, "na forma dos valores de mercadorias todos os trabalhos são expressos como trabalho humano igual, e portanto como equivalentes". Porém, diz Marx, isso "não podia Aristóteles deduzir da própria forma de valor, porque a sociedade grega se baseava no trabalho escravo e tinha, portanto, por base natural a desigualdade entre os homens e suas forças de trabalho". A reflexão aristotélica,

---

[53] Ibidem, p. 62.
[54] Idem.

portanto, está no extremo das condições de possibilidade que a sociabilidade de seu tempo oferecia ao pensamento, ou como Marx enfatiza conclusivamente: "Somente as limitações históricas da sociedade, na qual ele viveu, o impediram de descobrir em que consiste 'em verdade' essa relação de igualdade". Haja vista que

> O segredo da expansão do valor, a igualdade e a equivalência de todos os trabalhos, porque e na medida em que são trabalho humano em geral, somente pode ser decifrado quando o conceito da igualdade humana já possui a consciência de um preconceito popular. Mas isso só é possível numa sociedade na qual a forma mercadoria é a forma geral do produto do trabalho, por conseguinte também a relação das pessoas umas com as outras enquanto possuidoras de mercadorias é a relação social dominante.[55]

A propósito, vale a pena acrescentar que Mészáros, ampliando o foco sobre o aspecto conceitual da questão, traz à tona o "papel revelador que Aristóteles dá ao conceito de 'natureza' (e 'natural') em sua teoria social", ressaltando que "o critério fundamental de Aristóteles para a adequação do relacionamento social em todos os níveis – em termos tanto de instituições quanto de formas de domínio ou governo – é 'naturalidade'", de modo que "é altamente significativo que [...] a forma estabelecida de relacionamento social, com todas as suas instituições, seja sancionada 'pela natureza'"[56]. E Mészáros o faz para chamar atenção ao fato de que, diante do fenômeno da troca de mercadorias, Aristóteles procede de modo ambíguo: não o sanciona pela natureza, mas também não o declara "contra a natureza", conferindo-lhe a classificação de "não natural" e observando que "essa troca 'não natural' de mercadorias como instituição é uma espécie de *desafio* à ordem social prevalecente". Todavia, não representando uma contradição fundamental à ordem societária, dado "seu peso *marginal* no sistema global de produção" e sendo seu impacto "inteiramente compatível com a *estrutura* de classe da sociedade", Aristóteles

> [...] tanto a critica quanto a acata. E soluciona a contradição subjacente, postulando o caráter 'artificioso' de todo o processo. Consequentemente, Aristóteles consegue manter sua concepção como um todo – centrada em torno de seu conceito de "natureza" – e, ao mesmo tempo, integrando a ela, sem maiores incoerências, uma contradição que surgiu de *modo prático* no horizonte social.[57]

Com essa linha de argumentação, Mészáros acrescenta ao tema da determinação social do pensamento aristotélico a problemática da ideologia enquanto momento

---

[55] Idem.
[56] István Mészáros, *Filosofia, ideologia, e ciência social* (São Paulo, Boitempo, 2008), p. 36.
[57] Ibidem, p. 37.

ideal da atividade sensível, que não pode ser isolada da teoria social, "pois toda teoria social que se preze constitui-se com base em – e em resposta a – uma situação histórica específica, que, como tal, requer a solução de um determinado conjunto de tarefas práticas", o que só é concebível

> [...] em termos de um sistema inteiramente interligado de conceitos – direta ou indiretamente orientados para a prática. Isso significa que os determinantes ideológicos atuam necessariamente em todos os níveis, através de todo o sistema em questão, e qualquer avanço numa determinada posição ideológica exigiria a modificação de *todo* o quadro conceitual dessa teoria social.

Sendo assim, o arremate a propósito de Aristóteles reforça a tese da polivalência da base social da ideação, pois verdade e falsidade, consistência e contradição, no interior de um mesmo discurso, brotam de uma só fonte:

> Os conceitos "que saem do caminho" de Aristóteles constituem necessidades funcionais em seu sistema como um todo, apesar da aparente incoerência da fundamentação "não natural" dada à troca de mercadorias, como vimos acima. Pois é precisamente através do conceito "que sai do caminho", de "artifício para efeitos práticos", que Aristóteles obtém êxito novamente na reconstituição da coerência interna de seu sistema. Desse modo, não há possibilidade de ele ter um conceito adequado de "valor", não apenas em decorrência de poderosas razões sócio-históricas (cf. os pontos enfatizados por Marx), mas também por determinações conceituais básicas. Todo o seu sistema seria completamente minado e, finalmente, estraçalhado com a introdução de um conceito adequado de valor.[58]

A segunda ocorrência é constituída pelas incisivas considerações de Marx a respeito da economia política alemã. Aqui, o jogo das condicionantes não envolve um autor, mas toda a prática de uma disciplina. Isso não exprime uma faceta incomum da analítica marxiana; ao inverso, a abordagem universal de uma ciência ou de partes de sua exercitação em tempos e lugares específicos é corrente em seus procedimentos, sempre correlacionando a formação teórica com a base social que a torna possível, em sua verdade ou falsidade. Tome-se, por exemplo, a caracterização dos economistas clássicos, em seus traços positivos e negativos, que emerge da junção de fragmentos das duas primeiras "Observações" de *Miséria da filosofia*:

> Os materiais dos economistas são a vida ativa e atuante dos homens. [...] As categorias econômicas são expressões teóricas, abstrações das relações sociais da produção. [..] Os mesmos homens que estabeleceram as relações sociais de acordo com a sua produtividade material produzem, também, os princípios, as ideias, as categorias de acordo com as

---

[58] Ibidem, p. 37-8.

suas relações sociais. Assim, essas ideias, essas categorias são tão pouco eternas quanto as relações que exprimem. Elas são *produtos históricos e transitórios*. [...] Os economistas exprimem as relações da produção burguesa, a divisão do trabalho, o crédito, a moeda etc., como categorias fixas, imutáveis, eternas. [...] Os economistas nos explicam como se produz nestas relações dadas, mas não nos explicam como se produzem estas relações, isto é, o movimento histórico que as engendra.[59]

Numa frase, os verdadeiros economistas têm o mérito de elaborar conceitualmente a matéria viva da atividade humana, descrevendo a articulação funcional do sistema produtivo do capital, embora cometendo a grave incorreção de estabelecer como eterno o complexo categorial que o identifica.

Foi o período áureo e legítimo dessa ciência, quando podia ser, como diz Marx no "Posfácio" da segunda edição de *O capital*, "pesquisa científica imparcial" ou "estudo descompromissado na perspectiva burguesa", ao qual importava, a partir dessa ótica, "saber se esse ou aquele teorema era ou não verdadeiro"[60]. E explica a possibilidade dessa ocorrência com precisão, sob o foco da determinação social do pensamento, tomando por ilustração o que era "até agora o lugar clássico" do modo de produção capitalista, o caso inglês:

> A sua economia política clássica cai no período em que a luta de classes não estava desenvolvida. O seu último grande representante, Ricardo, toma afinal conscientemente, como ponto de partida de suas pesquisas, a contradição dos interesses de classe, do salário e do lucro, do lucro e da renda da terra, considerando, ingenuamente, essa contradição como uma lei natural da sociedade. Com isso, a ciência burguesa da economia havia, porém, chegado aos seus limites intransponíveis.[61]

O solo e o tempo da objetividade científica, suscitada e favorecida pela lógica do capital, se desenrolaram, portanto, desde os embates contra o regime antigo até as franjas do desafio posto pela perspectiva humano-societária do trabalho. Donde a súmula marxiana, que demarca inclusive parâmetros de abordagem:

> À medida que é burguesa, ou seja, ao invés de compreender a ordem capitalista como um estágio historicamente transitório de evolução, a encara como a configuração última e absoluta da produção social, a economia política só pode permanecer como ciência enquanto a luta de classes permanecer latente ou só se manifestar em episódios isolados.[62]

---

[59] Karl Marx, *Miséria da filosofia*, cit., p. 102 e 106.
[60] Idem, "Posfácio", em *O capital*, cit., p. 16.
[61] Ibidem, p. 17.
[62] Ibidem, p. 16.

Quadro que se esgota quando o processo de instauração e dominação do capital é completado, explicitando as entificações e os contrastes engendrados por ele mesmo:

> A burguesia tinha conquistado poder político na França e Inglaterra. A partir de então, a luta de classes assumiu, na teoria e na prática, formas cada vez mais explícitas e ameaçadoras. Ela fez soar o sino fúnebre da economia científica burguesa. [...] No lugar da pesquisa desinteressada entrou a espadacharia mercenária, no lugar da pesquisa científica imparcial entrou a má consciência e a má intenção da apologética.[63]

Mais uma vez deve ser ressaltado que – de uma ponta a outra do processo, da vigência à dissolução da economia clássica – as condições de possibilidade dos distintos momentos da configuração teórica são dadas pelas inflexões da sociabilidade, favorecendo ou desfavorecendo, pelo grau de desenvolvimento do objeto e pelas mutações de ótica correspondentes, a exercitação apropriada e clarificadora da cientificidade ou, às avessas, a parcialidade desfiguradora da mesma. De modo que a objetividade científica é uma complexa resultante de produtivos influxos sócio-históricos, e não, meramente, a virtude de uma forma de discurso pré-moldada. Os próprios discursos, em todas as suas modalidades, são predicações sociais, mediadas pelos sujeitos que integram a formação real sob clivagens de inserções efetivas e óticas de adoção igualmente societárias.

Ao inverso dos clássicos, àqueles que pretenderam fazer economia política na Alemanha faltou uma vez o objeto e, de outra, a condição subjetiva da isenção científica. À Alemanha, desde logo um lugar *não clássico*, a cujo inibido desenvolvimento capitalista e cujas intrincadas consequências de toda espécie Marx denominou, dramaticamente, de *miséria alemã*, coube ser a plataforma de um fiasco patético. Nela, pela análise marxiana, mesmo em fins dos anos 1860,

> [...] a economia política continuou sendo, até agora, uma ciência estrangeira. [...] Ela foi importada da Inglaterra e da França como mercadoria pronta e acabada; seus catedráticos alemães não passaram de estudantes.[64]

De início, a impotência científica se manifestou porque, historicamente retardatários na construção da economia e da sociedade modernas, aos alemães "faltava, por conseguinte, o terreno vivo da economia política". *Especialistas* sem objeto real, "em suas mãos, a experiência teórica de uma realidade estrangeira se transformou numa coletânea de dogmas, por eles interpretada de acordo com o

---

[63] Ibidem, p. 17.
[64] Ibidem, p. 16.

mundo pequeno-burguês que os circundava, sendo portanto distorcida". Por fim, nem a partir de meados dos anos de 1800, com o rápido crescimento da produção capitalista no país, a situação foi mais propícia à ciência econômica alemã:

> [...] para nossos especialistas, o destino continuou adverso. Enquanto podiam tratar de economia política de modo descomprometido, faltavam as relações econômicas modernas à realidade alemã. Assim que essas relações vieram à luz, isso ocorreu sob circunstâncias que não mais permitiam o seu estudo descompromissado na perspectiva burguesa.[65]

E, nesse talhe, a exposição marxiana vai reiterando a análise uma e outra vez, sem fadiga, aglutinando suas facetas, às quais vão sendo articuladas ainda outras ou algumas das mesmas são reapresentadas sob luz mais forte ou em recorte mais preciso, de modo que o diagnóstico acaba por aparecer na elevação de sua forma mais densa e potente, isto é, concreta:

> Na Alemanha, o modo de produção capitalista atingiu a maturidade depois que o seu caráter antagônico já tinha se revelado ruidosamente na França e na Inglaterra por meio de lutas históricas, enquanto o proletariado alemão já possuía uma consciência teórica de classe muito mais decidida do que a burguesia alemã. Assim que uma ciência burguesa da economia política pareceu tornar-se possível, aqui, ela se havia tornado, portanto, novamente impossível.

Ademais, no caso, o arremate é revestido por uma dose impiedosa de sarcasmo, que reforça o conteúdo pela intensificação da expressividade: "Assim como na época clássica da economia burguesa, também na época da sua decadência os alemães permaneceram meros discípulos, repetidores e imitadores, mascates modestos do grande atacado estrangeiro"[66]. *Especialistas* – ora sem objeto real, ora sem condição subjetiva de isenção – os economistas alemães só praticaram a miudagem do que em outra parte fora ciência, ou seja, só viveram o simulacro e a decadência, sem nunca ter experimentado o ascenso teórico da economia política, situados que sempre estiveram em momentos de sociabilidade adversos ao exercício genuíno dessa disciplina, ou, dito ao revés, não contaram jamais com as *condicionantes* positivas ou propícias, sob a perspectiva da lógica societária do capital, à criação e ao desenvolvimento dessa forma de saber.

A fisionomia inteira do complexo problemático dos *condicionamentos*, portanto, envolve em conjunto as figuras de sujeito e objeto, ambas apreendidas pela

---

[65] Idem.
[66] Idem.

essencialidade da atividade sensível. Infinitamente mais do que é capaz de cogitar a imaginação sectária de qualquer reducionismo, inclusive a de sua modalidade extrema, a do extermínio da verdade pela ótica das filosofias da suspeita. Aliás, a multilateralidade da questão é, desde logo, sugerida pela dinâmica das figuras e de suas relações, sempre pulsantes na mutabilidade interconexa de suas configurações e reconfigurações. Mas a atenção viciada tende a recair, unilateralmente, sobre o sujeito, a pretexto de estar versando exclusivamente sobre a conformação do pensamento, obliterando assim que pensamentos nunca são outra coisa do que pensamentos sobre alguma forma de objeto. E a respeito destes, seus graus de desenvolvimento e os modos respectivos pelos quais afetam o desempenho da atividade teórica, dizem muito os exemplos de Aristóteles, dos economistas clássicos e da economia política alemã. Conteúdo que a própria explanação marxiana resume ao afirmar, no "Prefácio" da primeira edição, que "o corpo desenvolvido é mais fácil de estudar do que a célula do corpo"[67], e que na "Introdução de 1857" tematizara de modo mais extenso:

> A sociedade burguesa é a organização histórica mais desenvolvida, mais diferenciada da produção. As categorias que exprimem suas relações, a compreensão de sua própria articulação, permitem penetrar na articulação e nas relações de produção de todas as formas de sociedade desaparecidas, sobre cujas ruínas e elementos se acha edificada, e cujos vestígios, não ultrapassados ainda, leva de arrastão, desenvolvendo tudo que fora antes apenas indicado, que toma assim toda a sua significação etc. A anatomia do homem é uma chave da anatomia do macaco. O que nas espécies animais inferiores indica uma forma superior não pode, ao contrário, ser compreendido senão quando se conhece a forma superior. A economia burguesa fornece a chave da economia da Antiguidade etc. Porém, não conforme o método dos economistas que fazem desaparecer todas as diferenças históricas e veem a forma burguesa em todas as formas de sociedade.[68]

De modo que a maturação ou desenvolvimento, a plena entificação ou atualização do objeto é fundamental na relação cognitiva; a presença histórica de seu corpo maturado faculta, de seu polo, o conhecimento, ao passo que em graus imaturados atua como obstáculo ou provoca obnubilação. Tanto que a Inglaterra, sob a determinação de "lugar clássico" do capital ao tempo da elaboração marxiana, foi tomada pela superioridade de seu corpo desenvolvido como a "ilustração principal

---

[67] Karl Marx, "Prefácio", em *O capital*, cit., p. 12.
[68] Idem, "Introdução de 1857", em *Karl Marx* (São Paulo, Abril Cultural, 1974, Coleção Os Pensadores), p. 126.

da explanação teórica", enquanto à dissimulação alemã Marx só pôde gritar que *"De te fabula narratur"*, ao mesmo tempo que denunciava:

> [...] tortura-nos – assim como em todo o resto do continente da Europa ocidental – não só o desenvolvimento da produção capitalista, mas também a carência de seu desenvolvimento. Além das misérias modernas, oprime-nos toda uma série de misérias herdadas, decorrentes do fato de continuarem vegetando modos de produção arcaicos e ultrapassados, com o seu séquito de relações sociais e políticas anacrônicas. Somos atormentados não só pelos vivos, como também pelos mortos. *Le mort saisit le vif!*[69]

Para evitar mal-entendidos, convém acentuar com Lukács o caráter puramente histórico da acepção marxiana de desenvolvimento *clássico*:

> [...] se queremos investigar, na própria realidade, o funcionamento o mais possível puro de leis econômicas gerais, é preciso descobrir alguma etapa histórica de desenvolvimento, caracterizada pelo fato de circunstâncias particularmente favoráveis terem criado uma configuração dos complexos sociais e das suas relações onde essas leis gerais puderam se explicitar ao máximo grau, não perturbadas por componentes estranhos. [...] O caráter histórico dessas constelações (os heterogêneos complexos sociais e suas interações) faz com que o classicismo, em primeiro lugar, não possa ser representado por um tipo "eterno"; ele o é, ao contrário, pelo modo mais possível puro no qual se apresenta uma determinada formação, e que pode ser aquele no qual se apresenta uma sua fase determinada.[70]

O conjunto restrito dos indicativos apresentados é suficiente para finalizar mais este tópico. O *corpus* teórico marxiano delucida o complexo do pensamento congregando, analiticamente, sujeito e objeto – determinação social do pensamento e processo formativo ou presença histórica do objeto. Enfoca, pois, a atividade da consciência no interior da malha real em que ela se manifesta e produz, recusando e desqualificando, por ilegitimidade ontológica, cogitações relativas ao entendimento enquanto figuração isolada ou a qualquer *logos desencarnado* das rotas gnosiológicas postiças. Qualquer variante de razão autossustentada ou pura, não *contaminada* materialmente, cede lugar à altitude maior da *razão interessada*, atributo do homem ativo que confirma seu ser pela objetivação, a cujo processo sensível aquela está integrada de modo decisivo e indissolúvel, motivo bastante para que seja afirmada a validade e a relevância de sua investigação e esclarecimento. Ocorre, portanto, no tratamento marxiano da questão do saber, um deslocamento corretivo, que vai da rarefação das formas gnosiológicas de abordagem para a encorpada analí-

---

[69] Karl Marx, "Prefácio", em *O capital*, cit., p. 12.
[70] Georg Lukács, "Os princípios ontológicos fundamentais de Marx", cit., p. 118-9.

tica da determinação social do pensamento e da entificação do objeto, ou seja, o problema é transmutado em circunscrição peculiar no universo de investigação concreta do complexo humano-societário global, delimitada e operacionalizada sobre os esteios da nova ontologia histórico-imanente constituída em fundamento. A problemática do conhecimento não é, pois, abandonada ou dissolvida, mas recaracterizada no lugar próprio e em seus devidos termos, distantes de qualquer *artificialismo escolástico*, como demarca e suscita a tese II de "Ad Feuerbach". Com essa redefinição é ampliada, pois concebida em sua maior complexidade, desde seu momento protoformático – o trabalho – já que este implica a inteligibilidade da malha causal dos objetos sobre os quais atua, e também a prévia ideação do alvo a objetivar, imagem interior que responde a carências sentidas e (re)conhecidas, dado que teleologia não é vaga aspiração ou simples desejo, só guardando a identidade na medida em que comporta possibilidades efetivas de realização. A partir desse plano fundante, a conjunção cognitiva entre sujeito e objeto é reiterada de algum modo e em certa proporção por todas as formas da práxis social, por distintas e peculiares que sejam as atividades reais ou ideais em que é consubstanciada, e de maneira precípua, na *forma mentis* da cientificidade.

A universalidade do quadro emergente é, pois, a do sujeito ativo situado em face de objetos mutantes, de individualidades cognoscitivas, geradas em tempos e lugares sociais, diante da processualidade entificadora das *coisas* materiais e espirituais, igualmente societárias. Em decorrência, a conjunção cognitiva ideal depende do encontro entre um sujeito plasmado em *posição* adequada à objetivação científica, ou seja, portador de *ótica* social em condição subjetiva de isenção, e de um objeto desenvolvido, isto é, perfilado na *energeia* de seu complexo categorial estruturalmente arrematado. Resta saber de que modo específico atua, no encontro intrincado dessa dupla processualidade, o sujeito cientificamente interessado. Entre as dificuldades que se opõem ao trabalho científico, Marx, referindo-se à análise das formas econômicas (mas a observação, obviamente, pode ser generalizada para todo o âmbito das formas humano-societárias), inclui o fato de que nessas investigações "não podem servir nem o microscópio nem reagentes químicos"[71]. Afirmação desdobrada por Lukács em termos de que "é da maior evidência que, no ser social, graças à sua essência, os experimentos no sentido das ciências naturais são ontologicamente impossíveis por princípio, dado o específico predomínio do elemento histórico enquanto base e forma de movimento do ser social"[72].

---

[71] Karl Marx, "Prefácio", em *O capital*, cit., p. 12.
[72] Georg Lukács, "Os princípios ontológicos fundamentais de Marx", cit., p. 118.

Seja por princípio, seja por mera impraticabilidade, excluídos os métodos experimentais, Marx assegura categoricamente que, nessa esfera, "a força da abstração [*Abstraktionskraft*] deve substituir ambos"[73]. É, então, com essa aludida capacidade mental de escavar e garimpar as coisas que o sujeito opera cognitivamente, por meio dela é que "a pesquisa tem de captar detalhadamente a matéria, analisar as suas várias formas de evolução e rastrear sua conexão íntima. Só depois de concluído esse trabalho é que se pode expor adequadamente o movimento real[74]. Ferramenta única e decisiva da investigação, há que se deter com mais vagar e profundidade sobre a atividade peculiar da *força da abstração*, anunciada com toda simplicidade, mas também com toda energia, pelo discurso marxiano.

Tanto quanto sei, as observações marxianas relativas à atividade operacional da *Abstraktionskraft* nunca foram objeto de abordagem integrada, ou seja, jamais foram tomadas como elementos de uma teoria própria, e como tais nem mesmo apareceram em simples referências. Certas passagens muito conhecidas da "Introdução de 1857", onde ecoam, foram abundantemente citadas e longos debates tiveram lugar em torno delas, quase sempre no interior da procura do segredo epistêmico da obra marxiana, mas desconheço que se tenha aludido alguma vez à existência em Marx de esboços a propósito de uma *teoria da abstração*. Por certo, muito mais levada a efeito do que formulada, e sempre emergente em considerações isoladas e esparsas, todavia, não é demais afirmar que se trata de um perfilado teórico bem consistente, apesar de totalmente fragmentário, e de grande importância na composição da analítica marxiana. Uma tentativa preliminar de exposição há de se ater apenas, evidentemente, aos pontos mais relevantes de seu traçado subjacente e, aqui, do modo mais breve possível.

É bastante proveitoso recordar que no "Terceiro manuscrito" de 1844, ao tratar dos sentidos e das qualidades individuais que se fizeram humanos, chamados enquanto tais de "forças essenciais" do homem, Marx escreve que este, em

> Cada uma das suas relações *humanas* com o mundo, ver, ouvir, cheirar, degustar, sentir, pensar, intuir, perceber, querer, ser ativo, amar, enfim todos os órgãos da sua individualidade, assim como os órgãos que são imediatamente em sua forma como órgãos comunitários, ||VII| são no seu comportamento *objetivo* ou no seu *comportamento para com o objeto* a apropriação do mesmo.[75]

---

[73] Karl Marx, "Prefácio", cit., p. 12.
[74] Ibidem, p. 20.
[75] Karl Marx, *Manuscritos econômico-filosóficos*, cit., p. 108.

Acrescentando em nota que a *manifestação da efetividade humana* "por isso ela é precisamente tão multíplice [*vielfach*] quanto multíplices são as *determinações essenciais* e *atividades* humanas"[76]. E pouco mais à frente especifica que a apropriação do objeto "depende da *natureza do objeto* e da natureza da *força essencial* que a *ela* corresponde" e que, assim, "A peculiaridade de cada força essencial é precisamente a sua *essência peculiar*, portanto também o modo peculiar da sua objetivação, do seu *ser* vivo *objetivo-efetivo*"[77]. Por essas determinações, é evidente, a *força de abstração* é, dentre outras, uma qualidade individual ou força essencial de apropriação peculiar dos objetos, que se realiza de modo específico de acordo com a sua própria natureza e em consonância com a natureza do objeto apropriado. Enquanto força performática, sua apropriação é ideal, reprodução intelectual de entidades reais, o que se confirma pelo caráter ontológico das abstrações produzidas. Atento a esse aspecto e devidamente enfático, Lukács sintetiza com felicidade a questão, ao destacar que

> [...] o ponto essencial do novo método se revela novamente: o tipo e o sentido das abstrações [...] são determinados não a partir de pontos de vista gnosiológicos ou metodológicos – e menos ainda lógicos, mas a partir da própria coisa, ou seja, da essência ontológica da matéria tratada.[78]

É o primeiro de um conjunto de pontos vitais a reter: em sua determinação ontológica, as abstrações admitidas por Marx são representações gerais *extraídas do mundo real*. Apropriações mentais, as abstrações ontológicas são determinações ou categorias simples, e, enquanto tais, como "em toda ciência histórica e social em geral", estão dadas "tanto na realidade efetiva como no cérebro", ou seja, "exprimem, portanto, formas de modos de ser, determinações de existência"[79]. Conceitos mais simples ou mais concretos, que expressam "frequentemente aspectos isolados" do complexo real a que se referem, todavia, não são "de modo nenhum o produto do conceito que pensa separado e acima da intuição e da representação, e que se engendra a si mesmo, mas da elaboração da intuição e da representação em conceitos". Tanto assim que, na máxima abstratividade de suas mais tênues reproduções, são tão históricas quanto a faceta real reproduzida. E o exemplo oferecido por Marx é o do *trabalho em geral*:

---

[76] Idem.
[77] Ibidem, p. 110.
[78] Georg Lukács, "Os princípios ontológicos fundamentais de Marx", cit., p. 57.
[79] Karl Marx, "Introdução de 1857", cit., p. 127.

A indiferença em relação ao gênero de trabalho determinado pressupõe uma totalidade muito desenvolvida de gêneros de trabalho efetivo, nenhum dos quais domina os demais. Tampouco se produzem as abstrações mais gerais senão onde existe o desenvolvimento concreto mais rico, onde um aparece como comum a muitos, comum a todos. Então já não pode ser pensado somente sob uma forma particular. Por outro lado, esta abstração do trabalho em geral não é apenas o resultado intelectual de uma totalidade concreta de trabalhos. A indiferença em relação ao trabalho determinado corresponde a uma forma de sociedade na qual os indivíduos podem passar com facilidade de um trabalho a outro e na qual o gênero determinado de trabalho é fortuito, portanto, indiferente para eles.[80]

Determinação social do pensamento produtor das abstrações ontológicas, em conexão com o processo formativo do objeto que ambos exprimem, que culmina na afirmação universal da historicidade das abstrações:

Este exemplo mostra de uma maneira muito clara como até as categorias mais abstratas – precisamente por causa de sua natureza abstrata –, apesar de sua validade para todas as épocas, são, contudo, na determinidade desta abstração, igualmente produtos de condições históricas, e não possuem plena validez senão para estas condições e dentro dos limites destas.[81]

A identificação das abstrações pelo seu caráter onto-histórico propicia o esclarecimento de um instigante qualificativo que a analítica marxiana confere às mesmas: abstrações razoáveis (*verständige Abstraktion*). Na primeira parte do mesmo texto, reservada à *produção*, logo depois de estabelecido que tratar da produção é fazê-lo sempre em um determinado grau de desenvolvimento social, lê-se:

Mas todas as épocas da produção têm certas características comuns, certas determinações comuns. A *produção em geral* é uma abstração, mas uma abstração razoável, na medida em que, efetivamente sublinhando e precisando os traços comuns, poupa-nos a repetição.

A razoabilidade de uma abstração se manifesta, pois, quando retém e destaca *aspectos reais*, comuns às formas temporais de entificação dos complexos fenomênicos considerados. A razoabilidade está no registro ou constatação adequado, "através da comparação", do que pertence a todos ou a muitos sob diversos modos de existência. Trata-se, pois, de algo geral extraído das formações concretas, posto à luz pela força de abstração, mas não produzido por um volteio autônomo da mesma, pois seu mérito é operar subsumida à comparação dos objetos que investiga. Razoa-

---

[80] Ibidem, p. 125.
[81] Ibidem, p. 126.

bilidade, sensatez ou racionalidade, variantes de tradução para línguas diversas, todas fundamentalmente convergentes, que inclui também a compreensão de que os traços comuns não são substâncias puras, mas texturas complexas: "Esse caráter geral, contudo, ou este elemento comum, que se destaca através da comparação, é ele próprio um conjunto complexo, um conjunto de determinações diferentes e divergentes". Entendimento que confirma o caráter ontológico das abstrações, pois todas as formas de existência são, analogamente, complexas. De tal modo que "alguns desses elementos comuns pertencem a todas as épocas, outros apenas são comuns a poucas. Certas determinações serão comuns à época mais moderna e à mais antiga"[82], isto é, se distribuem por graus distintos da escala de generalização.

As *abstrações razoáveis* desempenham, ao menos, duas funções da mais alta relevância no processo cognitivo. Ao destacarem o caráter geral, as determinações comuns, sem as quais "não se poderia conceber nenhuma produção", permitem colocar em evidência as diversidades precípuas:

> As determinações que valem para a produção em geral devem ser precisamente separadas, a fim de que não se esqueça a diferença essencial por causa da unidade, a qual decorre já do fato de que o sujeito – a humanidade – e o objeto – a natureza – são os mesmos.[83]

A consideração das diferenças é, pois, uma exigência fundamental, decorrente do critério ontológico de abordagem, tendo presente que a distinção ou a identidade de certa formação de qualquer tipo é dada, precisamente, por aquilo que a diferencia dos elementos gerais e comuns copertencentes às demais que integram o mesmo conjunto. Tomando por exemplo as linguagens, Marx argumenta: "Se as linguagens mais desenvolvidas têm leis e determinações comuns às menos desenvolvidas, o que constitui seu desenvolvimento é o que as diferencia destes elementos gerais e comuns"[84]. Por decorrência, ignorar a diferença essencial é perder de vista os objetos reais e com isso o horizonte do pensamento de rigor, tal como os economistas que naturalizam e perenizam a sociedade capitalista, pondo de lado exatamente o que nela é específico: "Este esquecimento é responsável por toda a sabedoria dos economistas modernos, que pretendem provar a eternidade e a harmonia das relações sociais existentes no seu tempo"[85], uma vez que encarando

---

[82] Idem.
[83] Ibidem, p. 111.
[84] Idem.
[85] Ibidem, p. 110-1.

o objeto de modo inespecífico e generalizando arbitrariamente, isto é, submergindo aos procedimentos falaciosos da "abstração vácua" [*begrifflosen Abstraktion*] ou, com certa licença semântica, abstração irrazoável, antítese marxiana da *verständige Abstraktion*, sempre "é possível confundir e extinguir todas as diferenças históricas em leis humanas *em geral*"[86]. A eliminação da *diferença essencial*, em suma, mutila a reprodução ideal do *ser-precisamente-assim*, indeterminando o objeto pelo cancelamento de sua processualidade formativa e especificação histórica.

A segunda função desempenhada pelas *abstrações razoáveis* é ainda mais proeminente, tal como delineada na terceira parte da "Introdução de 1857", o famoso segmento intitulado "O método da economia política". A exposição principia por uma advertência: "Parece que o correto é começar pelo real e pelo concreto, que são a pressuposição prévia e efetiva [...]. No entanto, graças a uma observação mais atenta, tomamos conhecimento de que isso é falso"[87]. Não se trata de algum giro teórico em relação à obra anterior ou, muito menos, de abandono do assentamento do conhecimento na realidade, tal como estampa *A ideologia alemã* – "Ali onde termina a especulação, na vida real, começa também, portanto, a ciência real, positiva, a exposição da atividade prática, do processo prático de desenvolvimento dos homens. As fraseologias sobre a consciência acabam e o saber real tem de tomar o seu lugar"[88] –, ou registra o brevíssimo aforismo VIII de "Ad Feuerbach": "Todos os mistérios que conduzem a teoria ao misticismo encontram sua solução racional na prática humana e na compreensão dessa prática"[89]. Que isso não representa uma alteração de fundamento está expresso na própria advertência, pois o "real e o concreto" continuam a ser "a pressuposição prévia e efetiva". Ademais, no mesmo parágrafo da advertência, Marx torna a reafirmar o concreto enquanto "ponto de partida efetivo e, portanto, o ponto de partida também da intuição e da representação"[90]. De fato, a questão é outra e de caráter diverso, resumida a saber como é alcançado, *mentalmente*, o indubitável antecedente efetivo do *real e concreto*, onde cessa a especulação e um saber racional pode ter lugar.

É a respeito dessa demanda teórica bem específica que se desenrola a explicação marxiana; assim, é arguido que partindo do todo imediato, manifesto por seus complexos parciais (cidade, campo, produção, população, classes etc.), desemboca-

---

[86] Ibidem, p. 112.
[87] Ibidem, p. 122.
[88] Karl Marx e Friedrich Engels, *A ideologia alemã*, cit., p. 95.
[89] Idem, "Ad Feuerbach", cit., p. 534, tese VIII.
[90] Karl Marx, "Introdução de 1857", cit., p. 122.

-se numa "representação caótica do todo", pois a totalidade ou cada parte abordada redunda em simples abstração, se desconsiderados os vetores que a integram, por exemplo, a população sem as classes. Essas, por sua vez,

> [...] são uma palavra vazia de sentido se ignorarmos os elementos em que repousam: o trabalho assalariado, o capital etc. Estes supõem a troca, a divisão do trabalho, os preços etc. O capital, por exemplo, sem o trabalho assalariado, sem o valor, sem o dinheiro, sem o preço etc., não é nada.[91]

A resultante é uma representação caótica do todo porque mero ajuntamento de abstrações esvaziadas de textura e privadas de ordenamento. Contudo, essa dissolução teórica do concreto não deve ser cristalizada, unilateralmente, em sua face negativa. Marx, nesse sentido, tomando por ilustração a nascente economia do século XVII, aponta que seus cultores "começavam sempre pelo todo vivo: a população, a nação, o Estado, vários Estados etc.", mas ressaltando que também "terminavam sempre por descobrir, por meio da análise, certo número de relações gerais abstratas que são determinantes, tais como a divisão do trabalho, o dinheiro, o valor etc."[92]. Ou seja, partindo do todo vivo, porém sem se deter na representação caótica: "através de uma determinação mais precisa, através de uma análise, chegaríamos a conceitos cada vez mais simples; do concreto idealizado passaríamos a abstrações cada vez mais tênues até atingirmos determinações as mais simples"[93]. Por meio desse aprofundamento analítico das abstrações, vale dizer, da determinação mais precisa de elementos da representação caótica, é que se atinge, a certo custo e demora, a configuração de abstrações relativamente bem recortadas, chamadas por Lukács de *abstrações isoladoras*, que são fundamentais, pois, como estabelece o texto marxiano, "esses elementos isolados, uma vez mais ou menos fixados e abstraídos, dão origem aos sistemas econômicos, que se elevam do simples, tal como trabalho, divisão do trabalho, necessidade, valor de troca, até o Estado, a troca entre as nações e o mercado mundial"[94].

Essas abstrações depuradas, a verdadeira face das abstrações razoáveis, são, portanto, o ponto de partida da elaboração teórica, uma vez que, "chegados a esse ponto, teríamos que voltar a fazer a viagem de modo inverso, até dar de novo com a população, mas dessa vez não com uma representação caótica de um todo, porém com uma rica totalidade de determinações e relações diversas". Viagem essa

---

[91] Idem.
[92] Idem.
[93] Idem.
[94] Idem.

de retorno das abstrações ao concreto que "é manifestamente o método cientificamente exato"[95]. Donde a perfeita distinção dos métodos considerados e o completo esclarecimento da questão relativa ao ponto de partida, para a qual as abstrações razoáveis são a própria resposta:

> No primeiro método, a representação plena volatiliza-se em determinações abstratas, no segundo, as determinações abstratas conduzem à reprodução do concreto por meio do pensamento. [...] o método que consiste em se elevar do abstrato ao concreto *não é senão a maneira de proceder do pensamento* para se apropriar do concreto, para o reproduzir como concreto pensado.[96]

Importa grifar, nessa última passagem, em mais uma alusão à *força de abstração* como puro atributo do sujeito pensante – isto é, capacidade peculiar de apropriação do real –, que o *método científico* não é mais do que *a maneira de proceder do pensamento*. Maneira ou razão pela qual "o concreto aparece no pensamento como o processo de síntese, como resultado, não como ponto de partida", de modo que "o todo, tal como aparece no cérebro, como um todo de pensamentos, é um produto do cérebro pensante que se apropria do mundo do único modo que lhe é possível, modo que difere do modo artístico, religioso e prático-mental de se apropriar dele"[97].

Delineada a *abstração razoável* como ponto de partida do "método científico exato" e apontado o concreto como *resultado* ou "um todo de pensamentos" a ser alcançado, há que assinalar que toda a travessia de um a outro desses polos permanece ainda inteiramente submersa na obscuridade. Mesmo porque, no estágio em que se encontra a exposição, a teoria das abstrações parece conduzir a uma espécie de indeterminação ou até mesmo de antinomia. De um lado, tem-se o alvo – reproduzir o concreto como concreto pensado, sob o famoso preceito de que "o concreto é concreto porque é a síntese de muitas determinações, isto é, unidade do diverso"[98], sem que o referido "processo de síntese" tenha sido esclarecido, mas que subentende o deperecimento da abstratividade; de outro, a irremediável condição de abstratividade das abstrações razoáveis, pois as "determinações comuns [...] apreendidas pelo pensamento como gerais [...] não são outra coisa senão esses momentos abstratos,

---

[95] Idem.
[96] Idem.
[97] Ibidem, p. 123.
[98] Ibidem, p. 122.

os quais não apreendem nenhum grau histórico efetivo"⁹⁹ dos complexos reais, mas que não podem ser dispensadas, uma vez que, como já foi citado, sem elas não se poderia conceber nenhum destes.

Em verdade não há qualquer aporia: os pontos de partida e chegada não se repelem pelos conteúdos nem estão incompatibilizados pela forma; ao revés, no andamento da síntese operam mediações aglutinadoras que os aproximam e fundem, para o sucesso das quais são imprescindíveis a universalidade das abstrações razoáveis, *pontos de partida* e retentoras da igualdade ou continuidade dos processos, bem como os conteúdos das diferenças, representativas das mudanças ou desenvolvimentos. Em suma, o processo de síntese se deixa entrever como um *trabalho das abstrações*, que poderia ser referido, cedendo a algum coquetismo, como a dialética das abstrações razoáveis e das diferenças essenciais, sobre a qual a teoria das abstrações tem ainda palavras importantes a dizer.

As abstrações razoáveis, relações gerais ou as mais simples das categorias – pontos de partida da autêntica *démarche* científica – "são determinantes" ou, em outras palavras, "sem elas não se poderia conceber nenhuma" formação concreta; todavia, elas não determinam nenhum objeto real, isto é, "não explicam nenhum grau histórico efetivo" de existência. Mesmo assim, "o curso do pensamento abstrato se eleva do mais simples ao complexo", ou seja, "as determinações abstratas conduzem à reprodução do concreto por meio do pensamento", e nesse itinerário é que se realiza "o método que consiste em se elevar do abstrato ao concreto". Realização metodológica que subentende, pois, uma complexa metamorfose das abstrações razoáveis, pela qual, mantendo a condição de pensamentos, isto é, de abstrações, deixam de prevalecer como momentos abstratos, para se converter em *momentos concretos* da apreensão ou reprodução dos graus históricos efetivos dos objetos concretamente existentes.

Um dos aspectos fundamentais dessa transformação compreende a intensificação da *razoabilidade* dessas categorias simples, ou seja, a atualização das virtualidades de sua natureza ontológica enquanto forma de apropriação ideal dos objetos reais. O que é operado pela exata aproximação e comparação delas aos traços efetivos, portanto, determinados e delimitados dos objetos, de modo que sejam *medidas* por eles e, consequentemente, ajustadas aos mesmos, de forma que sua capacidade de os reproduzir se torne mais precisa e, por isso mesmo, maior. Em termos bem sintéticos, na rota que vai do simples ao complexo, do abstrato ao concreto, as abstrações razoáveis devem perder generalidade por especificação, adquirindo os perfis

---

⁹⁹ Ibidem, p. 112.

da particularidade e da singularização, ou seja, a fisionomia de abstrações razoáveis *delimitadas*. Toda vez que o discurso marxiano assegura que "a população é uma abstração, se desprezarmos, por exemplo, as classes que a compõem" e que essas "são uma palavra vazia de sentido se ignorarmos os elementos em que repousam, por exemplo: o trabalho assalariado, o capital etc.", esses mesmos supondo "a troca, a divisão do trabalho, os preços etc.", de modo que "o capital, por exemplo, sem o trabalho assalariado, sem o valor, sem o dinheiro, sem o preço etc. não é nada"[100], ou sempre que endossa considerações a respeito de seu método, pelas quais é reconhecido que seu valor científico "reside no estabelecimento das leis específicas que regulam nascimento, existência, desenvolvimento e morte de dado organismo social e a sua substituição por outro", de maneira que as leis abstratas ou gerais são negadas, só sendo admitido, "pelo contrário, que cada período histórico possui suas próprias leis"[101], e tais reiterações não são casuais, a investigação marxiana está remetendo à multilateralidade determinativa de toda conformação fenomênica, ou seja, referindo que todo objeto, intrínseca e extrinsecamente, é e se manifesta como um feixe entrelaçado de inúmeras determinações, para cuja adequada reprodução teórica são indispensáveis a *delimitação* e a *articulação* das abstrações razoáveis. Desde logo porque a articulação, fase conclusiva do processo analítico, é também uma exigência de delimitação, levando em conta que as abstrações razoáveis, umas em face das outras, têm de ser compatibilizadas entre si, o que implica recíprocas determinações delimitadoras, pelas quais são estabelecidas as proporções com que integram a reprodução final do objeto investigado. Proporções, é evidente, que não dizem respeito, simples e essencialmente, ao tamanho ou à extensão conceitual com que são incorporadas à síntese, mas às qualidades com que participam da mesma, pois as abstrações razoáveis, sob a intensificação ontológica que as delimita, não apenas continuam a ser "um conjunto de determinações diferentes e divergentes", mas, a rigor, têm sua diversidade acentuada por especificação, mesmo porque ajustadas à coabitação, harmônica ou contraditória, com as *diferenças essenciais*, de modo a se tornarem capazes de reproduzir o concreto do ser-precisamente-assim, o que significa aproximação e tradução máximas possíveis da profusa malha de determinações interconexas do mesmo.

Todavia, a exigência de *delimitação* promovida pela *articulação* é apenas um efeito de sua natureza. *Ponto de chegada* da analítica marxiana, momento culminante da produção do "concreto de pensamentos", hora conclusiva da investigação, de

---

[100] Ibidem, p. 122.
[101] Karl Marx, "Posfácio", em *O capital*, cit., p. 19-20.

acordo com as próprias palavras de Marx – "A pesquisa tem de captar detalhadamente a matéria, analisar as suas várias formas de evolução e rastrear sua conexão íntima. Só depois de concluído esse trabalho é que se pode expor adequadamente o movimento real"[102]. Por isso mesmo, como o estágio mais desenvolvido do próprio método, que integra e proporciona a plena realização de seus momentos anteriores, a *articulação*, além de sua relevância intrínseca, confirma e explica os passos antecedentes e, por extensão, o método em seu todo.

Ao criticar o modo pelo qual os economistas agrupam e combinam os temas principais de sua ciência, Marx observa, em "A relação geral da produção com a distribuição, troca e consumo", segunda parte da "Introdução de 1857", que

> [...] a produção aparece assim como o ponto inicial; o consumo, como ponto final; a distribuição e a troca aparecem como o meio termo, que é assim dúplice, já que a distribuição é determinada como momento determinado pela sociedade, e a troca como momento determinado pelos indivíduos. Na produção a pessoa se objetiva; no consumo, a coisa se subjetiva; na distribuição, a sociedade, sob a forma de determinações gerais dominantes, se encarrega da mediação entre a produção e o consumo; na troca, esta mediação se realiza pelo indivíduo determinado fortuitamente.[103]

Para então assinalar conclusivamente que, segundo essa doutrina, "produção, distribuição, troca, consumo formam assim um silogismo correto: produção é a generalidade; distribuição e troca, a particularidade; consumo, a individualidade expressa pela conclusão"[104]. E destaca o arremate, criticamente, de modo fundamental para o devido entendimento da natureza da *articulação*: "Há nele, sem dúvida, um encadeamento, mas é superficial"[105]. Qual a razão e, por contraste, com que outro tipo de encadeamento é feita a denúncia da superficialidade silogística dos economistas?

A superficialidade é muito bem caracterizada por Marx, ao pôr em evidência que a combinatória dos economistas, seguindo seus próprios critérios, encadeia complexos de naturezas inteiramente diversas:

> A produção é determinada por leis naturais gerais; a distribuição, pela contingência social [...]; a troca se acha situada entre ambas como movimento social formal; e o ato final do consumo, concebido não somente como o ponto final, mas também como a própria finalidade, se encontra propriamente fora da economia.[106]

---

[102] Ibidem, p. 20.
[103] Karl Marx, "Introdução de 1857", cit., p. 113-4.
[104] Idem.
[105] Idem.
[106] Idem.

Ao enlaçar legalidades tão diferentes quanto leis naturais, formalidade e arbitrariedade societárias, incluindo instâncias extraeconômicas, o encadeamento das abstrações não pode dimanar de suas virtualidades, mas por obra e graça, exclusivamente, de ato exterior a elas, qual seja, o de uma simples operação formal do intelecto. Mera atribuição lógica de nexo por via de um silogismo – correto, é verdade, mas apenas um silogismo – e, por isso mesmo, uma simples vinculação tópica, um *encadeamento superficial*. Ao tratar dessa argumentação, Lukács comenta:

> Na economia burguesa da época de Marx, essas categorias – como, por exemplo, produção e consumo – haviam sido em parte assumidas como idênticas, em parte contrapostas como excluindo-se reciprocamente, e em parte tratadas de modo a serem encaixadas em falsas hierarquias. Marx, antes de mais nada, presta contas com a variante hegeliana dessas falsas conexões; uma variante que – com o auxílio de universalidade, particularidade e singularidade entendidas em sentido lógico – pretendia estabelecer entre as citadas categorias econômicas um desenvolvimento de tipo silogístico. [...] e mostra como o aparato lógico que produz a forma silogística funda-se apenas em traços superficiais, abstratos.[107]

Para acrescentar um pouco mais à frente, advertindo contra as tendências homogeneizadoras na análise científica, que "o resultado é o mesmo quer se trate de uma homogeneização especulativa ou positivista"[108].

Após as longas considerações da segunda parte da "Introdução de 1857", em que desenvolve detalhada reflexão a respeito das conexões e conversões entre as categorias de produção, distribuição, troca e consumo, já em seu último parágrafo ("Finalmente troca e circulação"), Marx conclui pela indicação da natureza da *articulação* das abstrações razoáveis e delimitadas exigida pelo concreto de pensamentos. Ela não redunda de qualquer ordem de atribuição lógico-formal, mas do rastreamento da *conexão íntima* da matéria examinada: "O resultado a que chegamos não é que a produção, a distribuição, o intercâmbio, o consumo, são idênticos, mas que todos eles são elementos de uma totalidade, diferenças dentro de uma unidade"[109]. Ou de forma bem mais desdobrada, ao final da parte reservada ao "Método da economia política":

> Seria, pois, impraticável e errôneo colocar as categorias econômicas na ordem segundo a qual tiveram historicamente uma ação determinante. A ordem em que se sucedem se

---

[107] Georg Lukács, "Os princípios ontológicos fundamentais de Marx", cit., p. 66-7.
[108] Idem.
[109] Karl Marx, "Introdução de 1857", cit., p. 121.

acha determinada, ao contrário, pelo relacionamento que têm umas com as outras na sociedade burguesa moderna, e que é precisamente o inverso do que parece ser uma relação natural, ou do que corresponde à série do desenvolvimento histórico. Não se trata da relação que as relações econômicas assumem historicamente na sucessão das diferentes formas de sociedade. Muito menos sua ordem de sucessão "na ideia" (Proudhon), (representação nebulosa do movimento histórico). Trata-se da sua hierarquia no interior da moderna sociedade burguesa.[110]

Em conclusão, a *articulação* requerida é de natureza ontológica. As abstrações razoáveis e delimitadas, na reprodução do concreto como um todo do cérebro pensante, são articuladas segundo a lógica imanente aos nexos do próprio complexo examinado.

A respeito do complexo articulado é preciso aflorar ainda dois outros aspectos: destacar o chamado *momento preponderante*, uma acentuação especial, pertinente às abstrações razoáveis na articulação categorial, e precisar a natureza das *determinações reflexivas*. É típico da análise marxiana, tal como foi aludido em inúmeras oportunidades, a concepção dos complexos reais em sua gênese, vigência e desenvolvimento como uma teia constelar de determinações, relações e interconexões multiformes. Para admitir a universalidade dessa compreensão basta lembrar que

> [...] a mais simples categoria econômica, suponhamos, por exemplo, o valor de troca, pressupõe a população, uma população produzindo em determinadas condições e também certos tipos de famílias, de comunidades ou Estados. O valor de troca nunca poderia existir de outro modo senão como relação *unilateral*, abstrata de um todo vivo e concreto já dado.[111]

A atuação em geral do complexo determinativo sobre os momentos e destes sobre o conjunto fica bem exemplificada no curso analítico da segunda parte da "Introdução", quando Marx rastreia, da produção ao consumo, a identidade e as metamorfoses dessas categorias, concluindo que "uma reciprocidade de ação ocorre entre os diferentes momentos. Este é o caso para qualquer todo orgânico"[112]. Todavia, essa reciprocidade ativa entre os momentos não é uma homogeneização das determinações; moventes e movidos, não por isso dissolvem suas diferenças, nem mesmo por suas mutações, e também não é desmanchado o gradiente das relevâncias. É o que deve ser destacado aqui, com o abonamento de mais alguns extratos.

---

[110] Ibidem, p. 128.
[111] Ibidem, p. 122-3.
[112] Ibidem, p. 122.

Ao refutar certo hegelianismo, "os literatos socialistas" (Karl Grün em especial), mas não apenas, pois são incluídos "também os economistas prosaicos, como Say", para os quais é "simples colocar como idênticos a produção e o consumo", Marx argumenta que "o importante nessa questão é salientar que, se consideradas a produção e o consumo como atividades de um só sujeito, ou de indivíduos isolados, surgem em todo caso como momentos de um processo no qual a produção é o ponto de partida efetivo, e, por conseguinte, o momento preponderante [*übergreifende Moment*]" e universaliza a tese, em seguida:

> O consumo como carência e necessidade é, ele mesmo, um momento interno da atividade *produtiva*, mas esta última é o ponto de partida da realização e, portanto, seu momento preponderante, o ato em que se desenrola de novo todo o processo. O indivíduo produz um objeto e, ao consumi-lo, retorna a si mesmo, mas como indivíduo produtor e que se produz a si mesmo. Deste modo, o consumo aparece como um momento da produção.[113]

E volta à matéria, ao final do texto, em formato mais amplo, cujo significado é nitidizado pela sua contextualização, da qual as primeiras linhas já foram citadas, embora convenha sua retranscrição na íntegra em benefício da melhor explicitação do *momento preponderante*:

> O resultado a que chegamos não é que a produção, a distribuição, o intercâmbio, o consumo, são idênticos, mas que todos eles são elos [*Glieder*] de uma totalidade, diferenças dentro de uma unidade. A produção expande tanto a si mesma, na determinação antitética da produção, como se alastra aos demais momentos. O processo começa sempre de novo a partir dela. Que a troca e o consumo não possam ser o momento preponderante, é claro por si mesmo. O mesmo acontece com a distribuição como distribuição de produtos. Porém, como distribuição dos agentes de produção, constitui um momento da produção. Uma forma determinada de produção determina, pois, formas determinadas do consumo, da distribuição, da troca, assim como *relações determinadas desses diferentes momentos entre si*.[114]

Tratando do mesmo tema e com base no mesmo texto, Lukács comenta:

> Marx analisa as inter-relações reais começando pelo caso mais complexo, o da relação entre produção e consumo. Aqui, como também nas demais análises, o primeiro plano é novamente ocupado pelo aspecto ontológico, segundo o qual essas categorias – embora apresentem em si, mesmo singularmente, inter-relações frequentemente muito intricadas – são todas formas de ser, determinações da existência; e, enquanto tais,

---

[113] Ibidem, p. 117.
[114] Ibidem, p. 121-2.

formam por sua vez uma totalidade, só podendo ser compreendidas cientificamente enquanto elementos reais dessa totalidade, enquanto momentos do ser. Disso resultam duas consequências: por um lado, cada categoria conserva sua própria peculiaridade ontológica e a manifesta em todas as interações com as demais categorias (por isso, tampouco tais relações podem ser tratadas através de formas lógicas gerais, cabendo compreender cada uma delas em sua específica peculiaridade); por outro lado, essas interações não são de igual valor, nem quando consideradas como pares nem tomadas em seu conjunto, mas, ao contrário, se impõe, em cada ponto, a prioridade ontológica da produção enquanto momento preponderante.[115]

Em termos bem sintéticos, *o momento preponderante* tem por identidade a condição de elo tônico no complexo articulado das abstrações razoáveis, ou seja, é o outro nome da categoria estruturante do todo concreto, e por isso também da totalidade ideal, uma abstração razoável que se destaca, sobredeterminando as demais com seu peso ordenador específico. Como tal, sua correta identificação equivale à face macroscópica da delimitação ou diferenciação por intensificação ontológica, sendo o mesmo para o conjunto da própria articulação, pois vertebra o processo de síntese, isto é, a constituição do todo de pensamentos que se realiza pela reprodução ou apropriação da totalidade concreta.

Quanto às *determinações reflexivas*, basta sublinhar que se trata, obviamente, de uma figura que se manifesta no interior do processo de articulação, quando o foco recai em pares ou conjuntos de categorias cuja conexão é indissolúvel, de tal modo que a apreensão efetiva de cada um de seus membros depende da apreensão recíproca dos outros. Aqui o ponto delicado e essencial é a preservação da especificidade de cada um deles, isto é, deve-se evitar sua homogeneização conceitual, que tende a se dar pela promoção da identidade ou da diversidade abstratas entre os mesmos. As reflexões marxianas a respeito do par formado entre produção e consumo, abundantes na "Introdução de 1857", constituem um excelente exemplo em ambos os sentidos. Lukács, lembrando que a relação produção-consumo se aproxima muito das determinações reflexivas de Hegel, ressalta que "a afinidade é apenas metodológica", para afirmar categoricamente que

[...] em Marx, domina o momento do ser: essas determinações são momentos reais de complexos reais em movimento real, e só a partir desse duplo caráter de ser (ser em interação e em conexão complexa e ser ao mesmo tempo no âmbito de sua peculiaridade específica) é que podem ser compreendidas em sua relação reflexiva. Na dialética materialista, na dialética da própria coisa, a articulação das tendências

---

[115] Georg Lukács, "Os princípios ontológicos fundamentais de Marx", cit., p. 67.

realmente existentes, frequentemente heterogêneas entre si, apresenta-se como solidariedade contraditória do par categorial. Quando se afastam as determinações puramente lógicas e se volta a dar seu verdadeiro significado às determinações ontológicas, efetua-se, portanto, um imenso passo à frente no sentido da concretização desse complexo uno e dúplice.[116]

E mais adiante, remetendo ao mesmo par categorial, oferece a ponderação conclusiva, que articula determinação reflexiva e momento preponderante:

> É claro: a interação tem muitos aspectos e se articula de diferentes modos; mas é também claro que, nessa relação entre determinações reflexivas tão ricamente articulada, revela-se com toda evidência o traço fundamental da dialética materialista: nenhuma interação real (nenhuma real determinação reflexiva) existe sem momento preponderante. Quando essa relação fundamental não é levada na devida conta, tem-se ou uma série causal unilateral (e, por isso, mecânica, simplificadora e deformadora dos fenômenos); ou, então, aquela interação carente de direção, superficialmente brilhante, da qual Hegel criticou em seu tempo a falta de ideia, mas sem encontrar a solução do problema.[117]

Grife-se em conclusão, para além do enunciado fragmentário da teoria das abstrações na obra marxiana, que seus lineamentos gerais proporcionam – é o que importa, de fato – um quadro de traços marcantes e consistentes, cujo estatuto ontológico se manifesta em todos os módulos nela imbricados. Vale sumariar, para ressalto da unidade, principiando pela referência à determinação da *força de abstração* como órgão peculiar da individualidade na apropriação ideal dos objetos, passando a seguir pelo caráter ontológico das *abstrações razoáveis*, ponto de partida do "método científico exato", cuja *delimitação* é operada por intensificação de igual natureza, para alcançar a *articulação*, que ratifica o estatuto ontológico do conjunto pela absorção da *lógica das coisas*, e concluindo pela menção ao *momento preponderante* enquanto tônica categorial igualmente ontológica, caráter que também pertence às *determinações reflexivas*, uma vez que, marxianamente, essas são sempre configurações de pares ou conjuntos reais, interações concretas. De imediato esse contorno presta um grande serviço, esclarecendo de modo definitivo que, na reflexão marxiana, a tomada da realidade concreta como ponto de partida do conhecimento não implica nenhum empirismo, mas "caminhos objetivo-ontológicos" (Lukács), que tornam de maneira translúcida que qualquer roteiro analítico especulativo ou centrilógico é, para ela, totalmente inadmissível,

---

[116] Ibidem, p. 68.
[117] Ibidem, p. 70.

seja pelo seu fundamento, seja porque suas exigências de rigor ultrapassam de longe o que podem oferecer os critérios lógico-formais em sua natureza homogeneizante. Por conseguinte, a teoria das abstrações se mostra como o arcabouço dos procedimentos cognitivos marxianos e, a rigor, está colada à base do que pode ser chamado de seu *método* científico.

DA TEORIA DAS ABSTRAÇÕES
À CRÍTICA DE LUKÁCS

Ao definir e fixar conceitualmente o eixo estrutural do processo do conhecimento, a teoria das abstrações, reiterando nesse campo a resolução ontológica do discurso marxiano, pode exercer salutar efeito norteador como âncora analítica a serviço do descortino da obra de Marx. Detectada, ajuda a evitar, ou torna muito difícil, pela positividade de suas determinações, que a reflexão marxiana seja passível de inserção ou acoplamento a malhas teóricas estranhas ou contrárias à sua natureza, ou mesmo visualizada enquanto tributária de virtudes intelectuais alheias, e assim levada a perder identidade e consistência em associações indevidas ou, pelo menos, demasiado acentuadas, seja com a arquitetônica traçada por outros autores, seja por subsunção a divisões e ordenamentos tradicionais das disciplinas científicas, que ela em verdade deixa para trás em seu próprio momento constitutivo. Para valorizar a ilustração desse complexo problemático, e com ela prosseguir a discussão do mesmo, nada melhor do que lançar mão, criticamente, de um importante esforço lukacsiano a propósito da metodologia marxiana, para a qual ofereceu a propositura da *dialética entre universal, particular e singular*.

Não há nos estudos lukacsianos a respeito de Marx qualquer alusão à *teoria das abstrações*. Nisto o pensador húngaro, à semelhança do que já foi assinalado para o quadro geral dos autores, não se distingue de quantos já se impuseram à interpretação daquele. Indistinção tanto mais significativa quando se destaca seu grande mérito na identificação do caráter ontológico da obra marxiana, e por ter dedicado à explicitação e ao desenvolvimento dessa ontologia praticamente a íntegra de sua última década de vida intelectual. Se aos intérpretes em geral o viés gnosiológico pode servir de álibi para essa imperceptibilidade, no caso de Lukács a explicação é muito mais complexa, envolvendo mesmo toda história da decifração da obra marxiana e, *a fortiori*, as vicissitudes que pautaram o desenvolvimento de sua própria elaboração pessoal. Aqui, é óbvio, não é pretendido aflorar, nem de longe, a intrincada dimensão enciclopédica da história intelectual do marxismo, mas ficar inteiramente adstrito aos limites mais gerais da questão em delineamento, e esta tanto mais evidencia sua importância quando se antecipa que a inobservância da *teoria das abstrações*, na interpretação lukacsiana, não implica a desconsideração de seus elementos conceituais mais importantes. Estes não são ignorados, mas desinseridos da malha textual das significações marxianas e transferidos para um contexto semântico diverso, para o qual, paradoxalmente, Lukács não encontra arrimos textuais em Marx. Assim, por dissolução dos nexos de suas partes constitutivas, a teoria das abstrações não pode emergir enquanto todos seus elementos fundamentais são rearrumados e reabsorvidos por uma *lógica* de inspiração extrínseca à obra marxiana, tanto em prejuízo da teoria das abstrações, é claro, como também da própria propositura de uma dialética entre universal, particular e singular a serviço daquele pensamento.

O tratamento lukacsiano da questão decorre, fundamentalmente, de seus trabalhos voltados à estética. O filósofo não tem por objetivo um estudo específico e autônomo, monograficamente centrado em Marx, mas a busca de arrimo e legitimidade teóricos, inclusive pela incursão na obra marxiana, para o tipo de resolução que confere ao tema – pedra angular do equacionamento categorial de sua *Estética*. Ele próprio explica, no prefácio aos *Prolegômenos para uma estética marxista*, que "O estudo publicado neste livro foi planejado e escrito originalmente como um capítulo da parte dialético-materialista da minha estética"[1], posteriormente destacado dessa, por ajustes estruturais do plano originário, e publicado em separado porque "o problema da particularidade é um dos mais negligenciados, tanto do ponto de vista lógico como do ponto de vista estético"[2]. O escrito é confirmado no capítulo 12 da *Estética*, único no qual a questão volta a ser tratada, resumidamente, do ponto de vista lógico.

É relevante datar essas obras: a primeira, que veio a público na forma de livro em 1956, foi gestada e elaborada no período stalinista, paga ainda o ônus daquelas desagradáveis citações inócuas e protocolares a Stalin com que Lukács armava, à época, seu costumeiro e conhecido subterfúgio; a segunda, prefaciada em fins de 1962 e editada em meados do ano seguinte, foi pensada e escrita desde princípios dos anos 1950 e por cerca de uma década. De sorte que os textos relativos à dialética entre universal, particular e singular, a parcela dos materiais que aqui

---

[1] Georg Lukács, *Introdução a uma estética marxista* (trad. Carlos Nelson Coutinho e Leandro Konder, Rio de Janeiro, Civilização Brasileira, 1978), p. 1.

[2] Ibidem, p. 3.

importa, pertencem à fase mais recuada dos esforços lukacsianos por "uma obra estética essencialmente sistemática". Em verdade, foi a única vez em que tratou da questão, já que mais de uma década e meia depois, no capítulo sobre Marx, integrante da parte histórica da *Ontologia*, sintomaticamente, não reservou tratamento específico ao tema, e no capítulo dedicado a Hegel a questão é resumida às *determinações reflexivas*.

O grande painel da questão, portanto, são os *Prolegômenos*, em especial seus três primeiros capítulos, que encerram a abordagem lógica, centrados na questão do *particular*, nos quais Lukács procura pespontar uma larga visualização da história do pensamento relativo ao assunto. Principia por aludir à antiguidade do problema e ao "perigo da autonomização do universal, percebido por Aristóteles, e que, antes dele, assumira forma clara na filosofia de Platão", para acentuar logo depois que esse defeito "se aprofunda na filosofia medieval com o realismo conceitual"[3]. Perigo ou defeito do qual destaca o aspecto da "não apreensão da singularidade, da particularidade e da universalidade como determinações da realidade, mesmo nas relações dialéticas recíprocas de umas com as outras", detalhando que, "ao contrário, uma só dessas categorias passa a ser considerada como mais real em confronto com as outras, e até como a única real, a única objetiva, ao passo que às outras é reconhecida apenas uma importância subjetiva"[4], ilustrando tais observações com os traços característicos ao realismo e ao nominalismo: "No realismo conceitual, é a universalidade que recebe semelhante acentuação gnosiológica. A oposição nominalista inverte as designações e faz da universalidade uma determinação puramente subjetiva, fictícia"[5]. Passo subsequente, menciona de passagem alguns nomes da filosofia moderna que teriam contribuído, especialmente Espinosa, para a compreensão da lógica da particularidade, para grifar, todavia, que essa questão

> [...] só começou a se colocar no centro do interesse filosófico quando o interesse científico não mais se limitou à física (concebida substancialmente como mecânica) e se estendeu à química e, sobretudo, à biologia. Quando, na biologia, começaram a aparecer os problemas da evolução, quando a revolução francesa colocou em primeiro plano a luta pela ideia da evolução nas próprias ciências sociais, então sim a nossa questão começou a se colocar no centro do interesse filosófico.[6]

---

[3] Ibidem, p. 6.
[4] Idem.
[5] Ibidem, p. 6-7.
[6] Ibidem, p. 7.

Isso o leva a ponderar que "não há por que se surpreender que tal fato tenha ocorrido na filosofia clássica alemã", pois foi ela que, "nessa grande crise de crescimento do pensamento, principiou a colocar o problema da dialética e a buscar sua solução"⁷. Daí para frente, o estudo de Lukács se ocupa de Kant, Schelling e Hegel, sendo arrematado, sintomaticamente, pela exposição de *O particular à luz do materialismo dialético*, e não, a rigor, por um capítulo voltado a Marx.

A *Crítica da faculdade do juízo** é considerada por Lukács como "a primeira obra na qual o problema da particularidade, tipicamente moderno na sua formulação consciente, porém antiquíssimo em si mesmo, ocupa um lugar central"⁸. Todavia, a admissão desse papel precursor, não implica o reconhecimento do pensamento kantiano nos termos privilegiados com os quais, em geral, isso é levado a efeito na atualidade:

> A nosso ver, a filosofia de Kant – inclusive a *Crítica da faculdade do juízo* – não representa nem uma síntese grandiosa e fundamental, sobre a qual o pensamento posterior deva ser construído, nem a descoberta de um novo continente, "uma revolução copernicana" na história da filosofia. Ela é – e isto, naturalmente, não é pouco – um momento importante na crise filosófica agudizada no curso do século XVIII.⁹

Sob essa avaliação de conjunto, a obra kantiana aparece "oscilando entre o materialismo e o idealismo e entre o pensamento metafísico e o dialético". Assim, por exemplo, é aflorado o mérito de que "a dialética transcendental na *Crítica da razão pura* coloca a contradição como problema central da filosofia", com a imediata restrição de que "o faz, por certo, apenas como problema que determina os confins intransponíveis do 'nosso' pensamento, e como problema do qual – excetuado esse posicionamento dos limites – não podem ser extraídas consequências de qualquer tipo para o método do conhecimento, para o método das ciências"¹⁰. E a argumentação prossegue sempre na linha denunciadora da excludência kantiana entre razão e contradição:

> E onde Kant consigna à razão uma importância decisiva, na ética, a contraditoriedade desaparece completamente para ele e Kant só reconhece a oposição rígida, antinômica, entre o comando da razão e as sensações humanas, entre o eu inteligível e o eu empírico.

---

⁷ Ibidem, p. 7-8.
* Immanuel Kant, *Crítica da faculdade do juízo* (Rio de Janeiro, Forense Universitária, 2005). (N. E.)
⁸ Georg Lukács, *Introdução a uma estética marxista*, cit., p. 8.
⁹ Idem.
¹⁰ Idem.

Por isso, na sua ética, domina exclusivamente a incondicionada sujeição ao *dever ser*, e não há lugar para uma dialética dos conflitos éticos.[11]

Pela via da referida excludência, reafirma Lukács,

> Kant veio a se tornar de fato, contra sua própria vontade e sem ter consciência disto, a primeira figura importante e influente na criação do método dialético no idealismo da filosofia clássica alemã. Sua filosofia é antes um sintoma da crise do que uma séria tentativa de solução. Sob essa ótica a própria *Crítica da faculdade do juízo* não é uma exceção.[12]

Para Lukács, esse travamento interno ou *irresolubilidade* do pensamento kantiano é condicionado pela atitude do filósofo em face do evolver científico de sua época, na qual a "recém-surgida biologia havia apresentado à filosofia questões que obrigavam a despedaçar a moldura do pensamento coerentemente mecanicista das correntes dominantes da época", uma vez que, ressalta também, "o nascimento da biologia como ciência está ligado à luta pela evolução". Nesse quadro, "Kant assume posição resoluta contra a nova corrente", o que significa "rejeição da possibilidade de uma teoria científica das origens e da evolução", implicadora em Kant da "rejeição do método científico de novo tipo que estava por superar o dos séculos XVII-XVIII"[13].

Todavia, o desafio da nova problemática estava posto, e "Kant viu de modo relativamente claro as tarefas que a ele se antepunham, bem entendido que dentro dos limites impostos pelo idealismo subjetivo e o antievolucionismo"[14]. Transcrevendo na íntegra o mais importante dos parágrafos do inciso V ("Do juízo reflexionante") da "Primeira introdução" à *Crítica da faculdade do juízo*, onde "Kant formula a questão" – fazendo a distinção operativa entre *classificação* e *especificação* da diversidade, segundo o pensamento remonte do particular ao universal ou, ao inverso, descenda do universal ao particular –, Lukács caracteriza o equacionamento kantiano do problema. Depois de assinalar que o mesmo traduz, à semelhança da prática em geral do pensamento iluminista, a identificação espontânea e acrítica de todo pensamento ao pensamento metafísico, decorrendo já disso que "a evolução é para Kant conceitualmente incompreensível" (não existe), ressalta a presença de um aspecto novo, referindo-se diretamente à propositura da *classificação*

---

[11] Idem.
[12] Ibidem, p. 9.
[13] Idem.
[14] Ibidem, p. 10.

e *especificação*: "Equivale a dizer que a indução e a dedução, que até então haviam se apresentado frequentemente como escolas filosóficas em paralelo e às vezes até nitidamente divididas (pense-se em Bacon, de um lado, e Espinosa, do outro), se apresentam aqui como métodos coordenados", ainda que seja "certo que também em Kant são operações mentais rigidamente separadas uma da outra"[15].

Importa destacar, na longa e entrecortada argumentação da crítica lukacsiana, o andamento pelo qual é advertido que *classificação* e *especificação* colocam, é evidente, a questão das relações recíprocas entre universalidade e particularidade, demandando com isso um novo *programa gnosiológico*, incompatível, de pronto, com a doutrina fundamental da *Crítica da razão pura*; pauta essa que finda por desembocar, pelos meandros de uma série de aporias, na retrocedente concepção hipotética do *entendimento intuitivo* – "uma faculdade inteiramente espontânea da intuição seria uma faculdade de conhecer distinta e totalmente independente da sensibilidade, ou seja, um entendimento no sentido mais amplo do termo", concebido "negativamente, ou seja, apenas como não discursivo" (*Crítica da faculdade do juízo*, § 77). Propositura com o qual a obra kantiana, em suas oscilações, renteia os perigos das vias cognitivas extrarracionais, é claro que, advertidamente, a elas voltando as costas, pois, como acentua Lukács,

> Num único ponto, ele é capaz de ultrapassar o horizonte da *Crítica da razão pura*: mas é só no sentido da mais abstrata metodologia. Ainda aqui, o conhecimento intuitivo emerge apenas como horizonte, como última perspectiva. Kant pretende unicamente ter demonstrado que a hipótese de um entendimento intuitivo (de um *intellectus archetypus*) não contém "contradição alguma". Nessa tese cognitiva, ele vê um *para além*, algo que para o "nosso" pensamento é por princípio impossível de ser alcançado.[16]

Com efeito, a linha mestra da crítica lukacsiana a Kant, a propósito da lógica da particularidade, vai da configuração pela exigência de um novo *programa gnosiológico*, posta pela questão das relações recíprocas entre universalidade e particularidade, em contraposição à *Crítica da razão pura*, até o colapso do mesmo na *Crítica da faculdade do juízo*, entendida como "um compromisso em face da *Primeira introdução*", o que manteve o espírito de fundo da *Crítica da razão pura*, mas por uma mutação qualitativa da contraposição básica que a anima, frustrando o papel precursor de Kant na formulação da dialeticidade.

O desenho crítico do impasse é enérgico: dado que *classificação* e *especificação* implicam uma dialética de universal e particular,

---

[15] Ibidem, p. 11.
[16] Ibidem, p. 24.

[...] para poder encontrar, em geral, uma resposta de algum modo coerente às questões decorrentes de tais relações, Kant precisa ir além daquela relação entre pensamento e ser que estabeleceu na *Crítica da razão pura*, na qual, sabemos, qualquer integralização de forma, qualquer princípio formador, provém exclusivamente da parte do sujeito, enquanto que o conteúdo deriva das "afecções" que a coisa em si exercita, através das sensações físicas, sobre o sujeito. Já que todas as categorias, todas as formas, são produzidas pela subjetividade transcendental criadora, Kant deve, consequentemente, negar ao conteúdo, ao mundo das coisas em si, qualquer integridade de forma, concebê-lo como um caos privado de ordem por princípio e que só pode ser ordenado com as categorias do sujeito transcendental. [...] Classificação e especificação constrangem Kant a ir para além dessa concepção; ele o faz, certamente sem perceber que não é fiel, desse modo, aos princípios da sua principal obra teórica. [...] De fato, o já citado programa gnosiológico para esse campo é inconciliável com a precedente contraposição entre formatividade puramente subjetiva e caos de conteúdo.[17]

O caminho kantiano para além dessa contraposição fundante é mostrado, no percurso de momentos da *Crítica da faculdade do juízo* e da *Primeira introdução*, como claudicante e mal-sucedido, uma vez que, compreensivelmente, impedido de buscar as raízes, os fundamentos efetivos da especificação e da classificação na diversidade objetiva, e só podendo, de sua posição, "postular uma subjetiva faculdade cognitiva, é obrigado a reproduzir em nível mais elevado a contradição fundamental da *Crítica da razão pura*, ao procurar alguma solução, ainda que aparente, sem demolir de todo o seu sistema"[18]. Assim, cotejando a diversidade de soluções entre o primeiro e o segundo texto – na *Primeira introdução*, distintas "faculdades da alma" são encarregadas da especificação e da classificação, ao passo que na *Crítica da faculdade do juízo*, "em antítese a essa separação radical dos dois caminhos, a tarefa do conhecimento, em ambos os casos é atribuída ao juízo"[19], muito significativamente subdividido em *determinante* e *reflexivo* – e fazendo aflorar aspectos relativos às concepções kantianas de lei particular, necessidade e contingência entre outras, Lukács termina por estabelecer que "é evidente que lidamos, também aqui, com um agnosticismo, que é, todavia, qualitativamente diverso daquela da *Crítica da razão pura*". E o crítico explica:

> Lá se tratava de uma incognoscibilidade derivada do princípio das coisas em si, que não excluía um conhecimento continuamente crescente e aperfeiçoado dos fenômenos. O

---

[17] Ibidem, p. 12.
[18] Ibidem, p. 13.
[19] Ibidem, p. 15.

fato desse conhecimento se referir apenas ao mundo dos fenômenos e não à realidade objetiva não tem maiores consequências para a prática científica concreta, [enquanto que, na *Crítica da faculdade do juízo*,] essa contraditoriedade aparece ainda com maior profundidade quando se deve partir do particular para o universal, na esfera do juízo *reflexivo*. [...] O subjetivismo e o agnosticismo, portanto, aparecem de modo ainda mais pronunciado: o agnosticismo domina todo o campo da ciência, todos os seus problemas concretos, as suas relações. E o método inteiro se enrijece num aberto subjetivismo. Para Kant, só é necessário aquilo que pode ser conhecido *a priori*; o resto escorrega inevitavelmente para a contingência. Assim, para ele, qualquer diferenciação, qualquer especificação da realidade – e, por conseguinte, tudo que é particular e singular – deve necessariamente aparecer como contingente.[20]

No que tange especificamente à particularidade, entende o pensador húngaro, Kant tem parcialmente razão quando vê na relação do mesmo com o universal o momento da contingência, pois isso rompe com a rigidez mecanicista, e também é correta sua "constatação de que aquilo que constitui a particularidade não é, em sua especificidade, passível de ser meramente deduzido do universal, e que de um particular não se pode obter *sem mais* um universal. A proposição do problema da contingência nessa relação recíproca é, nesse sentido, justificada", porém, e aí é explicitada uma objeção de fundo, tal justificação só é válida em sentido forte "para um pensamento realmente dialético que, ao mesmo tempo, reconheça na contingência um elemento, um momento da necessidade. E desse reconhecimento não há traço algum em Kant"[21].

Sendo a emergência histórica da dialética o critério geral dos rumos analíticos desse estudo, Lukács pode, então, depois de diversas ressalvas favoráveis a *momentos ascendentes* do pensamento kantiano, reenunciar, em termos conclusivos, que o pensador alemão

[...] expõe uma gnosiologia na qual todos os problemas concretos, que são insolúveis para "nós", devam ser levados, todavia, à resolução. O limite do conhecimento, aqui, não se situa, como na *Crítica da razão pura*, no horizonte do conhecimento concreto real, sem que este seja tocado, mas no interior dos conhecimentos concretos. Aqui não é proibido ultrapassá-lo; como na primeira crítica, a ultrapassagem deve mesmo ser tentada; vale dizer, o limite deve ser superado, mas com a consciência filosófica de que se trata de conhecimentos – para "nós" – insuprimivelmente problemáticos. Essa posição ainda mais oscilante de Kant indica claramente que ele pelo menos intui e

---

[20] Ibidem, p. 16-8.
[21] Ibidem, p. 19.

sente a crise filosófica de seu tempo. Por isso, tendo admitido uma problemática sem solução, propõe, em contraste com a primeira crítica, um salto no abismo do novo.[22]

Donde resvalar, como foi referido de início, ao hipotético *entendimento intuitivo*, que proporcionaria

> [...] uma "universalidade sintética", em antítese à "universalidade analítica" do entendimento discursivo. Para tal maneira de conhecer, o problema da contingência, por exemplo, na conexão do todo com as partes, do universal com o particular, de fato não existiria. Como se vê, a dialética interna dos problemas leva Kant até o ponto em que surgem as questões da dialética; porém, nesse ponto ele faz marcha à ré e recorre à intuição, ao irracionalismo. Decerto, também é evidente que Kant tem uma clara percepção dos perigos que derivam dessa sua posição filosófica. Ele está bem longe de a indicar como uma via que possa ser trilhada integralmente, ela que é a saída metodológica indicada por suas considerações. Chega mesmo a recusar energicamente ao "nosso conhecimento" essa capacidade de intuir, postulada por ele próprio; assim, é claro, fica subentendida a abdicação de "nosso" conhecimento a qualquer dialética.[23]

Se Kant, em matéria de dialética da particularidade, é um precursor falido, Schelling é o sucessor que consuma a ameaça irracionalista. Segundo Lukács, ao contrário de Goethe, que "saúda a *Crítica da faculdade do juízo* como a confirmação filosófica de seu modo espontaneamente dialético de considerar os fenômenos da natureza"[24], não manifestando interesse pela antítese entre discursivo e intuitivo, nem "hesitando em pôr de lado os escrúpulos gnosiológicos de Kant", Schelling "assume a antítese kantiana entre discursivo e intuitivo e a identifica com a antítese entre pensamento metafísico e pensamento dialético"[25].

Em compensação, desde o princípio de suas elaborações, "Schelling ultrapassa decididamente o conceito kantiano da vida orgânica, conduzido pelo processo lógico, espontaneamente justo, segundo o qual a unidade das leis naturais não pode ser eliminada pelo reconhecimento de um modo particular de formação daquilo que é orgânico". Faz também a crítica da contingência do *impulso formador*, rejeita a suposta particularidade de uma *força vital*, e sustenta que a vida "consiste em *um livre jogo de forças*, que é mantido continuamente por algum influxo externo. A vida, pois, não é em si um particular, mas apenas uma determinada *forma* do ser". Donde a conclusão de que

---

[22] Ibidem, p. 22.
[23] Ibidem, p. 23-4.
[24] Ibidem, p. 24.
[25] Ibidem, p. 25.

> [...] as forças que estão em jogo durante a vida não são forças *particulares, próprias* à natureza orgânica; porém, o que põe em *jogo* aquelas forças naturais cujo resultado é a *vida*, deve ser um princípio *particular*, que a natureza orgânica de certo modo toma da esfera das forças universais da natureza e transfere à esfera superior da vida, aquilo que de outro modo seria produto morto de forças formadoras.[26]

É a maneira schellinguiana de conceber e tratar da particularidade e da contingência, já nos textos de juventude, que interessa a Lukács, entendendo que as mesmas "assumem um significado dialético que Kant não teria podido compreender: as duas categorias começam a perder aquela rigidez e abstratividade metafísica que tinham em Kant, tornam-se mais concretas, vêm inseridas em nexos dialéticos"[27]. E, ao mesmo tempo que assinala que esse aspecto se acentua nos trabalhos posteriores, consigna "as tendências problemáticas de toda a sua filosofia", concentradas "na sua firme manutenção do falso dilema kantiano entre discursivo e intuitivo, bem como no desenvolvimento irracionalista do *intellectus archetypus* como intuição intelectual", sem deixar de frisar, tendo por referência *A alma do mundo*, "os dois defeitos do jovem Schelling: a nítida contraposição adialética entre necessidade e liberdade, como herança kantiana, e a mistificação da liberdade como consequência da filosofia da intuição"[28].

Entrecruzando momentos positivos e negativos da reflexão schellinguiana, o texto de Lukács procura destacar a linha ascendente da mesma no desenvolvimento da dialética entre universal e particular. Assim, flagra vícios de *dedutibilidade* no tratamento da mesma – "subsunção sem resíduos, 'não contingente', do particular e do singular ao universal", mas toma por decisivo que "em face de Kant é um grande avanço que Schelling suponha uma compenetração recíproca dos diversos momentos, uma superação mútua deles, uma conversão de um no outro"[29]. Também confere grande relevância à influência exercida por Hegel, sob a qual "o idealismo objetivo de Schelling se coloca sobre uma base própria", que é descrita nos seguintes termos críticos:

> [...] essa objetividade, contudo, recebe um caráter platonizante, quer dizer, o intelecto intuitivo postulado por Kant atua em Schelling como uma tentativa de renovação dialética da doutrina platônica das ideias. É preciso salientar, decerto, que essa reviravolta dá a Schelling a possibilidade de proclamar novamente a cognoscibilidade

---

[26] Ibidem, p. 26.
[27] Ibidem, p. 27.
[28] Ibidem, p. 28.
[29] Ibidem, p. 29.

das coisas em si no terreno do idealismo objetivo; por isso estão presentes em sua obra – apesar de todo o misticismo irracionalista – também tendências à objetividade, à admissão da cognoscibilidade do mundo exterior, e essas tendências vão para muito além de Kant.[30]

Todavia, e a crítica agora é levada à frente por considerações relativas à categoria da *potência* – "um dos momentos mais importantes da 'construção' schellinguiana do mundo" – e em que pese "a relação dialética do universal e do particular tenha podido se tornar um importante momento do método filosófico, o ecletismo e o irracionalismo de Schelling destroem a cada passo as conquistas que mal tinham sido feitas"[31].

O desenlace se dá no caso mais relevante, apesar de apreensões adequadas, porque

[...] os momentos construtivos das potências e cada uma dessas potências é ao mesmo tempo o absoluto (o universal, o idêntico) e, também, insuprimivelmente, o particular. Isso está substancialmente ligado ao fato de que Schelling só reconhece a objetividade, a reprodução da realidade através do pensamento, na universalidade abstrata. É por essa razão que nele a potência não é uma mediação real entre o imediato e o absoluto e, sim, uma presumida relação quantitativa dos princípios (objetivo, subjetivo etc.), onde a escolha, a determinação dessas proporções quantitativas é pura e simplesmente abandonada ao arbítrio que constrói. Hegel, portanto, tem razão quando diz da construção schellinguiana por meio das potências: "Representar tudo como uma série é formalismo: encontramos determinações sem necessidade, em lugar de conceitos, encontramos fórmulas".[32]

Em suma,

O platonismo de Schelling tem como consequência que tudo – inclusive a questão da relação do universal ao particular – sofra uma radical inversão: a essência da realidade objetiva aparece como cognoscível, mas a ideia não deve ser o reflexo das coisas, mas, sim, cada coisa ganha sua verdadeira existência, seu em si, na ideia. Surge, assim, um mundo das ideias todo particular. [...] Dessa forma, em contraste com a teoria platônica originária das ideias – na qual as ideias representam a universalidade, a legitimidade das coisas singulares e das relações – a dialética do universal e do singular é levada por Schelling diretamente ao próprio mundo das ideias.[33]

---

[30] Ibidem, p. 30.
[31] Idem.
[32] Ibidem, p. 31.
[33] Ibidem, p. 32.

Isso reconverte a *dinâmica* pretendida em *estática*, e a dialética do universal e particular se mostra de novo como "um transpasse sem resíduos e misticamente colorido do particular ao universal abstrato". De modo que o impulso schellinguiano à lógica da particularidade se esvai em simples formalismo e sua "dialética degenera em jogo vazio de analogias e paralelismos"[34].

Às tentativas mal-sucedidas de Kant e Schelling, a crítica lukacsiana contrapõe o cenário bem diverso da performance hegeliana. Esta assume, em tudo e por tudo, o perfil de uma constituição decisiva para os propósitos analíticos do marxista húngaro, vale dizer, para sua tematização do próprio processo constitutivo do pensamento marxiano, que assim é alcançado em seu perfil e natureza. A diversidade entre Hegel e seus antecessores se patenteia, desde logo, pelos contextos histórico-intelectuais: enquanto Kant e Schelling "se acostaram aos problemas da universalidade e da particularidade só, praticamente, do ponto de vista de uma compreensão filosófica do problema da vida na biologia", Hegel "partiu precisamente da tentativa de compreender filosoficamente as reviravoltas sociais de sua época", e só mais tarde se voltou à filosofia da natureza. Motivos pelos quais "pôde superar de maneira concreta e original os obstáculos que fizeram Kant se desviar do caminho"[35].

Com efeito, a postura de Lukács em face de Hegel é franca e decidida. Não titubeia em descartar, logo de saída, as concepções hegelianas sobre a natureza, classificando-as como obscuras e antidialéticas, pelas quais seu autor se aproxima de "limites idealistas análogos aos de seus predecessores", para proclamar logo em seguida, com toda razão, que "não obstante esses limites e essas indissolúveis contradições, Hegel é o primeiro pensador a colocar no centro da lógica a questão das relações entre singularidade, particularidade e universalidade, e não apenas como um problema isolado, mais ou menos importante ou mais ou menos acentuado, mas como questão central, como momento determinante de todas as formas lógicas, do conceito, do juízo e do silogismo"[36], modulando essa ênfase com a observação restritiva de que, "naturalmente, em seu tratamento vem à luz todas as distorções provocadas pelo idealismo objetivo, pela identidade sujeito-objeto, pela contradição entre sistema e método", para estabelecer em conclusão que, apesar de "toda a sua contraditoriedade, a lógica de Hegel representa um importante

---

[34] Ibidem, p. 33.
[35] Ibidem, p. 36.
[36] Ibidem, p. 37-8.

passo à frente na concretização e clarificação de nosso problema", antecipando a explicação de que Hegel

> [...] só pode dar esse passo porque fez múltiplas tentativas de compreender filosoficamente as experiências da revolução burguesa de sua época, de encontrar nela a base para a existência de uma dialética histórica, para iniciar daqui a construção de uma lógica de novo tipo.[37]

Segundo tal abordagem, essa postura já caracteriza o Hegel de Frankfurt, representada mais enfaticamente pelas reflexões de *A constituição da Alemanha*. Em linhas gerais, ao mirar com aprovação "os objetivos burgueses antifeudais e a política da Revolução Francesa", no sentido de que a tarefa da revolução seja a criação de "um ordenamento estatal que corresponda às relações sociais reais", corrigindo com isso "o contraste entre o real peso econômico-social do Terceiro Estado e a sua nulidade política", Hegel se "depara com o problema da dialética histórico-social de universalidade e particularidade"[38]. Em sua tradução filosófica desse processo histórico, ele

> [...] considera o Estado do *ancien régime* como uma formação que alimenta a pretensão de representar a sociedade como um todo (em lógica: de ser universal), se bem que um Estado como tal sirva exclusivamente aos interesses dos estratos feudais dominantes (em lógica: do particular). [...] quadro no qual um sistema socialmente sobrevivente exerce uma real e verdadeira tirania que é desonrosa para todo o povo (o universal se torna particular). A classe revolucionária, a burguesia, o Terceiro Estado, ao contrário, representa na revolução o progresso social, bem como os interesses das outras classes (o particular se torna universal).[39]

De sorte que a exposição lukacsiana insiste a cada passo no formato do pensamento hegeliano como *tradução filosófica* da realidade histórico-social, sempre que dê por reconhecida a validade de alguma de suas inclinações reflexivas ou de certas tematizações específicas:

> Hegel transpõe aqui em termos filosóficos as situações sociais e as ideias políticas que as exprimem. Entretanto, essa transposição à abstratividade lógica é uma concreta generalização de temas reais e essenciais da Revolução Francesa. Não apenas uma generalização dos pensamentos de atores importantes da revolução, mas também daquela objetiva situação ideológica, socialmente condicionada, cujas formas de expressão Marx definiu,

---

[37] Ibidem, p. 38.
[38] Idem.
[39] Ibidem, p. 38-9.

posteriormente, como "ilusões heroicas" [...]. Também Hegel, naturalmente, estava vinculado ao terreno dessas ilusões. Porém, isso não altera em nada o fato de que a sua transposição em termos filosóficos era o reflexo de uma realidade social.[40]

Pode mesmo ser dito, sem exagero, que o escrito considerado a interpretação lukacsiana do pensamento hegeliano gira em torno do eixo da *transposição filosófica*, que atua inclusive como critério de verdade, de tal forma que uma tematização qualquer é adequada ou inadequada, correta ou incorreta, em algum grau ou nível, sempre por correlação direta a concepções de realidade, dadas ou supostas como verdadeiras ou falsas. Nessa linha, o tratamento conferido à concepção hegeliana da história é uma excelente ilustração dessa acuidade para o concreto divisada em Hegel. Assim, temos que as

> [...] necessárias reservas críticas em face das distorções idealistas não podem, contudo, eliminar o fato de que a dialética do universal e particular na história se apresenta em Hegel num nível mais elevado do que em qualquer predecessor, que os seus pensamentos fundamentais não são absolutamente puros esquemas formalistas, mas sim sérias tentativas de captar os momentos reais do desenvolvimento histórico.[41]

E, nesse mesmo segmento, depois de enfatizar a sensibilidade hegeliana para o *novo* na história, por referência à *Fenomenologia*, Lukács prossegue com sua avaliação básica, pensando agora nas *Lições sobre a filosofia da história*:

> Hegel, aqui, não se contenta em relacionar importantes problemas da filosofia da história à dialética de universalidade e particularidade; essa dialética tem também um importante papel na indicação das leis mais gerais do movimento da história. [...] Na medida em que o espírito do mundo se apresenta para Hegel como demiurgo da história, o idealismo mistificador atinge precisamente aqui o seu apogeu. Por outro lado, todavia, Hegel busca conceber a própria história como teatro das paixões humanas, dos interesses egoístas, dos objetivos particulares, e representa essas particulares aspirações dos homens, dos grupos humanos etc. como a força imediata e concretamente motriz da história. Como Engels sublinhou, o fato aqui decisivo é que, mesmo se através de uma inversão idealista, seja afirmada a grande verdade histórica de que as lutas das paixões particulares e egoístas dos homens, na verdade, colocam diretamente em movimento os eventos; embora, no conjunto, nasçam e morram outros conteúdos, mais altos e mais universais do que aqueles que os homens colocaram imediatamente em jogo. Essa é a essência da teoria hegeliana da "astúcia da razão".[42]

---

[40] Ibidem, p. 39-40.
[41] Ibidem, p. 45.
[42] Ibidem, p. 46.

No mesmo âmbito temático e sob o mesmo prisma favorável, Hegel é reconhecido como o pensador que

[...] fez as contas com as "ilusões heroicas" da Revolução Francesa, que haviam iluminado e guiado a sua própria juventude, no que toca à adesão à sociedade capitalista e à sua forma ideal, representada pela economia clássica inglesa. Ao mesmo tempo, outrossim, essa posição implicou uma refutação radical de todas as ideologias da restauração que, sob roupagens mais ou menos românticas, proclamavam um retorno às condições feudais (Haller, Savigny etc.). Essa resoluta aprovação da economia capitalista, por outro lado, tem consequências muito importantes para a concepção hegeliana da história; ela se torna um fator determinante do juízo e da nova avaliação feita por Hegel da antiguidade clássica, que fora seu ideal e seu modelo no período das "ilusões heroicas". Hegel vê a antítese decisiva entre antiguidade e presente exatamente no terreno da economia e [...] essa antítese aparece filosoficamente, ao mesmo tempo, como uma transformação histórica no modo de ser da dialética de universal e particular: a função dialética do particular na sociedade moderna, como princípio de suas leis e da necessária autorrenovação, tinha de ser necessariamente na antiguidade um princípio de autodestruição da sociedade.

O raciocínio é confirmado por uma citação do § 185 da *Filosofia do direito*: "O desenvolvimento independente da particularidade é o momento que se manifesta, nos Estados antigos, pelo começo da corrupção dos costumes e como razão última de sua decadência"[43].

A exemplificação poderia ser bastante estendida nesse e em outros âmbitos, todavia, basta mencionar apenas mais alguns poucos momentos nos quais é assegurado que a *transposição filosófica* da realidade foi consumada, ao menos em parte, para que fique esboçado um painel de referência. Já no combate juvenil de Hegel (Iena), travado "no terreno puramente filosófico" contra a *positividade* – categoria "predecessora de conceitos centrais posteriores como alienação e estranhamento", se manifestam por detrás desta, pela ótica de Lukács, "antíteses históricas na crítica de formações sociais passadas, em face das quais Hegel tenta demonstrar a superioridade da sociedade burguesa nascida da Revolução Francesa"[44]. Em conexão com esse argumento e dentro do mesmo feitio, mas extremando a operação, o crítico marxista, tendo por referência um texto da outra ponta da produção hegeliana, sustenta uma leitura que, ao menos pela amplitude e radicalidade da conclusão, não deixa de surpreender. Tomando por base um trecho de *A razão na história*, na qual Hegel diz que

---

[43] Ibidem, p. 54-5.
[44] Ibidem, p. 40.

A passagem de uma formação espiritual a outra consiste, precisamente, em que o precedente universal é superado quando é pensado como particular. Esse subsequente mais alto, por assim dizer, o gênero próximo da espécie precedente, está intimamente presente, mas ainda não chegou a se afirmar; e isso torna oscilante e frágil a realidade existente.

Lukács sustenta que:

O desenvolvimento que começa nesse ponto é revolucionário e avança de colisão em colisão social. A transformação da universalidade em particularidade e com isto a dialética de universalidade e particularidade é o problema da ininterrupta transformação da sociedade como lei fundamental da história.

E acrescenta, em abono de sua afirmação, mais uma passagem do texto hegeliano:

Essas possibilidades agora se tornam históricas; elas incluem em si mesmas um universal de tipo diverso do universal que constitui a base na existência de um povo ou de um Estado. Esse universal é um momento da ideia produtiva, um momento da verdade que aspira e impele em direção a si mesma.[45]

Cabem também, no quadro remissivo à *transposição*, momentos relativos à tematização do complexo categorial do trabalho, ou mais precisamente a "uma das descobertas mais geniais" de Hegel, a "conexão entre trabalho e teleologia" – a que se soma, ademais que "A ideia decisiva do método histórico hegeliano, a concepção da 'astúcia da razão' tem seu fundamento filosófico na concepção que Hegel tem do instrumento do trabalho"[46]. Do mesmo modo, pertence a esse painel o tratamento dado às concepções hegelianas sobre a economia, pelo qual "Hegel compreende conceitualmente determinadas características essenciais da moderna sociedade burguesa; em particular – e isso demonstra sua importância solitária entre os contemporâneos – o papel e o significado da economia política na estrutura e na reprodução dessa sociedade"[47]. E Lukács destaca a respeito, apoiado na adenda do § 189 da *Filosofia do direito*, que na "filosofia hegeliana da economia", levando em conta o *sistema das necessidades*,

[...] aparentemente se cai no mundo da pura contingência, já que as forças motrizes da sociedade burguesa são os singulares desejos, aspirações, paixões etc. do indivíduo singular. Todavia, como discípulo de Smith e Ricardo, Hegel reconhece: "Mas esse

---

[45] Ibidem, p. 43-4.
[46] Ibidem, p. 48.
[47] Ibidem, p. 53.

formigamento do arbítrio produz, por si, determinações universais; e essa aparente dispersão é conservada por uma necessidade, que intervém por si mesma".[48]

Outros exemplos ainda poderiam ilustrar a *tradução* ou *transposição filosófica*, mas os novos casos, mais ainda do que os últimos arrolados, comparecem na elaboração lukacsiana já por meio de uma intrincada decantação de falso e verdadeiro, ou seja, de efetivação ou inefetivação do translado do conteúdo da realidade à filosofia, o que remete a outra componente característica do estudo aqui resumido: a dos limites históricos e filosóficos da *transposição* hegeliana. Traços analíticos que permitem, aqui, inclusive em favor da brevidade, tratamento mais restrito, direta e estritamente voltado às dimensões conclusivas da investigação lukacsiana. Assim, em termos globalizantes, temos que "tão somente quando Hegel, não obstante seu idealismo, se mantém firmemente ligado à ideia do desenvolvimento é que sua dialética dá lugar a grandes resultados"[49], enquanto as

> inexatidões necessariamente fervilham sobretudo por causa de sua filosofia idealista, por causa, consequentemente, dos limites postos por esta à concepção de mundo democrático-burguesa mais avançada e consequente (sabemos que Hegel, sob esse prisma, estava bem longe da verdadeira coerência), por causa, finalmente, do crescente influxo da miséria alemã, na época da Santa Aliança, sobre a filosofia de seus tempos mais maduros. Nesse ponto deve-se sublinhar, energicamente, que aqui não se trata apenas do fato de que concepções em si justas da dialética de universal e particular sejam turvadas pelas distorções da posição filosófica e econômico-social, mas antes que, causadas por essa falsa base, venham à luz concepções formalistas, mistificadas, que induzem a erros precisamente na dialética entre universal e particular. O verdadeiro e o falso, o progressivo e o retrógrado na filosofia de Hegel se encontram, pois, de modo muito frequente, diretamente um ao lado do outro.[50]

É a isso que Lukács denomina de "dupla face da filosofia hegeliana", que recobre todo seu *corpus* teórico, embora se estampe de forma especialmente agudizada em determinados pontos cruciais. Por exemplo, na concepção da teleologia, que mescla descoberta extraordinária com generalização mistificadora: "A genial concepção da teleologia em conexão com o trabalho permanece nele limitada a esse campo; Hegel não pode explicar nem os pressupostos naturais nem as consequências dessa justa intuição sem distorcer, mística e idealisticamente, toda a

---

[48] Ibidem, p. 53-4.
[49] Ibidem, p. 50.
[50] Ibidem, p. 51-2.

questão"⁵¹, ou seja, "quando em Hegel o espírito do mundo se torna o artífice, o demiurgo da história, verifica-se uma generalização mistificadora daquilo que era, no trabalho humano, a compreensão real de sua essência concreta"⁵². *Dupla face*, amálgama de erros e acertos, que chega aos seus piores momentos, como já fora advertido por Marx, quando Hegel "com muita frequência tenta interpretar o novo a partir do velho e não vice-versa"; ou ainda, para evidenciar com uma referência específica, quando

> [...] tenta "deduzir" logicamente as instituições particulares da Prússia da época. Sobretudo, por exemplo, na "dedução" da monarquia. [...] Desaparece aqui qualquer real dialética de universal, particular e singular, substituída por uma pseudodialética formalista e enganosa. E ela se transforma em pura caricatura quando Hegel, o que decorre necessariamente desses falsos pressupostos, busca deduzir "de modo puramente especulativo" a pessoa do monarca.⁵³

Em síntese,

> [...] a análise hegeliana da sociedade burguesa, a tentativa de captar conceitualmente suas características em ser e devenir como dialética de universal, particular e singular compreende toda uma série de ideias geniais (ou pelo menos de intuições), mas também uma sofística vácua e reacionária. É preciso não perder de vista essa mistura de justo e de falso, quando se quer compreender a importância do fato de que Hegel funda – pela primeira vez na história dessa disciplina – o edifício inteiro da lógica sobre as relações entre universalidade, particularidade e singularidade. Toda a doutrina do conceito, do juízo e do silogismo tem como base e conteúdo essas relações.⁵⁴

Dialética histórica ou *lógica de novo tipo*, sob a ótica da crítica lukacsiana, o grande mérito da lógica hegeliana reside, então, em sua forma de ser, ao menos em dimensão ponderável, uma lógica de conteúdos ou da realidade:

> Precisamente o que é o aspecto mais positivo da análise de Hegel, o fato de que ele conceba as relações de universalidade, particularidade e singularidade, não como um problema exclusivamente lógico, mas como uma parte importante da dialética viva da realidade, cuja mais alta generalização deve produzir uma forma mais concreta da lógica, tem por consequência que a concepção lógica seja sempre dependente da justeza ou erro da concepção da realidade. Os limites da lógica de Hegel são aqui determinados, igualmente, pelos limites de sua posição em face da sociedade e da natureza, bem como

---

[51] Ibidem, p. 50.
[52] Ibidem, p. 48.
[53] Ibidem, p. 62.
[54] Idem.

os seus momentos geniais são determinados pela progressividade de sua atitude em face dos grandes problemas históricos de sua época.⁵⁵

Configuração essa que Lukács reafirma e desdobra em várias passagens:

> [...] é necessário sublinhar, como um grande passo à frente, o fato de que nessa dialética, pelo menos de acordo com os princípios e o método, ainda que nem sempre até o fundo da realização sistemática, seja um fator determinante precisamente o *conteúdo* histórico social, e não, como em Schelling, um esquema abstrato, uma construção formalista. Já esta reviravolta no sentido de uma declarada prioridade do conteúdo em relação à forma representa um importante progresso[...]. De fato, quando ele estabelece corretamente qualquer relação de universal e particular, e vice-versa, ele o consegue não tanto porque observe determinadas regras lógicas, mas antes porque compreende corretamente, segundo o conteúdo, o fenômeno vital cuja generalização aparece em tal relação.⁵⁶

Sucessão de argumentos que Lukács sintetiza, conclusivamente, em termos muito claros e significativos:

> Vimos que se tratam de nexos reais da realidade, da natureza e da sociedade, que na lógica recebem seu reflexo mais abstrato, contudo, tendencialmente correspondente à realidade. Não é decisivo o fato de que a teoria do conhecimento em Hegel não se baseie na teoria do reflexo; entretanto, a sua lógica aspira objetivamente a um tal reflexo da realidade objetiva.⁵⁷

Diga-se também e de passagem que, em consonância com essa prioridade do conteúdo, a rejeição hegeliana ao formalismo é igualmente ressaltada, com menções em especial de suas formulações de juventude, quando é referido que o "formalismo tem sempre para Hegel fundamentos subjetivistas", de modo que um quadro conceitual dessa natureza – no caso está em jogo "a ética formalista de Kant e Fichte"⁵⁸ – "[...] deforma a realidade; [...] dilacera a intuição e sua identidade de universal e particular, contrapõe uma à outra as abstrações de universal e particular [...]; a unidade dialética de universal e particular desaparece precisamente porque a vital conexão dialética de contingência e necessidade é conceitualmente anulada"⁵⁹. É importante não deixar de lado, no entanto, que

---

⁵⁵ Ibidem, p. 60.
⁵⁶ Ibidem, p. 51.
⁵⁷ Ibidem, p. 71.
⁵⁸ Ibidem, p. 40.
⁵⁹ Ibidem, p. 41.

para a interpretação lukacsiana a lógica de Hegel não está isenta de formalismo ou logicismo; ao contrário, isso se manifesta até com bastante frequência, mas sempre como aspecto integrante de formulações débeis ou errôneas e nos vícios promovidos pela exercitação do espírito de sistema, defeitos pelos quais o formalismo responde em grande medida:

> [...] o caminho do conceito ao silogismo através do juízo representa uma série ininterrupta de passagens dialéticas, de conversões ao seu contrário, de transpasses ao outro. Como sempre ocorre em Hegel, um grande número dessas passagens é extremamente artificioso, é construído formalmente.[60]

De modo que o problema da *dupla face* não apenas reaparece no terreno da lógica, mas "é claro que essa duplicidade deve se fazer sentir, necessariamente, ainda mais na lógica"[61].

Identificada enquanto *lógica de conteúdos*, sob a *dupla face da filosofia hegeliana*, é por esse enquadramento que Lukács aborda, ao longo da dezena final das páginas de seu estudo, certos elementos relativos a questões de princípio diretamente relacionados à problemática da dialética entre universal, particular e singular, que constitui seu tema específico. Explicitando que não faz, nem poderia fazer aí a crítica de toda lógica hegeliana, antecipa por isso mesmo uma avaliação de conjunto, ordenada e grifada pela acentuação do *caráter dinâmico* das três formas clássicas do pensamento:

> [...] no esforço de Hegel por manter sempre o conceito, o juízo e o silogismo em movimento dinâmico, no transpasse de um ao outro, na conversão da diversidade em seu contrário, vemos algo de decisivamente positivo e progressivo; sem enfrentar, nem mesmo com um aceno, o problema de saber onde esse heraclitismo lógico de Hegel encontra necessariamente limites, onde os direitos da lógica formal devem ser defendidos em face de suas argumentações.[62]

O filósofo também chama a atenção, logo de saída, para o *processo de determinação*, pondo em foco que

> Hegel aplica sempre de modo consequente a famosa definição de Espinosa: "*omnis determinatio est negatio*"; por isso, em Hegel, o processo da determinação é sempre um caminho do universal ao particular. Nele, em geral, o particular não é tanto um estado

---

[60] Ibidem, p. 69.
[61] Ibidem, p. 71.
[62] Ibidem, p. 65

intermediário, uma categoria mediadora estável entre universal e singular, mas antes o momento, em movimento autônomo, de um processo de movimento da especificação.[63]

E com isso, igualmente de pronto, estabelece a diferença entre a especificação kantiana e a hegeliana: em Kant a especificação ocorre

[...] sobretudo como resultado de um processo cuja essência, direção de movimento e correspondência a leis devem permanecer desconhecidas para nós por princípio; enquanto em Hegel processo e resultado são dados em simultaneidade dialética, e a cognoscibilidade de ambos não pode jamais se tornar um problema.[64]

Ademais, detalha Lukács,

[...] em Hegel, naturalmente, não somente a particularidade, mas também a universalidade e a singularidade são tanto processo como resultado; a universalização e a individualização são nele, por outro lado, um movimento logicamente compreensível e expressável das coisas e de suas relações, como a especificação, a particularização (o determinar-se).[65]

Tanto é assim que "precisamente esses movimentos e sua autoconsciência constituem para Hegel a verdadeira e autêntica dialética, a atividade do pensamento concreto", de modo que, e com isso Lukács arremata o contraste, a concepção hegeliana está em "antítese com a concepção metafísica que permanece presa ao nível muito mais baixo da pura representação", o que é avaliado com a seguinte afirmação de Hegel: "Somente a pura *representação*, através da qual a abstração os isolou, é capaz de manter o universal, o particular e o singular rigidamente divididos"[66].

Reconhecida como *lógica da realidade*, cujas doutrinas dinâmicas do conceito, do juízo e do silogismo têm por fundamento a dialeticidade entre universal, particular e singular, a lógica hegeliana, em suma, é decifrada, lukacsianamente, pelas relações recíprocas entre essas três últimas categorias. E outra não seria, pensa Lukács, a própria concepção que Hegel fazia da lógica, pois, "considerava como um de seus principais encargos indicar o movimento dialético que leva de cada categoria tratada às demais", tanto que "protesta contra a concepção que pretende reduzir a relação entre universalidade, particularidade e singularidade a relações

---

[63] Ibidem, p. 64.
[64] Idem.
[65] Idem.
[66] Idem.

puramente quantitativas"⁶⁷. Com efeito, a natureza móvel e conversível dessas categorias é essencial e imprescindível aos movimentos que elas têm de perfazer, pois,

> Esses não vão simplesmente do singular ao universal e vice-versa – e nesse processo, para ambos os movimentos, cabe ao particular a inevitável função de mediação – mas, ao mesmo tempo, da universalidade abstrata à concreta, da universalidade inferior à superior, o que transforma a universalidade precedente numa particularidade, bem como da singularidade puramente imediata à mediatizada etc.⁶⁸

Dutilidade e movimento, pois, no complexo de passagens lógicas, que abrange do conceito ao silogismo, e que tem por fundamento real, relembra o pensador marxista, "o fato de que, segundo Hegel, 'a determinação conceitual é essencialmente ela própria *relação*'"⁶⁹.

É bem interessante e bastante congruente com as diretrizes e os alvos de seu escrito, que Lukács veja, na doutrina hegeliana do conceito, a dimensão típica ou teoricamente mais rica de todo o edifício da lógica. Tanto é assim que a escolhe – a "singularidade na doutrina do conceito" – para exemplificar o *método hegeliano*, ou seja, a dialética entre universal, particular e singular, uma vez que é na tematização do conceito, "ao desenvolver a dialética da ação recíproca", que Hegel alcança "a determinação mais geral de universalidade, particularidade e singularidade como base da doutrina do conceito", para a qual Lukács ressalta a importância fundamental da "identidade de identidade e totalidade". Nesta, "de fato, a concepção hegeliana dos conceitos concretos se expressa do modo mais claro", sendo que "a primeira forma na qual esta identidade se apresenta é a identidade de singular e universal, precisamente em sua contraditoriedade"⁷⁰.

Com efeito, a investigação lukacsiana é bem enfática ao destacar a originalidade da doutrina hegeliana do conceito. E o faz não apenas porque esta "não constitui o início da lógica, mas – em estreita conexão com isso – também porque [...] conceito, juízo e silogismo se convertem muito mais energicamente uma na outra, se antecipam reciprocamente e – no tríplice sentido hegeliano da palavra – se conservam ao se superarem reciprocamente"⁷¹. Ou seja, considerando uma visão desdobrada desse conjunto de relações,

---

⁶⁷ Ibidem, p. 70.
⁶⁸ Idem.
⁶⁹ Idem.
⁷⁰ Ibidem, p. 63.
⁷¹ Ibidem, p. 69.

[...] o juízo (e, em relação ao juízo, o silogismo) não é degradado em tautologia, uma explicitação puramente formal de algo implícito já completamente presente. O conceito, em verdade, é relação em si, mas é também, inseparavelmente, algo de concluso dentro de si mesmo; ele é a unidade destes momentos antitéticos. Por isso o juízo pode produzir uma síntese superior, uma unidade mais rica em determinações mais desenvolvidas.[72]

Posto, então, que é o *resultado* – o ponto de chegada da lógica, em contraposição à maioria das vertentes filosóficas – do andamento entrecruzado das relações entre universalidade, particularidade e singularidade, que transpassa do conceito ao silogismo,

[...] em Hegel o conceito é o coroamento e a síntese de um longo e rico desdobramento das determinações lógicas. O conceito hegeliano herda tudo o que esse processo levou à luz do pensamento: "o conceito é o que é *concreto* e *mais rico do que tudo*, já que ele é a base e a totalidade das determinações precedentes, das categorias do ser e das determinações da reflexão. Essas mesmas por isso se apresentam também no conceito". Só no espírito desta metodologia é que Hegel pode falar de conceito concreto e total.[73]

Súmula da teoria do conceito que é ratificada nos desdobramentos de uma outra passagem, já nos segmentos conclusivos do texto, na qual Lukács contrasta a doutrina hegeliana com a das lógicas precedentes:

Em qualquer lógica que principia pelo conceito, este é uma abstração artificiosamente isolada. A conexão, a relação, o ligamento surgem apenas quando os conceitos, rigidamente fechados em si mesmos, se unem no juízo com outros conceitos, para cumprir, por meio do juízo, o mesmo processo no silogismo. Em Hegel, ao invés, o conceito tem uma longa pré-história lógica, rica de mutações alternadas. Por isso ele é muitíssimo mais concreto, mais cheio de significado do que em outros filósofos. E essa riqueza de conteúdo, essa concretude, não se refere apenas à esfera de significados do conceito. Em Hegel, ao contrário, o entrelaçamento recíproco dos objetos já está contido no próprio conceito.[74]

Por sua vez, matrizada pelo feitio do conceito como concreto mediatizado, a determinação da singularidade é tecida na malha das relações dela mesma com a universalidade e a particularidade. Usando as próprias palavras de Hegel, Lukács mostra que "a *singularidade* já está posta com a particularidade. Essa é *universalidade determinada*; portanto, a determinação se referindo a si mesma, o *determinado determinado*". Donde, "'a *universalidade* e a *particularidade* aparecerem [...] como

---

[72] Ibidem, p. 70.
[73] Ibidem, p. 65-6.
[74] Idem.

os momentos do *devenir* da singularidade'. Mas, segue-se disso, ao mesmo tempo, que as singularidades, em sua existência real, jamais podem ser concebidas como independentes do particular e do universal"[75]. Essa linha de reflexão, ressalta a crítica lukacsiana, "rompe radicalmente com qualquer tipo de empirismo e de nominalismo", enquanto "a tendência do idealismo objetivo em colocar singularidade, particularidade e universalidade no mesmo nível de realidade é um objetivismo, todavia, com frequência pelo menos, igualmente justificado, um materialismo invertido, como diz Engels. O singular, portanto, também para Hegel, é "um *este* ou *aquele* qualitativo"[76].

Esse é, precisamente, o ponto ao qual Lukács pretendia chegar: a superação da singularidade imediata pela singularidade mediatizada, enquanto tal – concreta, através da operosidade entre singular, particular e universal, o que exemplifica, de sua ótica, "claramente o essencial do comportamento metodológico de Hegel. Central, neste comportamento, é precisamente a objetividade e o movimento interior do próprio conceito"[77]. Donde o arremate: "Aqui se exprime o grande progresso na lógica que o método de Hegel comporta, a prioridade do conteúdo em relação à forma"[78]. Mesmo que rodeada de reservas, reparos e objeções, trata-se de uma síntese ou fórmula não apenas demasiado arredondada e sonora, se levada em conta, devidamente, a denúncia marxiana da *especulação*, mas problemática, independentemente dos méritos ou deméritos hegelianos, acima de tudo porque almeja, sem dúvida, ser a pedra angular esculpida para o enlace com o *método marxiano*.

Visto o perfil da singularidade, resta abordar as categorias de universalidade e particularidade. Enfatizando com sutileza, Lukács garante que "de modo ainda mais nítido, se isso é possível, Hegel sublinha o aspecto processual na relação entre universalidade e particularidade"[79]. Hegel, desde logo, "rechaça como metafísica, ou pelo menos considera como modalidade inferior de apresentação, que deve ser superada, a forma da universalidade que é uma simples soma abstrata de mortos traços singulares"[80], pois, diz Hegel, "se por universal se entende o que é *comum* a muitos singulares, parte-se da existência *indiferente* dos mesmos e mistura-se, assim,

---

[75] Ibidem, p. 66.
[76] Idem.
[77] Ibidem, p. 67.
[78] Idem.
[79] Idem.
[80] Ibidem, p. 68.

na determinação conceitual, a imediaticidade do *ser*"[81]. De modo que "não basta extrair, por meio da pura abstração, o que é comum a muitos singulares, dados imediata e sensivelmente". Admitindo que as linhas essenciais dessa formulação possam ser justificadas, Lukács consigna, porém, que "na medida em que se recusa liminarmente a admitir que se alcança a universalidade pela extração dos traços comuns, ela indica os limites idealistas do pensamento de Hegel"[82].

Decerto, independe de contexto e limites que a universalidade hegeliana seja um complexo dinâmico de relações, cuja apresentação o escrito lukacsiano faz, descartada o somatório dos traços comuns, por sucessivas aproximações.

> "Agora, porém, o universal do conceito não é simplesmente um universal comum, em face do qual o particular tem sua subsistência para si, mas antes o próprio particularizante (especificante)". E de uma forma mais concisa e positiva: "Mas, o universal é o que é idêntico a si mesmo, *expressamente no significado* segundo o qual nele estão contidos ao mesmo tempo o particular e o singular. Ademais, o particular é o diferenciado ou o determinado, mas no significado de que ele é universal em si mesmo e enquanto singular". O singular, outrossim, tem o significado de que ele é *sujeito*, fundamento que contém dentro de si o gênero e a espécie, e é ele próprio substancial. [...] "O que vale para o universal, vale também para o singular e o particular; o que vale para o particular vale para o singular; mas não vice-versa". Ou ainda: "O universal assume o particular e o singular de forma *soto-posta a si*, o singular assume em si o particular e o universal, o particular assume o universal". Hegel indica aqui [...] na subsunção e na inerência conceitos de relação, cuja dialética determina o relacionamento dessas categorias uma com a outra. Assim, "a particularidade é a determinação do universal, mas de tal modo que ela é superada no universal ou nela o universal permanece o que ele é".[83]

A universalidade comparece, pois, com a dignidade própria à totalidade, mas no equilíbrio da tríade categorial, sem usurpar lugares, nem ser dissolvida. Não parece sofrer de exageros realistas, nem, é óbvio, de desqualificações nominalistas. Lukács deixa para o capítulo subsequente de seu estudo a crítica da concepção hegeliana da universalidade.

Além dos conceitos de relação, tratados por Hegel na subsunção e na inerência, "Hegel reconhece também a relatividade posicional dessas categorias", o que põe em face da determinação da particularidade, cuja urdidura, aliás, já fora se dando, por força do caráter interconexo das três categorias, ao longo dos parágrafos

---

[81] Ibidem, p. 66.
[82] Ibidem, p. 67.
[83] Ibidem, p. 68.

anteriores. Convém, entretanto, acrescentar que Lukács, em parte citando Hegel, torna a escrever que "'o particular é, com relação ao singular, um universal, e, com relação ao universal, um determinado; ele é o meio que contém dentro de si próprio os extremos da universalidade e da singularidade, por isso as funde em conjunto'"[84], para destacar que, "Assim, Hegel – na medida em que isto é possível a um sistema idealista – determinou de maneira dialeticamente exata a posição específica da particularidade na sua lógica"[85]. Ou seja, "pela primeira vez na lógica, o lugar da particularidade foi determinado como sendo um insuprimível membro da mediação entre singularidade e universalidade, e isto em ambas as direções do movimento. O particular, porém, é mais do que um momento da mediação, necessário de modo puramente formal"[86].

Com isso Lukács alude a outras dimensões da particularidade não contempladas no capítulo dos *Prolegômenos* dedicado a Hegel: 1) a particularidade enquanto *forma de realidade* e como *instrumento da determinação*, muito relevantes ontológica e metodologicamente; 2) a particularidade como *centro organizador* da atividade artística, fundamental para a *Estética* de Lukács. Questões essas que aborda em capítulos subsequentes.

Uma vez estabelecido o complexo categorial formado pelo entrelaçamento dinâmico e conversível de universalidade, particularidade e singularidade, Lukács arremata, explicitamente, pelo resgate do legado hegeliano como importante *tarefa marxista*:

> Portanto, se as grandes e importantes conquistas da dialética hegeliana hão de ser utilizadas também nesse conjunto de questões atinentes à ciência e à filosofia, é necessário antes de tudo desembaraçar radicalmente o terreno dos momentos da problemática hegeliana que são falsos do ponto de vista do conteúdo social [...]. Somente nessa base é possível uma crítica materialista aprofundada da lógica hegeliana, no que diz respeito ao problema da universalidade, particularidade e singularidade, uma crítica que possa ajudar realmente na utilização para a ciência dos pontos e intuições geniais de Hegel.[87]

O que reafirma uma propositura anterior do mesmo naipe: "tentar discernir o certo do errado. Tal seria a tarefa de uma crítica marxista, e de um ulterior desenvolvimento crítico de toda lógica hegeliana"[88]. Essa exortação teórica, independen-

---

[84] Idem.
[85] Ibidem, p. 69.
[86] Ibidem, p. 73.
[87] Ibidem, p. 71
[88] Ibidem, p. 65.

temente de aspectos *técnicos* de maior ou menor alcance, traduz certa tendência ou prévia admissão intelectual, implícita ao ideário lukacsiano, que nunca é levada à tematização, embora seja, tacitamente, divisada como compatível e afiliável com proveito ao pensamento marxiano. Trata-se, numa palavra, da admissão, sob moldes tradicionais da divisão e classificação das ciências, de um lugar próprio à lógica, bem como da validade operatória desta, no interior de qualquer *corpus* teórico consistente. Enquanto os aspectos mais gerais dessa visão são pacíficos, tudo muda de figura quando Lukács deixa entrever que, de algum modo, Marx está ou poderia estar, em última análise, apoiado numa *lógica* enquanto sustentação operatória de sua prática científica, ou, pelo menos, que uma *lógica* poderia legitimar as formas de sua reflexão. Em verdade, trata-se de um problema não resolvido em Lukács e condicionado pelas contingências de seu próprio desenvolvimento intelectual. Ver-se-á, em seguida, no último segmento deste livro, envolvendo precisamente essa questão, como é mal sucedida a tentativa lukacsiana de administrar a herança hegeliana em benefício da consistência e do esclarecimento do pensamento marxiano, finalizando com isso a discussão e a sustentação da *teoria das abstrações*.

A palavra *Marx* não integra o título do capítulo dos *Prolegômenos* voltado, em princípio, ao pensamento marxiano. Em contraste com os anteriores, centrados em Kant, Schelling e Hegel, nos quais os nomes dos autores identificam o escrito, o mesmo ocorrendo depois com o texto centrado em Goethe, sintomaticamente, quando, ao menos por uniformidade, Marx deveria ser a *marca* identificadora, seu nome cede lugar à falaz e incômoda expressão – *materialismo dialético*. Todavia, é um título honesto, pois, "O particular à luz do materialismo dialético", capítulo III dos *Prolegômenos*, não está centrado, a rigor – e precisamente no âmbito da lógica – por sua realização e a contrapelo do projeto e das perspectivas do autor, na obra marxiana. Decerto, tal descentramento não resulta de estranha e inesperada opção teórica, mas é decorrência incontornável, induzida por falta de matéria prima de origem marxiana, que seja adequada ao respaldo, sob o foco exercitado, da elaboração lukacsiana.

Interessa, aqui, exclusivamente, esse aspecto desfocado da reflexão do autor húngaro, mas é preciso ressalvar, de início, o que há de válido e positivo no referido capítulo, para não dar margem a ilações desmedidas e mal entendidos gravosos em detrimento desse importante autor marxista. Sobressaem no texto, além de serem elaborações relevantes, a *crítica do universal* e, em especial, a tematização da *particularidade*. É muito significativo que em ambos os casos a elaboração tenha preservado ao máximo o vínculo com os textos marxianos.

A crítica à concepção hegeliana da universalidade é feita por Lukács não apenas em estreita conjunção com fragmentos da obra de Marx, mas entendendo de fato, o que indica a grande importância atribuída às reflexões marxianas nesse plano, que "não é um acaso, evidentemente, que a crítica de Marx a Hegel se concentre sobre o problema do universal". E isso ocorre, segundo sua apreciação,

> Não só porque se trata de uma categoria do pensamento científico – e o marxismo, que funda um novo tipo de ciência qualitativamente superior, deve necessariamente determinar com exatidão os conceitos centrais da ciência, [...] como também porque a definição errônea da categoria da universalidade tem uma função extraordinariamente importante na apologia do capitalismo.[89]

Pondo em evidência extratos do conjunto da obra de Marx, particularmente dos escritos da maturidade, a exposição lukacsiana deixa pespontado um painel crítico da universalidade hegeliana, ao mesmo tempo em que esboça as formulações marxianas correspondentes. Assim, inicia por menções à "Crítica de Kreuznach" e à *Ideologia alemã*, quando, no interior da "dialética de universal e particular, o conceito de universal sofre uma mutação e uma clarificação qualitativamente decisivas"[90], por ocasião do tratamento de questões sociopolíticas. No primeiro caso, por exemplo, Marx denuncia o reducionismo à universalidade, operado por Hegel "na passagem da família à sociedade civil: 'A passagem, portanto, não deriva da essência específica da família e da essência específica do estado, mas da *universal* relação entre *necessidade* e *liberdade*. É em tudo a mesma passagem que, na lógica, se efetua da esfera do ser à esfera do conceito'"[91]. Da mesma obra ainda emerge a refutação da burocracia como *estrato universal*, a corporação particular que é a consciência, a vontade e a força do Estado, "forçada a proteger a *imaginária* generalidade do interesse particular, o espírito de corporação, para proteger a *imaginária* particularidade do interesse geral, seu próprio espírito"[92]. Em consonância com essa linha crítica às astúcias lógicas e práticas da universalidade, mais outra referência, já agora tomada de *A ideologia alemã*, é posta em evidência: a famosa prescrição atinente à obrigatória representação do interesse particular como universal, enquanto ilusão necessária na luta pela dominação política. Razão pela qual Lukács fala, sinalizando para a terrenalidade e a mutabilidade qualitativa dos universais

---

[89] Ibidem, p. 84.
[90] Ibidem, p. 77.
[91] Ibidem, p. 79.
[92] Ibidem, p. 83.

quando refletidos por Marx, em "modificação, enriquecimento e concretização decisivas", na concepção e no tratamento marxianos dos mesmos.

Todavia, é da obra da maturidade, ou melhor, dos *escritos econômicos*, que o ensaio lukacsiano extrai a parte mais extensa de suas considerações críticas a respeito dos traços comprometedores da acepção especulativa do universal, tais como o de sua *generalização indevida*, por efeito do cancelamento da particularidade, e que acaba por levar à sua *forma apologética*; nessa mesma linha também indigita a *substantivação* ou *divinização da universalidade*, constitutiva da "bancarrota gnosiológica do idealismo", e assim por diante, em detalhes ou desdobramentos pincelados ao longo dos comentários. Para aflorar a primeira questão, Lukács recorre à "Introdução de 1857", lembrando que

> Marx investiga aqui o conceito de "produção geral". Ele constata que se trata, dentro de certos limites, de uma "compreensível abstração". Os seus limites são fixados, sobretudo, a fim de que "por causa da unidade [...] não se esqueça a substancial diversidade". Precisamente aqui emerge o problema da apologia do capitalismo: "Nesse esquecimento consiste, por exemplo, toda a sabedoria dos economistas modernos, que demonstram a eternidade e a harmonia das relações sociais existentes".[93]

Lukács agrega também a passagem em que "Marx cita a necessidade dos instrumentos de produção, a partir dos quais a apologia chega à seguinte conclusão: 'O capital é, portanto, uma relação natural, eterna, universal; mas sob a condição de que eu abandone precisamente o elemento específico, que é o único a fazer de um *instrumento específico*, de um *trabalho acumulado*, um capital'"[94]. Fragmentos dos quais a análise lukacsiana extrai as devidas considerações:

> Pode-se ver como a apologética – do ponto de vista metodológico – partindo do fato de uma generalização, justificada dentro de limites determinados, dilata-a ilimitadamente, e esse resultado só se pode obter se o conceito de universalidade é "liberado" de qualquer relação dialética (determinação, limitação, enriquecimento, concretização etc.) com a particularidade; a formulação apologética e abstrata do universal liquida, pois, ao mesmo tempo, a dialética de universal e particular, ou, no máximo, permite apenas uma pseudodialética formalista.[95]

A consistência e a expressividade do exemplo dispensam a adição de outras passagens afins. Mas o outro grupo das críticas lukacsianas à acepção hegeliana da

---

[93] Ibidem, p. 84.
[94] Idem.
[95] Ibidem, p. 84-5.

universalidade não pode deixar de ser ilustrado, ainda que de forma, igualmente, muito breve.

Para tratar da *substantivação* do universal, o marxista húngaro traz à baila, com toda propriedade, o texto instrutivo e saboroso de "O mistério da construção especulativa"*, que é apresentado como representativo da crise filosófica do período da "dissolução do hegelianismo". Contexto que faz com que não seja "casual que Marx, na sua polêmica contra os irmãos Bauer, coloque em primeiro plano a bancarrota gnosiológica do idealismo precisamente em relação com o problema da universalidade"[96]. O texto marxiano é, presumivelmente, bem conhecido, mas não há como deixar de resumir, aqui, a correta entonação lukacsiana. Assim, temos que

> Marx ilustra esse beco sem saída do idealismo filosófico com um exemplo geral e simples, que chega mesmo à banalidade. A abstrata representação "a fruta" nasce do justificado processo mental que consiste em resumir as características comuns das maçãs, peras etc. em um conceito. A mistificação especulativa tem lugar quando esse processo real é invertido, quando a fruta é concebida como substância e as maçãs, peras etc. como modos dessa substância. Por um lado, a realidade sensível é dessa maneira anulada especulativamente; doutro, nasce uma dificuldade inventada, mas agora insuperável. "Mas, tanto é fácil", diz Marx, "produzir, partindo das frutas reais, a ideia abstrata 'a fruta', quanto é difícil produzir, partindo da ideia abstrata 'a fruta', frutas reais. É até mesmo impossível chegar de uma abstração ao *contrário* da abstração, sem *renunciar* à abstração".[97]

Lukács leva a descrição até o fim da argumentação marxiana, mas aqui basta ressaltar que a autonomização ou substantivação do universal é a sua forma divina, exageração que o nulifica cognitivamente, desnaturando, sem alternativa, o processo do conhecimento pelo recurso a artifícios, ou seja, pela prática da "mistificação especulativa", como diz Marx, que conclui pela ironia do milagre da criação dos seres reais pelos atos filosóficos do intelecto abstrato.

Em franca oposição às fantasmagorias da universalidade especulativa, Lukács vai apontando traços e características da concepção marxiana. Resumindo ao mínimo, há que registrar que

> Marx considera a universalidade como uma abstração realizada pela própria realidade, que então e só então se torna uma ideia justa quando a ciência reflete, adequadamente,

---

* Karl Marx e Friedrich Engels, "O mistério da construção especulativa", em *A sagrada família* (São Paulo, Boitempo, 2003), cap. V, item 2, p. 72. (N. E.)
[96] Georg Lukács, *Introdução a uma estética marxista*, cit., p. 86.
[97] Idem.

o desenvolvimento vital da realidade em seu movimento, na sua complexidade, em suas verdadeiras proporções.[98]

Determinação que Lukács avaliza, textualmente, com a parcela mais genérica de uma consideração de Marx a respeito do trabalho em geral, tecida nos *Grundrisse*:

> A indiferença para com um gênero determinado de trabalho pressupõe uma totalidade muito desenvolvida de gêneros reais de trabalho, onde não domine mais nenhum destes sobre o conjunto. Assim, as abstrações mais gerais surgem apenas onde se dá o mais rico desenvolvimento do concreto, onde uma característica parece comum a um grande número, a uma totalidade de fenômenos. Então ela cessa de poder ser pensada apenas em uma forma particular.[99]

De modo que a universalidade, à semelhança da particularidade e da singularidade, como já fora muitas vezes observado por Lukács, tem por essência a reprodução da realidade que lhe corresponde. Em decorrência, todas essas categorias adquirem no pensamento marxiano

> [...] uma fisionomia inteiramente distinta da que têm no idealismo. Não apenas porque nele todos os conceitos e processos mentais têm o seu ponto de partida na realidade objetiva, independente da consciência, na natureza e na sociedade, mas também, consequentemente, pela substância lógica. A universalidade, sobretudo, não é jamais um ponto de chegada autônomo do pensamento; [por isso mesmo,] não pode jamais se fixar como o coroamento definitivo do conhecimento, como ocorreu mesmo em dialetas como Aristóteles e Hegel, mas exprime sempre uma aproximação, o mais alto grau de generalização alcançado a cada volta. [...] na medida em que realiza e desenvolve a aproximação da realidade objetiva, conjuntamente com o caráter processual do pensamento como meio para essa aproximação, pode compreender a universalidade em contínua tensão com a singularidade, em contínua conversão em particularidade e vice-versa. Assim a concretude do conceito universal é purificada de qualquer mistificação, é concebida como o veículo mais importante para conhecer e dominar a realidade objetiva.[100]

Do mesmo diapasão positivo é o tratamento conferido por Lukács à particularidade, neste que é, estruturalmente, um capítulo mais do que problemático. Em realidade, a determinação da particularidade como *categoria lógica*, que ele apresenta nessa oportunidade, em conjunto com a retomada mais breve e sistematizante do tema, que oferece no capítulo 12, I, da *Estética*, formam quase que a totalidade de

---

[98] Ibidem, p. 87.
[99] Ibidem, p. 88.
[100] Ibidem, p. 103-4.

suas manifestações a respeito. Aqui, a referência a este último, é evidente, remete estritamente à sua parte lógica, deixando excluídas suas incursões pela ética, bem como os largos desenvolvimentos relativos à estética.

O capítulo 3 dos *Prolegômenos* principia pela reafirmação da importância de Hegel, "o primeiro a colocar o problema do particular de modo realmente concreto e multilateral"[101], mas ressaltando, decididamente, páginas adiante, o uso hegeliano das mediações como instrumento da dissimulação de oposições. A análise tem por base, mais uma vez, uma passagem da "Crítica de Kreuznach", atinente "às relações entre as classes sociais e o Estado: 'Ele [Hegel] faz do *elemento de classe* expressão da separação, mas ao mesmo tempo esse elemento deve ser o representante de uma identidade que não existe'". Uma vez que o programa hegeliano, raciocina Lukács, "é uma contínua mediação entre os vários momentos e as várias tendências da sociedade burguesa", e dado que Hegel "introduz nas classes sociais, de modo mistificador, esse desdobre – substancialmente inconciliável – é possível a ele fazer com que figurem sempre em mediações e conciliações desse gênero"[102]. E na medida em que, argumenta,

> [...] as categorias puramente lógicas, na sua construção, são formadas sobre esse modelo, elas podem – aparentemente – desempenhar sem mácula a sua função na filosofia do Estado e da sociedade. A pseudorracionalidade desses nexos ganha uma pseudoevidência na medida em que essas categorias se deixam unificar "por si" em um silogismo. Tudo isso, porém, é apenas aparência formalista. [...] As classes e os estamentos hegelianos são, de um lado, as corporações medievais, doutro, ao mesmo tempo, as classes da moderna sociedade burguesa. Enquanto Hegel constrange essa inconciliabilidade numa mesma categoria, ao invés do conceito concreto, que ele aspira, surge um *mixtum compositum* e, porque se serve deste como termo médio do silogismo, o duplo sentido contraditório entra necessariamente em ação e mistifica o nexo, em vez de exprimir seu núcleo racional.[103]

E o fecho da refutação é dado com sabor aforismático, por meio de uma frase de Marx voltada contra esses procedimentos hegelianos: "O termo médio é o ferro de pau, é a oposição dissimulada entre universalidade e singularidade"[104].

De outra parte, legitimamente interessado em configurar o relevo da análise particularizadora e sua correta efetivação no pensamento marxiano, Lukács, em

---

[101] Ibidem, p. 73.
[102] Ibidem, p. 81.
[103] Idem.
[104] Idem.

conexão com a crítica à concepção autonomizada e absolutizada da universalidade, recolhe para tanto elementos caracterizadores dos escritos econômicos, em especial de *O capital*. Sublinhando ainda uma vez que a independentização do universal, pela supressão da particularidade, liquida qualquer pretensão à dialeticidade, e sustenta, preliminarmente, que "qualquer análise do capitalismo – não importa se se trata de uma questão singular ou do problema fundamental do sistema inteiro – confirma necessariamente essa constatação sobre a dialética de universal e particular"[105]. Em seguida, certo de estar exemplificando essa validade universal, lembra que

> Marx, ao tratar da superprodução capitalista nos *Grundrisse*, diz: "Aqui, basta demonstrar que o capital contém uma *particular* limitação da produção – que contradiz sua tendência geral de superar qualquer limite da mesma – para ter diante de si a base da superprodução, a contradição fundamental do capital desenvolvido, para ter descoberto em geral que ele não é, como consideram os economistas, a forma absoluta do desenvolvimento das forças produtivas.[106]

E o ressalto da particularidade prossegue, agora por remissão a *O capital*, em que

> Marx expressa formulações que sintetizam o problema todo, pondo em evidência como a dialética de universal e particular é a determinação mais exata da questão. [...] "A análise científica do modo capitalista de produção demonstra que ele é um modo de produção de tipo particular, especificamente definido pelo desenvolvimento histórico; que, da mesma maneira que qualquer outro modo de produção determinado, pressupõe um certo nível das forças produtivas sociais e de suas formas de desenvolvimento como sua condição histórica; condição que é ela mesma o resultado histórico e o produto de um processo anterior, do qual o novo modo de produção parte como de seu fundamento dado; que as relações de produção correspondentes a esse específico modo de produção, historicamente determinado – relações nas quais os homens entram em seu processo de vida social, na criação de sua vida social – têm um caráter específico, histórico, transitório."[107]

Com a evidenciação do trato da *particularidade* e da *particularização* no íntimo da reflexão marxiana, Lukács transita para a caracterização mais detalhada dessa categoria, sempre compreendida como um problema decisivo, de *porte universal* e *referido à realidade*. No que seja, talvez, sua determinação sintética mais arredondada, temos que

---

[105] Ibidem, p. 85.
[106] Idem.
[107] Ibidem, p. 85-6.

> [...] o movimento do singular ao universal e vice-versa é sempre mediado pelo particular; ele é um membro intermediário real, tanto na realidade objetiva quanto no pensamento que a reflete de modo aproximadamente adequado. Ele é, porém, um membro intermediário com características muito específicas.[108]

Ou nos termos mais amplos e precisos do capítulo 12:

> A particularidade não é meramente uma generalização relativa, nem tampouco só um caminho que leva da singularidade à universalidade e vice-versa, mas a mediação necessária – produzida pela essência da realidade objetiva e imposta por ela ao pensamento – entre a singularidade e a universalidade. Trata-se de uma mediação que não se limita a compor um membro de enlace entre a singularidade e a universalidade – ainda que essa função seja, sem dúvida, um dos principais traços essenciais da particularidade – mas que ganha nessa função, mediante sua realização, um significado substantivo.[109]

Por isso mesmo, em reiteração ao particular como categoria da realidade, repicagem que realça também sua importância como categoria da representação e, por conseguinte, na atividade cognitiva, convém acrescentar ainda que, "de fato, os momentos particulares mediadores têm frequentemente, na natureza como na sociedade, uma existência relativamente bem delimitada, uma figura própria. Pense-se na espécie, no gênero etc. na natureza; na classe, no estrato etc., na sociedade"[110].

Identificada a particularidade em sua natureza primordial e assinalada sua fundamentabilidade no plano do conhecimento, é bastante – para os efeitos da simples, mas categórica ressalva aqui pretendida – consignar com brevidade apenas os atributos mais importantes dessa categoria decisiva na elaboração lukacsiana. Desde sua pura expressão linguística, a particularidade se distingue da singularidade e da universalidade,

> [...] indicando que se trata de uma determinação menos unívoca [...]. Enquanto aqueles termos têm já do ponto de vista da linguagem um significado bastante preciso, a expressão particularidade pode querer dizer muitas coisas. Ela designa tanto o que impressiona, o que salta à vista, o que se destaca (em sentido positivo ou negativo), como o que é específico; ela é usada, especialmente na filosofia, como sinônimo de determinado etc.[111]

---

[108] Idem.
[109] Georg Lukács, *Estética* (Barcelona, Grijalbo, 1967, v. I, cap. 12), p. 202-3.
[110] Idem, *Introdução a uma estética marxista*, cit., p. 118.
[111] Ibidem, p. 116-7

Essa oscilação semântica não "indica um amorfismo fugidio; diz respeito apenas à prevalência do caráter posicional da particularidade, isto é, ao fato de que ela, em relação ao singular, representa uma universalidade relativa, e, em relação ao universal, uma singularidade relativa"[112]. Relatividade posicional que é concebida como processual, bastando para isso levar em conta, diz Lukács, a conversibilidade desse "termo médio" aos extremos da singularidade e da universalidade. Nessa condição, o "termo médio" desempenha um papel muito relevante: "o particular representa precisamente a expressão lógica das categorias de mediação". Ao tratar desse aspecto, Lukács toma por lastro a passagem do "Terceiro manuscrito" de 1844 em que Marx determina o indivíduo como *ente social*, afirmando que "a vida individual e a vida genérica do homem não são *distintas*", mas que há, necessariamente, todo um gradiente de *particularizações* na efetivação das vidas individuais e da vida genérica. De sorte que o "termo médio" "só formalmente (e em certos casos singulares) possui um caráter que possa ser fixado em determinado ponto: ele é uma expressão englobante e sintética para o complexo inteiro de determinações que medeiam reciprocamente o início e a conclusão"[113]. Ora, se inclusive "início e conclusão (universalidade e singularidade) não são, de fato, pontos fixos no sentido estreito da palavra, que o desenvolvimento do pensamento e do conhecimento tem precisamente a tendência de deslocar sempre mais", então, há que observar

> [...] que o meio mediador (a particularidade) menos ainda pode ser um ponto fixo, um membro determinado, e tampouco dois pontos ou dois membros intermediários, como diz Hegel criticando o formalismo da triplicidade, mas sim, de um certo modo, um campo inteiro de mediações, o seu campo concreto e real que, segundo o objeto ou o escopo do conhecimento, se mostra maior ou menor. O aperfeiçoamento do conhecimento pode alargar esse campo, inserindo nas conexões momentos dos quais, precedentemente, se ignorava que tinham função na relação entre uma determinada singularidade e uma determinada universalidade; pode restringi-lo, no caso em que uma série de determinações mediadoras, que até a um dado momento eram concebidas como independentes e autônomas uma da outra, são de agora em diante subsumíveis a uma única determinação.[114]

Campo do particular que pode abarcar, assim, "todo um mundo (um período inteiro de desenvolvimento), cuja *inteireza* só cria a base para fundar e alargar o

---

[112] Ibidem, p. 117.
[113] Ibidem, p. 113.
[114] Idem.

conceito universal mais compreensivo"[115]. Pense-se na determinação marxiana do capitalismo como "modo de produção de tipo particular", para a ilustração da particularidade enquanto um *período inteiro de desenvolvimento*, e na *limitação particular da produção* intrínseca ao capitalismo, para a visualização de complexos mais restritos ou questões singulares em geral.

Por fim, nesse resgate da teoria lukacsiana da particularidade, a sua já lembrada condição de *sinônimo da determinação*, traço da mais alta relevância pelo qual desempenha sua função metodológica. Essa é configurada por Lukács pela articulação analítica entre dois movimentos categoriais: "Do mesmo modo que a universalidade e a particularidade se convertem uma na outra constantemente, assim também a singularidade e a particularidade". É donde provém "a natureza à primeira vista contraditória do particular", uma vez que "manifesta sua peculiaridade pela mutação em universal ou singular"[116]. Em face do universal, "esse comportamento da particularidade nasce de sua função como veículo do determinado. Nesse sentido, Lukács se alonga de Espinosa a Hegel, da determinação como negação ao reconhecimento de que "é um mérito de Hegel ter avançado neste ponto ao descobrir a conexão necessária entre esse complexo problemático [teoria da determinação] e a determinação categorial da particularidade"[117]. Por outro lado, no que tange à relação entre particularidade e singularidade, a "situação também é decisiva" quanto ao processo de determinação, que é tematizado pela superação da singularidade imediata, que cede lugar à singularidade concreta, ou seja, especificada pelas mediações, uma vez que "suas determinações, que aparecem borradas na imediação sensível, se manifestam como determinações, e precisamente como determinações de sua singularidade"[118]. Processo determinativo que não vem de fora da singularidade, mas que

> [...] é um desdobramento das determinações presentes – objetivamente em si – no singular, mas que não podiam se manifestar na relação imediata entre objeto do conhecimento e conhecimento mesmo da subjetividade. A mediação que torna captável todo esse material oculto é precisamente a particularidade. Ela realiza esse processo em consequência de sua função básica, criadora de determinação.[119]

---

[115] Ibidem, p. 116.
[116] Georg Lukács, *Estética*, cit., cap. 12, p. 209.
[117] Ibidem, p. 202, apêndice 12.
[118] Ibidem, p. 209, apêndice 12.
[119] Idem.

Em suma, delimitando a universalidade ou mediatizando o singular, a particularidade – criador ou veículo – é o instrumento do processo determinativo. Precisamente por isso, entende Lukács, é que

> [...] na particularidade, na determinação e na especificação está contido, pois, um elemento de crítica, de determinação mais próxima e mais concreta de um fenômeno ou de uma lei. É uma concretização crítica, obtida graças à descoberta das mediações reais para cima e para baixo na relação dialética de universal e particular. Apenas nesse sentido deixam de surgir equívocos, ou seja, quando vemos na particularidade, ao menos na mesma medida, tanto um princípio de movimento do conhecimento quanto uma etapa, um momento do caminho dialético.[120]

Considerações que traduzem muito bem a enorme significação das determinações particularizadoras na tematização lukacsiana, cujo teor é ainda esclarecido por um outro ângulo, quando ela percorre a rota do *esquecimento* da particularidade na história da filosofia. "Essa tendência tem início com a dissolução do hegelianismo"[121], aponta o filósofo marxista e, a propósito, lembra-se de Trendenlenburg, "o primeiro lógico importante que criticou Hegel". Em sua obra, formalizando as relações entre as três categorias, "polariza os extremos de universalidade e singularidade, sem membros intermediários de mediação", ou seja, "eles aparecem nela antes como representações da antítese entre pensamento e ser, de tal modo que, naturalmente, toda mediação – do ponto de vista metodológico – é antecipadamente excluída". Menciona também Stirner, que "não só abandona a particularidade, como dá início a uma polêmica contra ela"[122], contrapondo com arrogância ingênua o "único" ao particular. Tendência similar é encarnada por Bruno Bauer com sua representação do homem como átomo, e,

> [...] com acentos inteiramente diversos, por Kierkegaard, no qual a singularidade na forma da unicidade se torna a suprema categoria de valor, que deve ser colocada – excluindo-se conscientemente qualquer categoria de mediação – em relação imediata com deus.[123]

Tudo isso convergindo, na diversidade dos planos e formas de abordagem, para a plataforma da "luta contra a objetividade, a dialética e a concreticidade", ou seja, por alusão a certa crítica marxiana: são cancelamentos confluentes da

---

[120] Georg Lukács, *Introdução a uma estética marxista*, cit., p. 117.
[121] Ibidem, p. 118.
[122] Ibidem, p. 119.
[123] Ibidem, p. 119-20.

particularidade que "buscam afastar idealmente da vida dos homens, juntamente com o particular, as determinações sociais" que incidem sobre a individualidade humana. Tendência ao esquecimento da particularidade que em desenvolvimentos posteriores redunda ou na

> [...] divinização do universal, que já é certamente de tipo idealista subjetivo, ou na degradação da universalidade ao papel de simples subsídio técnico. [...] Se a concepção da universalidade como pura determinação do pensamento é uma fonte de agnosticismo, do outro polo, da acepção do ser como pura singularidade, tem de surgir o irracionalismo.[124]

Mesmo que ocioso, diante do painel tracejado, é de justiça deixar patente que, tal como concebida e delineada por Lukács em suas linhas principais, a teoria da particularidade ganha foro de problemática universal, como ele tinha por suposto, dada a amplitude de sua irradiação metodológica e crítica, merecendo por sua acuidade ser retomada e desenvolvida, depois de criticamente liberada dos escolhos com que foi cercada por seu formulador.

O devido resgate da *crítica dos universais* e da *determinação da particularidade*, além de reconhecer a validade e a importância dessas elaborações lukacsianas no interior de um texto problemático, pôs em evidência um fato novo, decisivo em seu significado essencial para questionar e recusar o núcleo da tese sustentada no escrito: quanto mais estritamente *lógico* vai se tornando o discurso lukacsiano, tanto menos ele se ampara em elementos teóricos e, por conseguinte, em citações diretas da obra marxiana, até que estas desaparecem por completo dos enunciados. Tal como foi visto, enquanto se trata da *crítica à universalidade hegeliana* e da *demonstração do caráter particularizador da prática teórica marxiana*, o vínculo com os escritos de Marx é mantido com grande energia e de modo muito convincente, à revelia mesmo da forma descuidada e carente de melhor articulação e consistência do texto em seu conjunto. Todavia, quando se trata da *teoria ou determinação da particularidade* e, muito especificamente, da tese ou interpretação que busca estabelecer um *vínculo lógico* entre Marx e Hegel, os elos entre a elaboração lukacsiana e o pensamento expresso de Marx se reduzem bastante no primeiro caso, e se dissolvem radicalmente no segundo. Isso ocorre por motivos diametralmente opostos e com efeitos e valores igualmente polares. *Efeito e valor positivos* no que tange à *teoria da particularidade* porque, de um lado, ela está próxima e subentende o esforço de evidenciação do caráter particularizador da reflexão marxiana, do

---

[124] Ibidem, p. 121.

qual extrai seu impulso teórico e sua legitimação intelectual; de outro, porque em grande parte – à medida que se torna eminentemente *lógica* – é, antes de tudo, um produto original do pensamento lukacsiano, contribuição séria e importante, independentemente do grau insuficiente de elaboração com que é apresentada no plano da lógica em geral, e dos ricos e amplos resultados atingidos na estética, razão maior, como já foi dito, de sua dedicação ao problema.

De outra parte, *efeito e valor negativos* no caso da tentativa, inteiramente mal sucedida, de estabelecer um denso *vínculo lógico* entre Marx e Hegel, exatamente porque não há como ligar esses dois autores, no *plano lógico*, por meio de arrimos textuais diretos, não só porque estes efetivamente inexistem, mas também porque os pronunciamentos marxianos a respeito desautorizam essa velha hipótese, bem como, exponencialmente, suas declarações relativas à própria atividade científica apontam para rumos inteiramente diversos, como será mostrado ao final dessas considerações.

Em verdade, Lukács sabia muito bem que não dispunha da argamassa necessária – escritos marxianos pertinentes ou, pelo menos, razoavelmente indicativos, ainda que esparsos e fragmentários, e nem mesmo, em último caso, de simples alusões cromáticas – que pudesse documentar e servir de fundamento à tese do *vínculo lógico*. Tanto assim é que quase chega a ser tocante, mas não convence jamais, sua reiteração em lastimar que Marx não tenha realizado o desejo de mostrar o que há de racional na *Lógica* de Hegel. Na primeira ocasião em que toca no assunto, afirma em tom narrativo:

> No exílio londrino, quando escrevia a primeira versão de *O capital* e redigia *Para a crítica da economia política*, Marx se ocupou com renovada intensidade da lógica de Hegel; em 1858 nasce inclusive o projeto de elaborar concisamente, em um breve escrito, o que há de racional na obra de Hegel.[125]

Como fonte única de sustentação desse relato, remete à conhecida carta de Marx a Engels de 14/1/1858. Embora deplore que, "infelizmente, esse projeto não pôde jamais ser realizado", sustenta que, "apesar disso, os trabalhos suprarreferidos, natos àquela época, revelam muitos traços do renovado e intenso interesse pela filosofia hegeliana"[126]. Já por volta da metade do capítulo, torna ao assunto para registrar, de novo, agora com uma distorção gritante, que "infelizmente não possuímos a *lógica projetada* [*sic*; grifo meu] por Marx; não podemos saber, pois,

---

[125] Ibidem, p. 74.
[126] Idem.

com segurança, qual seria a sua atitude em face da estrutura da lógica de Hegel, a qual, como é sabido, se baseia sobre essa dialética [do singular, particular e universal]"[127], mas assim mesmo não vacila em reafirmar que "é um fato que os manuscritos dos *Grundrisse*, redigidos nesse período, provam claramente que Marx se ocupou seriamente dessa questão, enquanto atinente à estrutura lógica de toda a obra"[128]. Mas aduz, imediatamente, que, "por certo, essa ideia foi rechaçada", da mesma maneira que também não foi realizado um outro esboço, conforme ele mesmo afirma, que "ordena as várias espécies e tendências de desenvolvimento do capital como representações de universalidade, particularidade e singularidade"[129]. Ainda assim, no curso dessa argumentação, Lukács persiste em raciocinar dilematicamente; após descartar os próprios indícios mais diretos que levanta, reitera o mote de que, "em compensação, essa forma de construção lógica emerge em vários pontos de *O capital*". Dois pontos são aí mencionados: o parágrafo inicial do "capítulo sobre a divisão do trabalho na manufatura e na sociedade" e a "dedução da forma de valor no início do primeiro volume"[130] – pontos aos quais voltaremos mais à frente. Por fim, poucas páginas adiante, como se ainda não houvesse bastado, torna a lastimar em tom superlativo que

> [...] jamais se terá lamentado bastante que foi impossível para Marx realizar o plano de extrair o núcleo racional da lógica de Hegel. Aquilo que agora estamos sublinhando, recolhendo pedaço a pedaço de sua obra econômica, estaria diante de nós com inequívoca clareza.[131]

Ponderação que deixa transparecer uma parcela de dúvida e uma dose de incongruência, dadas as *evidências e certezas* oferecidas nas passagens anteriores.

Afinal, o que temos? Por certo, muito mais do que a pura repetição quase patética de um lamento, pois esse regiro concentrado em torno de uma *lacuna* é apenas a aparência invertida da essência – para empregar categorias muito apreciadas com toda razão por Lukács – de um sofrimento intelectual movido por um dilema teórico falso, artificial, ainda que historicamente criado, é verdade. Mas igualmente verdadeiro é que Lukács o incorporou como herança, o que é uma pena, levada em conta sua importância intelectual e a estatura de seu marxismo.

---

[127] Ibidem, p. 95.
[128] Idem.
[129] Ibidem, p. 95-6.
[130] Ibidem, p. 96.
[131] Ibidem, p. 100.

Incorporação, aliás, sintomaticamente confusa e mal alinhavada, cuja precariedade se manifesta logo à superfície pela fragilidade e a construção embaraçada do arrazoado que pretende evidenciar o aludido interesse de Marx pela lógica hegeliana, e a propagação desta na prática científica marxiana. Resumido a seus elementos efetivos, o quadro é simples e quebradiço, embora taxativo: "Marx se ocupou com renovada intensidade da lógica de Hegel" em torno de 1858, tanto que "nasce o projeto de elaborar o que há de racional na obra de Hegel", e que Lukács chega a chamar, destemperadamente, de "a lógica projetada por Marx". Porém, como o projeto nunca foi executado, "não podemos saber com segurança qual seria a sua atitude em face da estrutura da lógica de Hegel", embora reste a alternativa de "recolher pedaço a pedaço de sua obra econômica" aquilo que de outra forma "estaria diante de nós com inequívoca clareza". Em outros termos, na ausência do pronunciamento explícito, a opção pela certeza fragmentada e indireta, que, no entanto, é categoricamente assegurada: os escritos econômicos "provam claramente que Marx se ocupou seriamente dessa questão", ou neles "essa forma de construção lógica emerge em vários pontos", mesmo tendo apontado casos em que a cogitação de usar a *lógica* tenha sido uma "ideia rechaçada" ou se reduzido a esboços abandonados. Transparece que se trata de uma *certeza incerta*, ou melhor, de uma convicção amparada pelo exterior de seus enunciados, ou seja, pela inclusão de recursos extrínsecos aos materiais analisados, de suportes da persuasão íntima, cuja presença decisiva antecede e perspectiva o desenrolar da própria argumentação. Sem dúvida, independentemente da contribuição que o processo analítico dos textos marxianos possa ter oferecido a Lukács, o *vínculo lógico* é, antes de tudo, um pressuposto da marcha de sua investigação.

Não fora assim, teria ficado sem lastro e orientação para encaminhar sua tese. A principiar pelo vigor e a variedade de facetas significativas que julga respaldadas pela carta de janeiro de 1858. Esta, textualmente, diz infinitamente menos do que Lukács pretende; a diferença entre o que Marx escreve e o que é lido por Lukács transcende o largo fole das interpretações, para deslizar pelo campo do pensamento desiderativo: Lukács não lê a carta escrita por Marx, mas a carta que ele sonhava que Marx tivesse escrito. Em realidade, tudo que importa na carta real está condensado num único parágrafo. Neste, depois de manifestar satisfação pelo andamento de seu trabalho, dando por exemplo que havia "acabado com toda a teoria do lucro tal como existia até agora", Marx, literalmente, diz:

> No *método* de tratamento, o fato de ter por mero acidente voltado a folhear a *Lógica* de Hegel me prestou um grande serviço. Freiligrath achou alguns volumes de Hegel que pertenceram a Bakunin e me os enviou de presente. Se alguma vez tornar a haver

tempo para esse tipo de trabalho, gostaria muito de tornar acessível à inteligência humana comum, em dois ou três cadernos de impressão (algo entre 30 e 50 páginas), o que é *racional* no método que Hegel descobriu, mas que ao mesmo tempo envolveu em misticismo..."[132]

Como é translúcido, nada há de semelhante aos grandes estudos lógicos, nem mesmo à formulação de um *projeto* propriamente dito, tal como propalados por Lukács. Todavia, lá está a precisa indicação da qual foi a ajuda específica, propiciada a Marx pelo método hegeliano, e também a explicitação de sua *atitude* básica em face do mesmo, definição que se pauta por distinguir de seu todo uma porção racional da envoltura mística. A mesma atitude que década e meia depois é reafirmada com acréscimos importantes no "Posfácio" da segunda edição de *O capital*: "A mistificação que a dialética sofre nas mãos de Hegel não impede, de modo algum, que ele tenha sido o primeiro a expor as suas formas gerais de movimento, de maneira ampla e consciente. Nele, ela está assentada sobre a cabeça. É necessário virá-la [*umstülpen*], para descobrir o núcleo racional dentro do invólucro místico"[133]. Sabe-se, então, que o "núcleo racional" diz respeito às "formas gerais de movimento", que não podem ser outra coisa, na medida em que são as "formas gerais" da movimentação dialética, do que a dinâmica geral de universalidade, particularidade e singularidade. Lukács parece ter deixado escapar o melhor dos argumentos para fortalecer a relevância que confere à dialética dessas três categorias. Contudo, há boas razões para ter evitado esses fragmentos, pois, tanto o da carta, onde conseguiu ver tanta coisa, mas que não transcreveu na íntegra, quanto especialmente o do "Posfácio", que desconheceu por completo, conduzem a um cenário totalmente desfavorável à tese do *vínculo lógico*. Marx diz na carta com todas as letras que seu relance acidental na lógica hegeliana "prestou um grande serviço no método de tratamento", o que é bem esclarecido, além de confirmado de maneira extremamente mitigada no mesmo parágrafo do "Posfácio": "[...] em *O capital*, sobre a teoria do valor, andei coqueteando [*kokettierte*] aqui e acolá com os seus [Hegel] modos peculiares de expressão [*Ausdrucksweise*]"[134]. Donde, "método de tratamento" corresponde, simplesmente, a *método de exposição*, reduzido em *O capital* a mero coquetismo com *modos de dizer*. E quanto à distinção

---

[132] Karl Marx e Friedrich Engels, "Lettre de Marx à Engels" (16/01/1858), em *Correspondance* (Paris, Éditions Sociales, 1975, tomo 5), p. 116-7.

[133] Karl Marx, "Nachwort zur zweiten Auflage" (24/01/1873), *Das Kapital* (Berlim, Dietz Verlag, 1971, Erster Band), p. 26-7. Disponível em <http://www.mlwerke.de/me/me23/me23_018.htm>

[134] Ibidem, p. 27.

e à secundariedade do método expositivo em relação ao método de pesquisa, não pode haver qualquer dúvida no que tange às concepções marxianas, pois, nesse mesmo "Posfácio", colado às linhas já transcritas, lê-se:

> É, sem dúvida, necessário distinguir o método de exposição formal do método de pesquisa. A pesquisa tem de captar detalhadamente a matéria, analisar as suas várias formas de evolução e rastrear sua conexão íntima. Só depois de concluído esse trabalho é que se pode expor adequadamente o movimento real.[135]

E, decisivamente, no processo fundamental da produção do conhecimento, isto é, na captura do movimento real, ou seja, quanto ao método de pesquisa, não há qualquer débito de gratidão de Marx para com a lógica hegeliana. Muito ao contrário, ainda no mesmo lugar, o texto marxiano é categórico:

> Meu método dialético, por sua fundamentação, não só é diferente do hegeliano, mas é também a sua antítese direta. Para Hegel, o processo do pensamento, que ele, sob o nome de ideia, transforma num sujeito autônomo, é o demiurgo do real, real que constitui apenas a sua manifestação externa. Para mim, pelo contrário, o ideal não é nada mais do que o material transposto e traduzido na cabeça do homem.[136]

De fato, Lukács não podia trazer à baila passagens como essas, nem calcar sobre a distinção entre método de pesquisa e de exposição, senão ficaria impedido de fazer transitar determinações válidas num plano para a legalidade diversa do outro. É o que se passa no que pretende que seja o exemplo mais forte e probante da irradiação do substrato da lógica hegeliana nos procedimentos reflexivos de Marx – a teoria do valor, especificamente no que chama de "dedução da forma do valor", contida no capítulo 1 de *O capital*. Anuncia, taxativamente, como fato de grande importância, que "uma seção tão decisiva da obra principal de Marx seja construída segundo esse princípio", ou seja, "as ideias decisivas que ordenam todo material são, precisamente, as relações de singular, particular e universal"[137]. Dessa ótica, a singularidade ordena o passo analítico inicial: "em Marx, a primeira etapa é 'a forma de valor simples, singular, ou seja, acidental'"[138]. É característico desse enfoque lukacsiano que a determinação marxiana inicial – a *forma simples de valor*, basicamente *expositiva*, que não é descoberta em ato, mas só o ato que principia a mostrar o descoberto, isto é, determinação cuja tônica não recai nem sobre a

---

[135] Idem.
[136] Idem.
[137] Georg Lukács, *Introdução a uma estética marxista*, cit., p. 96.
[138] Idem.

reprodução do complexo analítico da descoberta, nem sobre o descoberto como complexo histórico concreto, seja imediatamente tomada ou forçada a ser entendida como reprodução teórica de uma etapa determinada de existência efetiva. É o que sustenta claramente Lukács, acentuando inclusive, deliberadamente, as cores:

> [...] essa concretização é sobretudo histórica. Simplicidade, singularidade e, em conjunto com estas, casualidade da forma do valor designam a sua gênese histórica, o tipo e a estrutura do estágio inicial. Por isso, toda palavra deve ser rigorosamente entendida em seu significado histórico.[139]

Essa transgressão desfiguradora do caráter do texto marxiano vai ainda mais longe. Aproveitando para ressaltar, numa extensão da polêmica contra Kant, a importância da categoria da casualidade e a possibilidade de seu tratamento racional, e com relação a isto não há objeção a fazer, busca respaldar com Hegel, de fato, a visão de que a tematização marxiana da forma simples de valor tenha a natureza de uma investigação histórico-concreta. Assim, desenhando a casualidade no estágio inicial, afirma:

> [...] ela designa o caráter imediato, socialmente não desenvolvido, dos atos de troca nessa etapa; a importante ideia de Hegel [...], segundo a qual o novo se apresenta na história primeiro sob uma forma abstratamente simples e só gradualmente se atualiza a forma desenvolvida no curso do desenvolvimento histórico, aparece em sua concretização materialista.[140]

O segundo passo *expositivo* de Marx, a *forma de valor total* ou *desdobrada*, é encarado, naturalmente, do mesmo modo impróprio:

> Os caminhos do pensamento para o conhecimento são reflexos do processo de desenvolvimento objetivo (para nós, aqui, da economia). Por isso, o próximo grau da dedução é o da forma total ou desdobrada do valor. Aparentemente, trata-se de um aprofundamento puramente quantitativo. Isso significa que o valor "é expresso agora em outros numerosos elementos do mundo das mercadorias". Essa extensão quantitativa da troca de mercadorias aparece, todavia, como uma forma de valor qualitativamente diversa, superior, mais desdobrada da "forma particular de equivalência" [...]. Trata-se de um imenso passo à frente com relação à simplicidade e singularidade da forma originária do valor; o caráter social do intercâmbio de mercadorias cria, já aqui, generalizações superiores e mais desdobradas, produz uma forma de valor mais universal: precisamente a particular.[141]

---

[139] Ibidem, p. 96-7.
[140] Ibidem, p. 97.
[141] Ibidem, p. 98.

A indistinção, aqui, entre o plano expositivo e a esfera da investigação, bem como o deslizamento automático das determinações do primeiro para a segunda, transforma asserções explicativas de uma configuração genérica – montada para explicitar *in abstractu* elementos essenciais de uma malha concreta inabordada, que de outra forma seria muito mais trabalhoso ou até mesmo impraticável pôr em evidência – em determinações de uma figura específica de realidade; ou seja, no caso, transfigura os passos expositivos da *forma de valor total* em "etapa de desenvolvimento", com o agravante disso ser atribuído direta e literalmente a Marx, tal como Lukács faz nesse ponto, operando *ex nihil* um verdadeiro ato de criação, logo ele, sempre tão cuidadoso em recusar qualquer ingerência transcendente na ordem do mundo.

Por fim, a figura da universalidade comparece a propósito da *forma geral do valor*, extraída a partir da crítica à forma anterior. Essa, acentuada como forma particular do valor, "contém uma grande imperfeição: a má-infinitude para usar uma expressão de Hegel"[142], com a qual Lukács, citando *O capital*, remete para o quadro em que "existem, em geral, apenas formas equivalentes limitadas, que se excluem reciprocamente", e que corresponde, convém lembrar, à figuração em que "a expressão relativa de valor da mercadoria é incompleta, porque a série de representações não termina nunca". Diante disso, diz Lukács,

> apenas a superação dessa má-infinitude, que se dá com a inversão da série infinita de equivalentes, graças à qual uma mercadoria determinada se apresenta como equivalente de todas as mercadorias, produz a forma universal do valor.[143]

Observação a partir da qual desemboca, diretamente, no fluxo de considerações que mais uma vez transitam de um plano de legalidade discursiva a outro, desfazendo uma certa ambiguidade que existe na passagem anterior. Assim, sem qualquer transição, preocupa-se em assegurar que

> Naturalmente, essa extrema generalização, essa elevação da forma do valor ao grau da autêntica universalidade, não é um produto do pensamento econômico: este não é senão o reflexo daquilo que ocorreu realmente no curso do desenvolvimento histórico da economia. [...] O pensamento humano só pode efetivar uma verdadeira generalização na economia quando reflete adequadamente o que foi produzido pelo desenvolvimento histórico-social. Em nosso caso, vemos como o desdobramento da forma do valor, devido ao desenvolvimento econômico real, se eleva, na realidade objetiva, da singularidade à universalidade através da particularidade.[144]

---

[142] Idem.
[143] Ibidem, p. 99.
[144] Idem.

Ou seja – e basta isso para sinalizar que a formulação merece uma crítica severíssima – a indistinção lukacsiana entre processo expositivo e processo analítico de realidade acaba por conduzir à surpreendente conclusão que a processualidade global da realidade econômica é silogística. Todavia, essa espantosa desembocadura, ao buscar respaldo, revela seu pressuposto analítico, exibe a *herança* a partir da qual e com a qual enveredara pela tese do denso *vínculo lógico* entre Marx e Hegel.

Trata-se, em realidade, de herança e pressuposto assumidos de modo explícito. Tendo retido as três formas de valor antes de tudo como figuras da singularidade, particularidade e universalidade e as equiparado a momentos históricos efetivos, tornando com isso equivalentes o andamento da exposição marxiana com a marcha da gênese e do desenvolvimento concretos do valor, e assim concluído por fim, literalmente, pela redução do mundo econômico a um silogismo, Lukács, ato contínuo, dá início ao parágrafo subsequente do texto pela ancoragem de seu resultado silogístico ao solo de composição idêntica da mais que conhecida anotação de Lenin sobre o mesmo assunto. Os termos e o sentido desse comentário giram igualmente e com a mesma ênfase em torno da figura do silogismo hegeliano. Basta transcrever o parágrafo lukacsiano onde foi intercalado, para deixar aludido que a perversidade que envolveu o legado intelectual de Marx tem raízes em falácias muito antigas, germinadas inclusive a partir dos chamados *clássicos do marxismo*, o que não converte o autor húngaro em simples coadjuvante de certas mazelas teóricas, nem abranda sua responsabilidade filosófica. É visivelmente com alta gratificação intelectual que ele escreve no referido parágrafo:

> É, portanto, extraordinariamente interessante o fato de que Lenin, analisando a doutrina do silogismo de Hegel e as relações entre singular, particular e universal, se refira precisamente a esse ponto de *O capital*: "Imitação de Hegel por Marx no primeiro capítulo"; e, logo depois, ele acrescenta este aforismo: "Não se pode compreender perfeitamente *O capital* de Marx, especialmente o primeiro capítulo, se não se estudou a fundo e não se compreendeu *toda* a lógica de Hegel. Por isso, meio século depois, marxista nenhum compreendeu Marx".[145]

E o discurso lukacsiano prossegue, agora, literalmente como depoimento sobre a conexão íntima entre sua própria formulação e a de Lenin:

> E as subsequentes considerações de Lenin indicam, de modo extremamente claro, que ele tem em mente precisamente aquele ponto em Marx que nós estudamos como o que é metodologicamente decisivo: "E Hegel realmente *demonstrou* que as formas e as leis lógicas não são um invólucro vazio, mas sim o *reflexo* do mundo objetivo. Ou,

---

[145] Idem.

para dizer melhor, não o demonstrou, mas o *adivinhou genialmente*. Lenin, portanto, sublinha com a máxima energia o aspecto da utilização crítica que Marx fez da herança de Hegel".[146]

Lukács volta a mencionar Lenin em outras oportunidades, sempre em torno do mesmo ponto, mas nunca deixando de encará-lo como uma fonte restrita, ainda que desvanecedora, de confirmação. O solo da plena certeza lukacsiana, no capítulo III dos *Prolegômenos*, é Engels.

Com efeito, escreve Lukács,

Lenin, por certo, se expressou de modo bastante frequente sobre essas questões, principalmente nos seus extratos filosóficos, mas uma tomada de posição direta e absolutamente clara sobre o nosso problema só a encontramos na *Dialética da natureza* de Engels, onde ele oferece uma detalhada interpretação materialista da doutrina hegeliana do juízo.[147]

E nessa altura da explicitação da herança, Lukács aproveita a oportunidade para fazer uma declaração solene, que traz embutido um cotejamento suspicaz entre os portes das elaborações de Marx e Engels relativas à questão:

Nossa exposição parte da posição dos clássicos do marxismo sobre a relação entre lógica e história. A nossa análise de Marx já indicou de que modo ele concebeu essa conexão. Mas Engels oferece uma síntese palpável de seus princípios em sua recensão de *Para a crítica da economia política*.[148]

Essa consideração estende e arremata a série de lamentações com que Lukács sempre refere à inefetivação do que seria o projeto marxiano de extração do núcleo racional da lógica hegeliana. As lástimas traduzem, em verdade, a constatação da inexistência de textos marxianos apropriados à sustentação da *herança hegeliana*, donde a superioridade expressiva ou a palpabilidade dos textos leninianos e ainda mais plenamente a dos escritos engelsianos.

É muito importante notar que a perversão teórica principia pela tradução engelsiana, e não apenas através dos elementos retidos pela leitura lukacsiana, dos procedimentos marxianos, simplesmente, à *relação entre lógica e história*. Não mais a relação marxiana entre realidade (ou história) e pensamento, mas entre história e *lógica*, no que parece ser uma inocente sinonímia. Todavia não o é, pois introduz aí o germe do epistemologismo, ainda que na mencionada recensão engelsiana a

---

[146] Ibidem, p. 99-100.
[147] Ibidem, p. 100.
[148] Idem.

argumentação penda mais, de certo modo, para o que seria o método expositivo, porque, de outra parte, o *método lógico* é uma espécie de recurso legítimo que autoriza a tratar da história de modo breve ou sincopado, que viabiliza a produção do conhecimento e facilita a compreensão de seus resultados. Sem dúvida, confuso e primário, mas é o se lê, nas linhas que antecedem imediatamente a parcela do texto aproveitado por Lukács. Diz Engels:

> Mesmo depois de adquirido o método, a crítica da economia política podia ainda ser abordada de dois modos: o histórico e o lógico. Como na história, tal como no seu reflexo literário, o desenvolvimento, a traços largos, progride das relações mais simples para as mais complexas, o desenvolvimento histórico-literário da economia política fornecia um fio condutor natural ao qual a crítica podia se ligar e, a traços largos, as categorias econômicas apareceriam na mesma ordem do desenvolvimento lógico. Esta forma tem aparentemente a vantagem de uma clareza maior, pois, assim, se acompanha o desenvolvimento *real*; de fato, porém, no máximo, seria apenas mais popular.
>
> A história procede frequentemente por saltos e em ziguezagues e, se houvesse que a seguir ao mesmo tempo por toda parte, não só se colheria muito material de pouca importância, como também o curso do pensamento teria frequentemente que ser interrompido. Ademais, não se poderia escrever a história da economia política sem a da história burguesa, o que tornaria o trabalho infindável, uma vez que faltam os trabalhos preparatórios. Portanto, o tratamento lógico da questão era o único adequado.[149]

A título de contexto, para uma apreensão um pouco menos fragmentária da passagem acima, aí vão algumas passagens referentes ao *método* referido:

> [1] Desde a morte de Hegel quase nenhuma tentativa foi feita para desenvolver uma ciência no seu próprio encadeamento interno [...].
>
> [2] Havia, portanto, aqui, uma outra questão a resolver, que não tinha nada a ver com a economia política em si. Como tratar da ciência? [...].
>
> [3] De um lado, encontrava-se a dialética de Hegel na forma 'especulativa', completamente abstrata, em que Hegel a tinha deixado;[...]. Em sua forma *presente*, o método de Hegel era imprestável. [...] Ele partia do pensamento puro, e aqui se devia partir dos fatos mais tenazes. [...] Apesar disso, de todo o material lógico existente era o único ao qual, ao menos, era possível se ligar. Não tinha sido criticado, não tinha sido superado; nenhum dos adversários do grande dialético tinha conseguido abrir uma brecha em seu garboso edifício; tinha desaparecido porque a escola de Hegel não soube o que

---

[149] Friedrich Engels, "Contribuição à crítica da economia política de Karl Marx", em *Obras escolhidas* (Rio de Janeiro, Vitória, 1956, tomo I), p. 534.

fazer com ele. Antes de mais nada, tratava-se, pois, de submeter o método de Hegel a uma crítica profunda [...].

[4] O que distinguia o modo de pensar de Hegel de todos os outros filósofos era o enorme sentido histórico que lhe servia de base. Por abstrata e idealista que fosse a forma, o desenvolvimento do seu pensamento não deixava de transcorrer sempre em paralelo com o desenvolvimento da história universal [...]. Foi o primeiro que tratou de demonstrar um desenvolvimento, um encadeamento interno na história, e, por estranha que agora muita coisa na sua filosofia da história nos possa parecer, a grandiosidade da própria visão fundamental é ainda hoje digna de admiração, quando se lhe comparam os seus predecessores ou mesmo aqueles que depois dele se permitiram reflexões universais sobre a história. [...] Essa concepção que fez época foi o pressuposto teórico direto da nova visão materialista e, já por esse fato fornecia também um ponto de partida para o método lógico [...].

[5] Marx era, e é, o único que podia se entregar ao trabalho de extrair da lógica hegeliana o núcleo que encerra as descobertas reais de Hegel nesse domínio e restabelecer o método dialético, despido de suas roupagens idealistas, na forma simples em que ele se torna a única forma correta de desenvolvimento do pensamento. Consideramos a elaboração do método que está na base da crítica da economia política como um resultado que, quase nada fica a dever em importância à própria concepção materialista fundamental.[150]

Lido a uma distância de século e meio, é muito simples opor ao texto dessa recensão uma bateria cerrada de objeções, mesmo porque, só para exemplificar, tomando por alvo a mais próxima e coroada das afirmações transcritas, não se pode saber, a rigor, do que Engels esteja falando quando refere, como se estivesse diante de um fato consumado, "à elaboração do método que está na base" de *Para a crítica da economia política*, emprestando à frase a evidência própria à solidez das montanhas e à vastidão dos oceanos. É verdade que se trata de um texto de afirmação política e propaganda, o que obrigaria a fazer abatimentos, porém, ele se apresenta como elaboração séria e Lukács o cita enquanto tal. Por isso mesmo não é impertinência, mas obrigação elementar, insistir na intransparência dessa categórica afirmação engelsiana. Obscuridade diante da qual resta a tentativa da decifração, o que implica análise e investigação. Mas, se estas estiverem, como no caso lukacsiano, condicionadas e comprometidas pela necessidade da simples confirmação, já sabemos quais são os grandes riscos e os melancólicos resultados. Talvez se possa conceder ao Lukács da década de 1950 o benefício da dúvida, talvez ele ainda não soubesse, ou melhor, estivesse impedido de saber. Por isso, sem

---

[150] Idem.

alternativa, agarrou em favor de seu trabalho e em nome dos *clássicos* o que pôde, a síntese conclusiva da recensão, única passagem da mesma que cita:

> Portanto, o tratamento lógico da questão era o único adequado. Mas esse não é, na realidade, senão o modo histórico, unicamente despojado de sua forma histórica e de elementos ocasionais perturbadores. Do modo que começa a história, assim deve começar também o curso dos pensamentos, e seu curso ulterior não será mais do que o reflexo, de forma abstrata e teoricamente consequente, do curso da história; um reflexo corrigido, mas corrigido segundo leis que o próprio curso da história fornece, porquanto cada momento pode ser considerado no ponto de seu desenvolvimento em que atingiu sua plena maturidade, sua forma clássica.[151]

Síntese nada esclarecedora, por sinal, e francamente sem a mínima possibilidade de ser articulada com aquilo que Marx já havia escrito na "Introdução de 1857", que permanecia inédita e desconhecida para Engels, mas não para Lukács, que sintomaticamente a malbaratou nesse mesmo capítulo 3, onde eleva aos céus, digamos assim por mera cortesia, as equivocadas trivialidades engelsianas.

Apesar da ênfase emprestada à menção da *Dialética da natureza* como única obra onde se encontra "uma tomada de posição direta e absolutamente clara sobre o nosso problema", configurada e assumida por Engels em sua "detalhada interpretação materialista da doutrina hegeliana do juízo", na qual procura "descobrir o desenvolvimento histórico que está na base da sucessão das formas do juízo em Hegel, de um ponto de vista de princípio e histórico real"[152], Lukács pouco exibe em auxílio da sustentação de sua tese. Nas três ou quatro citações que faz do texto, tudo se resume à reiteração da historicidade da formação e da sucessão das formas dos juízos, de tal modo que do juízo singular ao universal, passando pelo particular (juízo de reflexão/predicação relativa), sempre há para cada um deles um substrato histórico que o engendra enquanto forma e conteúdo. É isso, em suma, que constitui a "inversão materialista da teoria hegeliana do juízo e do movimento do singular ao universal através do particular", operada por Engels. Tanto que, postas de lado as exemplificações, que dominam o próprio texto engelsiano e que Lukács resume de forma mais ou menos breve, restam somente asserções generalizadoras ou, então, de caráter conclusivo.

Da natureza histórica das formas dos juízos e da sucessão das mesmas é tirada a ilação que estabelece a identidade do pensamento dialético; Lukács é direto e sucinto a esse respeito:

---

[151] Georg Lukács, *Introdução a uma estética marxista*, cit, p. 100.
[152] Ibidem, p. 102.

Engels declara, em diversas ocasiões, ver aqui a linha fundamental do movimento do pensamento dialético. Queremos nos limitar a um só exemplo: "De fato, todo conhecimento efetivo, completo, consiste somente nisto: que nós, com o pensamento, elevamos o singular da singularidade à particularidade e desta última à universalidade; que nós reencontramos e estabelecemos o infinito no finito, o eterno no caduco. A forma da universalidade, porém, é forma fechada em si, isto é, infinitude; ela é a síntese dos muitos finitos no infinito".[153]

De outra parte, confluentemente, mas com repentinos tons escatológicos, Lukács generaliza a historicidade dos juízos para o inteiro pensamento da humanidade. Tomando apoio novamente em Engels, diz que

[...] corrigindo e uniformizando, num breve estrato, a teoria do juízo de Hegel [...], Engels opera essa simplificação e correção do curso histórico, deixando simplesmente de parte todas as passagens artificiosas etc. de Hegel e fazendo ver, na série ordenada das formas do juízo, a ação de um irresistível impulso no desenvolvimento do pensamento humano, que avança do singular ao universal através do particular. Esse impulso está presente no pensamento humano (concebido historicamente como desenvolvimento do pensamento da humanidade), mas só porque nele se refletem as leis de movimento da natureza e da sociedade, no grau de consciência alcançável a cada volta.[154]

Ou, sob forma mais compacta, poucos parágrafos à frente – porém, comprometendo inclusive Marx na sustentação dessa fórmula, no mínimo despropositada pela extensão do conteúdo e a impropriedade de sua emergência no contexto dado: "Tanto a dedução dialética da forma do valor em Marx quanto a interpretação da teoria hegeliana do juízo em Engels indicam, na realidade e na consciência aproximadamente adequada desta, um movimento irresistível, uma aspiração progressiva que conduz do puramente singular ao universal através do particular"[155].

Atropelo da reflexão marxiana que é antecedido por outro, quando Lukács chega a escrever que "na obra de Marx, o desenvolvimento histórico das categorias econômicas é sintetizado logicamente pelo modo definido por Engels no trecho citado da *Dialética da natureza*"[156]. Quando um conjunto rudimentar de considerações é identificado como decifração de uma das formas mais elaboradas e precisas de prática teórica, há algo mais no horizonte do que um grande erro, em especial quando se trata de alguém do porte e da integridade de um pensador como Lukács.

---

[153] Idem.
[154] Ibidem, p. 101.
[155] Ibidem, p. 102.
[156] Ibidem, p. 101.

Tão decisivo quanto verificar a inconsistência da sustentação lukacsiana da tese do denso *vínculo lógico* entre Marx e Hegel é atentar para a exterioridade desse problema em relação ao universo marxiano. Embora a simples junção das duas faces da crítica realizada proporcione, imediatamente, a visualização desse aspecto exógeno, é conveniente dedicar um pouco mais de atenção a essa face do problema. De um lado, ficou estabelecida a absoluta precariedade teórica e documental da argumentação lukacsiana que tenta extrair arrimos para a demonstração da herança hegeliana de Marx: a interpretação circunscrita da obra, voltada a esse propósito, é insubsistente, e a ausência absoluta de esparsos ou anotações favoráveis é confessa, ao mesmo tempo em que Lukács desconheceu, liminarmente, sem nenhuma justificativa, um conjunto numeroso de elaborações e pronunciamentos exatamente em sentido contrário. Por outro, desamparado por Marx, amarrou a tese na fragilíssima âncora engelsiana, à qual Lenin já havia se atado anteriormente. Nesse panorama, o primeiro aspecto da exterioridade está demarcado: a tese do *vínculo lógico* entre Marx e Hegel não é uma problemática autorizada pela obra ou pelas convicções intelectuais de Marx, mas uma formulação improcedente que tem rastros em Engels, pegadas em Lenin e que, depois, foi expandida, a exemplo do caso de Lukács.

O segundo aspecto da exterioridade, pano de fundo do primeiro, é que a tese constitui uma das respostas consequentes à *admissão* por marxistas de uma problemática extrínseca às resoluções marxianas, operada no desconhecimento destas e sob a premência de gerar respostas na guerra científica e filosófica. Em poucas palavras, é a exterioridade, em face da obra marxiana, do complexo problemático do conhecimento tomado sob o caráter e a feição em que este se manifestou e fixou no universo científico-filosófico extramarxiano. A peculiaridade da resposta marxiana à questão foi examinada em tópicos anteriores, onde ficou demarcada a impugnação crítica e o descarte que efetua da querela gnosiológica em seu talhe tradicional, bem como a fundamentação ontoprática do conhecimento que estabeleceu. Aqui, não se trata senão de registrar o retrocesso havido a partir dos *clássicos*. Estes, duplamente desfavorecidos, pois, ignoravam a reflexão marxiana correspondente, esparsa e perdida em inúmeros manuscritos, que só muito depois seriam resgatados, e pressionados pela maré montante da questão gnosiológica, que acabou por ocupar todos os espaços, responderam ao desafio incorporando o problema sob a forma em que Marx o havia repelido e superado.

O detalhamento concreto desse processo é algo que ainda está inteiramente por fazer, mas bastam aqui algumas poucas referências para deixar configurada essa assimilação desfiguradora. Por certo, Lenin combateu muita gente e outras tantas concepções com seu *Materialismo e empirocriticismo*. Mas, independentemente de níveis ou padrões de qualidade, combateu o quê? É suficiente um relance pelos títulos dos capítulos desse livro para saber que ele guerreia contra *teorias do conhecimento*. Com que arma travou o duelo? Empunhando uma outra teoria do conhecimento, suposta como *verdadeira*, cuja natureza teórica e o simples nome são inteiramente estranhos ao universo conceitual marxiano – *a teoria do conhecimento do materialismo dialético*. Lenin cita inclusive as teses "Ad Feuerbach"[157], sobre a qual tece comentários pertinentes, mas não se dá conta, nem longinquamente, que esse aforismo, ao estabelecer a prática como critério de verdade, impugna e destitui ao mesmo tempo o próprio estatuto da teoria do conhecimento como disciplina filosófica. Ou seja, sem saber, Lenin promove o refluxo da solução marxiana, dada no plano ontológico, para o território ultrapassado da teoria do conhecimento. Banaliza o aforisma, ao fazer dele uma resposta antiga para uma pergunta velha – cuja forma nem deveria admitir. Da parte de Engels já foi dito o bastante, ainda que apenas pelo interior e em função da leitura que dele é feita por Lukács. Mas em relação a esse último é que a questão da exterioridade tem relevo especial.

Tratar do *vínculo lógico*, como tese decorrente da admissão pelo marxismo de uma problemática exterior ao universo marxiano, é especialmente intrincado quando essa assimilação diz respeito a Lukács, pois determinantes de várias procedências entrariam em jogo, dadas as várias fases e definições de sua longa trajetória intelectual, feita de mais de meio século e atravessada duramente por injunções políticas das mais desfavoráveis. Aqui, tudo será limitado ao mínimo necessário para caracterizar o caso, estritamente, em função da rota analítica em curso.

Lukács pendeu para o terreno ontológico desde seu período pré-marxista, quando no bojo do neokantismo e, depois, do hegelianismo, conviveu, sob fricções diversas, com as postulações gnosiológicas então imperantes. Mas, desde então, guardou traços daquilo que, ao final do tópico anterior, voltado aos dois primeiros capítulos dos *Prolegômenos*, foi apontado como sua admissão tácita do arcabouço tradicional do "sistema" das disciplinas filosóficas, cuja afloração mais saliente em seus trabalhos acabou girando em torno do *método*, da *lógica* e da *teoria do conhecimento*. E sua passagem ao marxismo pode muito bem ser caracterizada, para efeito da questão em tela, pelo ensaio que abre *História e consciência de classe*, no qual identifica a ortodoxia para o âmbito marxista, como é sabido, de modo epistêmico:

---

[157] Vladimir Lenin, *Materialismo e empirocriticismo* (Lisboa, Estampa, 1971), p. 131.

Em matéria de marxismo, a ortodoxia se refere antes e exclusivamente ao método. Ela implica a convicção científica que, com o marxismo dialético, foi encontrado o método de investigação correto, que esse método só pode ser desenvolvido, aperfeiçoado e aprofundado no sentido dos seus fundadores, mas que todas as tentativas para superá-lo ou "aperfeiçoá-lo" conduziram somente à banalização, a fazer dele um ecletismo – e tinham necessariamente de conduzir a isso.[158]

Por mais atípica que seja essa epistemologia – considerada a sua concepção, explicitamente derivada do arsenal hegeliano, de que "o proletariado é ao mesmo tempo sujeito e objeto de seu próprio conhecimento"[159], e que do ponto de vista deste "o autoconhecimento coincide com o conhecimento da totalidade"[160] – trata-se, de qualquer modo, de uma tematização presa, em grande medida, à querela gnosiológica tradicional, tanto que a própria gênese do pensamento marxiano é estreita e decisivamente atada à mesma:

> A crítica de Marx a Hegel é a continuação e a elaboração diretas da crítica que Hegel mesmo havia dirigido contra Kant e Fichte. Assim nasceu, por um lado, o método dialético de Marx como continuação consequente daquilo que Hegel mesmo havia aspirado, porém sem o conseguir concretamente. Enquanto que, por outro lado, restou o corpo morto do sistema hegeliano escrito como pasto de filólogos e fabricantes de sistemas.[161]

A partir desse estágio, inflexões pronunciadas foram se dando, em especial a partir da década de1930, mas o que importa ressaltar, observado o objetivo bem restrito dessas considerações, é que o percurso lukacsiano à ontologia marxiana foi um verdadeiro caminho das pedras, que nunca se integralizou plenamente, embora seja dele o mérito excepcional – o que basta para consagrá-lo como o mais importante pensador marxista do século – de ter sido o primeiro a identificar, de forma imanente ao espírito da obra marxiana, o caráter ontológico da mesma, bem como procurado expor e desenvolver o panorama geral da questão e momentos fundamentais de sua complexa estrutura categorial. Todavia, foi uma longa trajetória, uma procura árdua, que cultivou incongruências e que não findou isenta de irresoluções e equívocos. Assim, para dar um exemplo dessa difícil ascensão, já em etapa bem avançada, é impressionante notar que a própria *Estética*, em cuja arquitetura a dimensão ontológica é patente, exiba a presença marcante da conciliação entre lineamentos do ideário

---

[158] Georg Lukács, "O que é marxismo ortodoxo?", em *História e consciência de classe* (trad. Rodnei Nascimento, São Paulo, Martins Fontes, 2003), p. 64.

[159] Ibidem, p. 66.

[160] Ibidem, p. 97.

[161] Ibidem, p. 91-2.

marxiano e a forma *exterior* da problemática do conhecimento. Em seu capítulo 13, na parte voltada ao exame da categoria do *em-si*, pode-se apreciar com extrema clareza a manifestação dessa ocorrência, na qual, à semelhança do que se passa no conjunto da história da ontologia até Marx, os temas e os procedimentos propriamente ontológicos são embaralhados e confundidos com problemas gnosiológicos. É natural que isso ocorra nas vertentes pré-marxianas e em suas derivações posteriores, pois o fundamento de todas, seja este qual for, é a qualquer tempo de caráter teorético, ao partirem todas elas, sempre e desde logo, pela forma da *interrogação cognitiva* do mundo, de modo que o problema da cognoscibilidade é emparelhado, de imediato, ao próprio objeto da indagação ontológica, cuja integridade é assim ferida e transpassada, confundindo as coisas irremediavelmente, a ponto de dissolver por completo o estatuto da própria posição ontológica, qual seja, o do reconhecimento dos seres ou entes enquanto tais, em sua anterioridade ou independência da relação cognitiva, isto é, em sua *efetividade* pré-teórica. Desordem que não ocorre no interior da posição marxiana, pois esta, partindo exatamente da efetividade pré-teórica da atividade sensível – tanto como sujeito quanto como objeto – base da fundamentação ontoprática do conhecimento, não só confirma a legalidade específica do objeto e a efetividade consumada do conhecimento, como favorece a legítima distinção entre os dois âmbitos, justamente porque os reconhece no momento mais adequado ao seu discernimento: ao tempo em que, pelas formas de suas diversidades, eles se medem e transpassam mutuamente – potencializando suas consequentes abordagens desembaraçadas.

Todavia, não é o que se vê no tratamento lukacsiano do em-si; ao revés, este, no momento decisivo da tematização, não é reconhecido ontopraticamente como atividade sensível, mas admitido como figura epistemológica em sua máxima abstratividade, a partir da qual, então sim, é processado o acesso científico ao concreto. A trajetória discursiva, na mesclagem em pauta, é até engenhosa e se move com alguma sofisticação, em talhe bem mais polido do que o empregado nos *Prolegômenos*, porém, isso só torna ainda mais evidente do que em outras partes, não apenas a extensão do espaço reflexivo ocupado pela *exterioridade* – de fato, explícita – mas o trânsito entrecortado do difícil caminho lukacsiano à ontologia marxiana. Talvez, dado o entulho acumulado às portas da reflexão marxiana, seja meramente ilusório cogitar que poderia ter sido de outro modo, mais direto e coerente desde o princípio. O que importa, no entanto, é reter o fundamental da grande contribuição lukacsiana, sem se perder em seus próprios extravios. Para tanto, é necessária a distinção crítica entre suas partes válidas e impróprias, cuja arbitragem não pode ser feita senão pelo próprio pensamento marxiano.

Depois de anunciar que o em-si e o para-nós estão entre

> [...] os elementos constitutivos mais primários de toda imagem do mundo, de tal modo que é inimaginável na vida, na ciência, ou na arte um ato que, tendo por conteúdo a relação do homem com o mundo externo e com sua aplicação na prática, não seja fundado intelectual e emocionalmente em alguma concepção do em-si e do para-nós, [de forma que] essas categorias expressam, com efeito, a relação mais importante do homem com o mundo externo, relação na qual a necessidade absoluta de refletir essas relações categoriais do modo mais adequado possível desempenha um papel decisivo na prática, e por isso na vida inteira e na inteira existência do homem.[162]

Lukács envereda por uma súmula relativa à gênese e à depuração dessas categorias, pois "a verdade, tarda e laboriosamente conseguida, de que toda realidade objetiva possui o caráter comum – de imediato muito prosaico – de existir com independência da consciência, de existir em si, não pôde se impor a não ser superando as maiores resistências, e nem mesmo hoje se impôs completamente, ao menos no terreno da concepção do mundo"[163].

É muito importante notar que essa sinopse histórica – apesar de seu enraizamento ontológico e do propósito de assinalar, ainda que em traços bem ligeiros, até mesmo os aspectos mais recuados do engendramento *prático* da categoria do ser-em-si, incursionando inclusive por considerações antropológicas deslocadas e discutíveis – seja sintomaticamente encolhida, de maneira rude, no ponto central da exposição, apenas sobre o plano cognitivo. Isso ocorre a partir da referência às ideias renascentistas, por sinal, estreitamente configuradas, já que postas mais sob a silhueta que viria a demarcar o pensamento um século e tanto depois, do que pelos traços de sua própria multilateralidade:

> A concepção da objetividade se converte progressivamente no problema da depuração de seu reflexo de todos os acréscimos subjetivos, e desemboca na prosaica e simples afirmação de que a objetividade, o ser-em-si, significa simplesmente independência existencial com relação à consciência dos homens. [...] a questão do em-si se desenvolve cada vez mais resolutamente no sentido de uma epistemologia do reflexo científico da realidade.[164]

Dessa formulação, através de passos aqui irrelevantes, Lukács chega a Kant, para oferecer aquela que é, provavelmente, a mais incisiva de suas raras apreciações favoráveis a respeito desse pensador. Não sem recusar a kantiana "negação epistemo-

---

[162] Georg Lukács, *Estética*, cit., p. 277-8.
[163] Ibidem, p. 279.
[164] Ibidem, p. 288.

lógica da cognoscibilidade das coisas em si", também não admitindo que se trate de uma "fundamentação definitiva da filosofia, nem, neste sentido, de uma 'revolução copernicana'" e agregando ainda outras tantas restrições e críticas, Lukács, todavia, assegura que "com Kant aparece um novo conceito do em-si, que terá importantes consequências para a evolução filosófica", para explicitar com ênfase que

> [...] seu conteúdo se reduz à estrita, porém, importante e decisiva afirmação de que o ser-em-si significa simplesmente uma existência independente de toda consciência afetada por ele e na qual se produzem por essa afecção percepções e representações. Com ele se expressa definitivamente a nova evolução intelectual segundo a qual o em-si não é, como na Antiguidade e na Idade Média, o ser último, valorativamente acentuado, o ser que está "por detrás" da física, mas só a reconhecida objetividade da realidade material.[165]

Nova, dividida e contraditória formulação, mas que, pensa Lukács, também "inverte o método de tratamento" do em-si, em contraste com a Antiguidade e a Idade Média, de modo que agora o mesmo "se situa no começo de toda investigação filosófica; se limita a exigir a supervisão da objetividade, da independência dos objetos com relação ao sujeito cognitivo; e não é mais do que isso, porém, tampouco menos"[166]. Benévola e esperta interpretação, logo se verá por que, de espírito bem distinto de tudo quanto Lukács costuma fazer pesar contra a organização subjetiva da realidade e a incognoscibilidade da *coisa em si*, reputadas por ele, normalmente, como os traços distintivos do sistema kantiano.

O passo subsequente, como não poderia deixar de ser, vai ao encontro do território hegeliano:

> Somente Hegel [Lukács mostra que o mesmo não se dá com Fichte e Schelling] – em polêmica radical com a epistemologia kantiana – recupera a fecunda incitação filosófica provocada por Kant mesmo e considera o em-si como algo abstrato que expressa simplesmente a independência do objeto com relação ao sujeito (e – acrescenta Hegel, ultrapassando a Kant – a independência com relação aos demais objetos). Com isso o em-si se converte em uma "mera determinação abstrata e, portanto, ela mesma externa".[167]

Todavia, ao lado dessa reiteração da fórmula, a analítica lukacsiana adverte com força para "o fracasso último do idealismo filosófico, também em sua versão hegeliana, diante do escolho do em-si"[168], pois,

---

[165] Ibidem, p. 291-2.
[166] Ibidem, p. 292.
[167] Idem.
[168] Ibidem, p. 293.

[...] os limites do avanço hegeliano à correta compreensão do em-si estão traçados por seu idealismo. Já o pudemos ver a propósito da questão da objetividade, na qual, em que pese o seu arranque logicamente correto, ele se desvia de sua própria concepção do em-si por causa da concepção de fundo do sujeito-objeto idênticos. O aspecto mais positivo dessa filosofia do em-si era precisamente essa abstrata generalidade epistemológica, que permitia e até exigia que todo Algo, sem prejuízo de seu concreto ser-assim, fosse contemplado como sendo-em-si, precisamente em consequência da independência de sua existência em relação à subjetividade. Porém, quando – através do estranhamento – sua objetividade se apresenta como um produto da evolução do sujeito-objeto idênticos, cuja fase final é a ruína, a autodissolução na substância feita sujeito, de novo é aniquilado o ser da objetividade independente da consciência. [...] Aqui se encontra a fronteira intransponível para todo idealismo filosófico na teoria do conhecimento.[169]

Apesar desse grave defeito, há algo importante a reter, segundo Lukács, da tematização hegeliana do em-si, pois,

[...] no pensamento de Hegel se encontra ao menos o conato de uma concepção que contempla a objetividade como uma natureza primária, originária de todo ente. Esta concepção se manifesta na conexão necessária entre a coisa em si e suas propriedades: "A *coisa-em-si* é, pois, como resulta, essencialmente não apenas coisa-em si, de um modo tal que suas propriedades sejam o posto por uma reflexão externa, mas também de tal modo que se comporte de determinada maneira por causa de suas próprias determinações; a coisa-em-si não é um fundamento sem determinação, situado para além de sua existência externa, mas que está presente como fundamento em suas propriedades", [razão pela qual, conclui a interpretação lukacsiana,] a filosofia hegeliana, ao menos por uma de suas tendências principais, ultrapassa amplamente a contraditória estreiteza kantiana, e não só põe o em-si como ponto de partida epistemológico, no começo da investigação científica e filosófica do mundo, mas prepara também a possibilidade intelectual de superar, no curso desse processo, sua abstração, preservando sua essência epistemológica.[170]

Destilado, retido e enfatizado o em-si como abstrata figura epistemológica – valorizado precisamente por sua máxima abstratividade, que assegura o primado da objetividade do real e sua condição de ponto de partida da investigação científica, garantindo também, em sua versão hegeliana, apesar de tudo a mais completa de todas, a possibilidade de superação dessa abstratividade, ou seja, ressaltado inclusive como abstração que prepara o processo de concreção teórica do objeto – em última

---

[169] Ibidem, p. 295.
[170] Ibidem, p. 294.

análise, apresentado o abstrato em-si epistemológico como a quinta-essência da constituição do espírito científico moderno, e dados os encaminhamentos lukacsianos costumeiros, a expectativa, evidentemente, era que assomasse à cátedra, então, a figura de Marx. Porém, mais uma vez, sempre que Lukács serpenteia pelos meandros da *exterioridade*, isso é completamente impossível, sem que haja antes uma mediação preparatória, donde a aparição do sucedâneo do malfadado *materialismo dialético* e, no caso, da palavra de Lenin. É uma rota estranha e sintomática: das virtudes e dos limites de Hegel, rompendo a sequência cronológica, rigorosamente seguida até então, e contornando diferenças temáticas, o salto vai para além de Marx, no tempo, e para aquém dele na definição da natureza do plano analítico resolutivo:

> O grande problema colocado aqui à filosofia pela evolução da humanidade era o da distinção precisa entre o pensamento e a realidade, entre a consciência e o ser. Como uma e outro se fundem de modo epistemologicamente inadmissível inclusive na nova dialética de Hegel [...] apenas o materialismo dialético podia aportar a solução desse problema.[171]

E completando a mediação preparatória para o engate com Lenin, é oferecida uma argumentação verdadeiramente bizarra para um marxista:

> Em todas essas afirmações há que sublinhar o termo "epistemologicamente". Pois somente nesse terreno é uma questão filosófica vital a distinção precisa, intransigente, entre a consciência e o ser, a subjetividade e a objetividade. Precisamente por isso, como observou Hegel com acerto, se faz o em-si tão abstrato e tão sem conteúdo, pois, precisamente essa abstração – e somente ela – consegue garantir aos objetos a independência com relação ao sujeito cognitivo, sem colocar, mediante determinações demasiado concretas, um limite à investigação temática da natureza, da estrutura, das relações etc. dos objetos.[172]

A transgressão desses preceitos é ilustrada com considerações a respeito da própria exercitação teórica hegeliana, que, além de nunca distinguir suficientemente entre objetividade e subjetividade, se excede na determinação do em-si; mas o importante é ressaltar a natureza da conclusão lukacsiana diante dessa última infração: "Com isso se mesclam os âmbitos de competência da teoria do conhecimento e da concreta investigação científica"[173], que é translúcida quanto ao estatuto em que se move aqui o discurso lukacsiano.

---

[171] Ibidem, p. 295.
[172] Idem.
[173] Ibidem, p. 296.

A passagem de Hegel a Lenin é bastante descolorida, consistindo apenas da simples adição de um exemplo ratificador e retificador. Trata-se da conhecida passagem de *Materialismo e empirocriticismo* em que, a propósito da chamada crise dos fundamentos da física e das matemáticas, que ocupou o pensamento na junção dos séculos XIX e XX,

> Lenin coloca a questão epistemológica: "Existem elétrons, éter etc. fora da consciência humana, como realidade objetiva, ou não?" Quaisquer que sejam os descobrimentos consignados acerca da natureza concreta da matéria, na teoria do conhecimento se pode e se deve voltar sempre a essa pergunta, e a resposta não pode ser mais do que o seguinte: "O conceito de matéria não significa epistemologicamente [...] *mais do que isto*: a realidade objetiva, que existe com independência da consciência humana e é reproduzida por ela".[174]

Nessa fórmula, a análise lukacsiana encontra a única confirmação *materialista-dialética* de seu tratamento do em-si e comenta:

> [...] precisamente aquela abstração, aquela pobreza de conteúdo do conceito, já epistemológico, do em-si pode garantir tanto a correta distinção entre subjetividade e objetividade na imagem do mundo (e para a prática) quanto a ilimitada aproximação à realidade concreta.[175]

Entende, ademais, que dela imane, para além da confirmação, uma dupla correção de Hegel:

> [...] o materialismo dialético, que assimilou a grande conquista de Hegel nesse campo, o corrige em dois sentidos: torna esse resultado mais rigoroso (epistemologicamente) e, ao mesmo tempo, mais concreto e elástico (como caminho do conhecimento da realidade concreta.[176]

A primeira é direta e textualmente extraída da formulação leniniana:

> A distinção de Lenin entre o em-si epistemológico e a estrutura concreta da matéria[...] não significa, naturalmente, que se tenha de abandonar o que há de verdadeiro na concepção hegeliana do em-si, a saber: que é sumamente abstrato e pobre de conteúdo, porém, não completamente indeterminado. Todavia, o estabelecimento destas determinações em sua concreção não cabe à teoria do conhecimento, mas às várias ciências.[177]

---

[174] Idem.
[175] Idem.
[176] Ibidem, p. 298.
[177] Ibidem, p. 297.

Note-se como a radicalidade ou depuração (em verdade, "mais rigoroso" é, simplesmente, igual a mais abstrato) do em-si referido a Lenin, bem como a concreção posterior são, literalmente, pensadas no interior das atribuições próprias à divisão tradicional das ciências e das disciplinas filosóficas. A segunda correção diz respeito à "concepção dialética da mutação recíproca entre o ideal e o real, entre o subjetivo e o objetivo"[178], isto é, ao fato de que

> [...] no processo real da realidade, o ideal e o real, o subjetivo e o objetivo estão constantemente em mutação entre si, porque a realidade está muito longe de traçar sempre entre eles fronteiras firmes e marcantes. A salvaguarda intelectual de uma objetividade segura do em-si tem, pois, que se combinar com essa dialética que reconhece o fluente, com o objetivo de poder refletir adequadamente e interpretar com acerto o mundo em sua realidade e riqueza.[179]

Tão somente agora, e não, propriamente, em relação ao em-si epistemológico, mas em conexão com o processo de concreção do conhecimento, é que, afinal e a duras penas, Marx é empurrado à cena, ainda assim de forma marginal, apenas alusiva e claudicantemente. Trata-se de um ato textual sumário e repentino. Em simples adjacência ao exposto como "contraposição" entre "a rigorosa sustentação epistemológica do em-si" e o "mais concreto e elástico caminho do conhecimento da realidade concreta" – os dois corretivos aplicados pelo *materialismo dialético* ao pensamento hegeliano – Lukács tece o seguinte comentário: "nas considerações metodológicas de Marx, introdutórias à crítica da economia política, essa contraposição se expressa muito claramente. Marx enlaça aí, ainda que não terminológica, mas tematicamente, com sua polêmica juvenil anti-hegeliana, criticando a doutrina hegeliana do estranhamento como gênese da objetividade e de sua posterior superação"[180], citando em seguida, a título de evidência, a mais famosa das passagens da "Introdução de 1857" desde "o concreto é concreto porque é síntese de muitas determinações, isto é, unidade do diverso" até "mas esse não é de *modo nenhum* o processo da gênese do próprio concreto". E o comentário prossegue, aludindo de maneira formalista ao processo de concreção encerrado no texto marxiano, pois não demarca as diferenças fundamentais que o separam do hegeliano, para dizer que "tendência está presente, certamente, em Hegel: o movimento desde o em-si até o em-e-para-si já tem essa direção", arrematando na sequência com o trecho mais significativo da consideração:

---

[178] Ibidem, p. 298.
[179] Ibidem, p. 297.
[180] Ibidem, p. 298.

Porém, a incapacidade do idealismo para colocar adequadamente a questão epistemológica básica dá lugar às consequências justamente criticadas por Marx. Como se vê, a limitação rigorosa ao em-si abstrato só concebível epistemologicamente se converte em ponto de partida de uma conceituação da realidade objetiva que arranca de sua concretude, se esforça para se aproximar dela de acordo com a verdade – por meio de abstrações razoáveis – e termina por chegar à concreção conceitual dessa mesma realidade.[181]

Talvez se possa ver e com certeza discordar de vários aspectos desse pequeno, porém conclusivo arrazoado, mas, por maiores que sejam a boa vontade e os esforços despendidos, não é possível vislumbrar em seu conjunto qualquer elemento que ampare a tese lukacsiana do em-si; ao contrário, o que sobressai com nitidez de seus rodeios é que a única tentativa de estabelecer um vínculo direto entre Marx e o em-si epistemológico – aliás, nunca textualmente enunciado, mas permanentemente soto-posto – não consegue ultrapassar a franja da vaga alusão, tão rarefeita que inclusive fica exposta ao risco de ser considerada até mesmo como uma tentativa de incorporação furtiva de um argumento não comprovado à malha demonstrativa.

Deixemos, no entanto, que esses aspectos altamente comprometidos sejam explicados pelos problemas globais que eivam o conjunto dessa tematização lukacsiana. Antes de tudo, qual era a questão fundamental que Lukács enfrentava, ou cuja solução pretendia reconstruir? Ele próprio, além de a situar entre os limites do pensamento hegeliano e a necessidade da superação dos mesmos, formulou-a de modo claro e preciso: "O grande problema aqui colocado à filosofia pela evolução da humanidade era o da distinção precisa entre o pensamento e a realidade, entre a consciência e o ser"[182]. Sem margem para qualquer dúvida, trata-se de uma questão de natureza estritamente ontológica. Não há o que discutir a respeito. Todavia, a resposta oferecida pela tematização lukacsiana do em-si, também sem sombra de dúvida, e enquanto tal enunciada, é de natureza exclusivamente epistemológica. A partir dessa gravíssima subversão de universos, verdadeiro beco sem saída do pensamento, todos os erros e desmandos teóricos se tornam possíveis. Aliás, num quadro desse feitio, onde os próprios planos reais e ideais são radicalmente confundidos, só erros e não mais do que erros são passíveis de efetivação, cujas distinções possíveis só dizem respeito aos níveis e graus de rusticidade ou sofisticação teóricas em que são vazados. Por conseguinte, a grande pergunta sobre o caso lukacsiano

---

[181] Ibidem, p. 299.
[182] Idem, p. 295.

é a interrogação pelo como e o porquê de desacertos tão radicais até a época da elaboração da *Estética*.

Decerto, essa é a pergunta, mas o lugar para o seu devido tratamento não é dado por estas páginas. Aqui, em atendimento às finalidades traçadas de início para a discussão das formulações lukacsianas, tal como operado por ocasião do exame da dialética entre universal, particular e singular, só compete levar à frente a indicação das impropriedades fundamentais relativas à tematização do em-si, em face da natureza do pensamento marxiano, e arrematar pela apresentação em conjunto do contraste de ambas as teses diante da resolução ontoprática do conhecimento e da teoria das abstrações, motivação de toda essa longa peregrinação crítica.

É relevante notar que a própria formulação lukacsiana do problema da distinção precisa entre ser e consciência já envolve o condicionamento que leva a travestir a legítima questão ontológica numa impropriedade epistêmica. Nela a questão é referida e relacionada imediata e geneticamente aos limites epistemológicos do pensamento hegeliano. Vale reestampar os termos com os quais Lukács fixa essa configuração: "como a consciência e o ser se fundem de modo epistemologicamente inadmissível inclusive na nova dialética de Hegel [...] apenas o materialismo dialético podia aportar a solução desse problema"[183]. Razão suficiente, desde logo, para interrogar: essa *inadmissível fusão hegeliana* é exclusiva ou prioritariamente *epistemológica*? E a crítica marxiana originária, elaborada na sua ruptura com o hegelianismo, é também antes de tudo ou exclusivamente de caráter *epistêmico*? Ou ainda, a denúncia marxiana do pensamento especulativo, no *Manuscrito de Kreuznach* e nos escritos que o subseguem, lança o itinerário precípuo de uma problemática do conhecimento ou, precisamente, transita da crítica neo-hegeliana à crítica ontológica? Por que Lukács ignora sem justificar todos esses passos concretos do processo constitutivo do pensamento de Marx? Pura e simplesmente porque não parte de Marx. Volta-se decididamente para Marx, quer fazer do pensamento deste o centro normativo e propulsor de sua própria reflexão, mas encara o pensamento marxiano a partir de um ambiente espiritual estranho, ao qual, por sua natureza teórica, o mesmo não pertence.

Lukács, como tantos outros, a principiar por Engels e Lenin, em modos e graus peculiares a cada adepto ou intérprete, considera o ideário marxiano sob os influxos da atmosfera gnosioepistêmica que havia se constituído em horizonte da cientificidade por volta da rotação do século XIX ao XX e por este afora. Isto refere, designadamente, o postulado, então em vigência absoluta e consagrada,

---

[183] Idem.

do primado da questão cognitiva sobre o exercício concreto da cognição. Dessa óptica, o discurso sobre o objeto é subsumido ao discurso sobre o próprio discurso. Aquele passa a valer menos pelo que contém do que pelo certificado de garantia previamente expedido pelo segundo, no mais das vezes uma simples auto-chancela protocolar. Todavia, foi uma guerra prolongada, e nesse pugilato cartorial dos saberes, os contendores dos cenáculos político-gnosiológicos, internos e externos ao âmbito marxista, pressionaram muito sobre o estatuto científico da obra marxiana. Basta lembrar a propósito do extenso debate transcorrido ao tempo da Segunda Internacional. Com efeito, muitos fatores contribuíram para que Marx fosse convertido em objeto de investigações epistêmicas, porém, antes de tudo, o espírito do tempo de uma dada época científico-filosófica, que predominou inclusive sobre os mais compenetrados discípulos do pensamento marxiano, por isso mesmo perversamente desentendido.

Lukács – no curso de uma obra das mais ricas e significativas, entre *História e consciência de classe* e a *Estética*, isto é, entre seu momento protomarxista e o tempo da mais ampla realização de seu marxismo *proto-ontológico* (digamos assim, e não apenas por homologia terminológica) – é a mais alta expressão filosófica dessa subsunção marxista de toda uma época ao *diktat* gnosioepistêmico, ou mais estritamente, à força de sua irradiação como princípio normativo da *verdadeira cientificidade*, atmosfera sob a qual o marxismo principiou a perder, desde muito cedo e sob dimensão fundamental, nessa precisa batalha não travada, a guerra teórica do século XX, na qual acabou destroçado.

Tanto a dialética entre universal, particular e singular, como súmula do denso *vínculo lógico* entre Marx e Hegel, quanto a teoria do em-si gnosiológico são exemplos muito importantes dessa rota enviesada que desfigura e até mesmo banaliza o pensamento marxiano. Apesar de não refletirem, nem de longe, o *todo* do pensamento lukacsiano no vasto período indicado, não são, de outra parte, reles momentos infelizes ou equívocos fortuitos de uma grande jornada intelectual. Tomadas aqui enquanto evidências da enorme dificuldade com que Lukács transitou para a ontologia marxiana, não constituem ocorrências dispersas, isoladas uma da outra, como se fossem tropeços ocasionais em caminhadas independentes. Ao contrário, combinam muito bem, conceitualmente, e por sua articulação podem ser vistas como o eixo em torno do qual girou boa parte da imagem lukacsiana da obra de Marx. Sob tal alinhavo, a dialética entre as categorias de universalidade, particularidade e singularidade, pela letra e pelo espírito de seu próprio enunciado, é a encarnação do *vínculo lógico* com Hegel, bem como, por conseguinte, do *método científico*, enquanto o *em-si gnosiológico* é o artefato fundante da cientificidade da doutrina.

Que essas fórmulas estejam em franca dissonância e até em contradição, sob distintas maneiras, com o que há de mais substancial na obra lukacsiana não é apenas um fato importante, que exija pura e tecnicamente um grifo forte, mas ocorrência tão decisiva que, em verdade, deve ser mesmo *celebrada*, pois a grandeza do pensamento marxista de Lukács se manifesta, precisamente, na enorme esfera reflexiva que desenvolveu para além e de costas para o complexo da *exterioridade*, ao qual, no entanto, estava subordinado. Que essa debilidade prejudicou seu pensamento é também um fato palpável, que sua imagem global do pensamento marxiano foi por isso mesmo significativamente afetada em pontos de extrema relevância, não resta dúvida, mas esse foi o seu caminho, assim é que transitou, por fim, ao ambiente da ontologia marxiana, antes e mais apropriadamente do que ninguém. E aqui é disso que se trata, precisamente dessa jornada, em especial de formulações errôneas das quais, à época, Lukács não se deu conta; de problemas cujo enfrentamento e retificação parciais só vieram a ocorrer na empreitada pela *Ontologia*, que, apesar de inconclusa, não apenas na forma, mas nas próprias concepções, renovou a perspectivação de conjunto, a qual, embora não tenha dirimido por completo as obliquidades e irresoluções de seu próprio trabalho, proporciona finca-pés e o direcionamento geral para uma nova abordagem crítica, aqui desenvolvida em torno de aspectos de sua própria obra. Sob esse prisma, trata-se, então, de uma crítica a Lukács a partir de Marx, gerada pela inspiração ou a própria mediação do último Lukács.

Vistas à luz dessa contraditoriedade englobante, talvez cause mais espécie ou aversão, como grave impropriedade, a formulação lukacsiana do em-si do que o próprio rebaixamento de nível pelo qual é sustentada a dialética do universal, particular e singular. De fato, como é possível admitir, num suposto e almejado quadro de referência marxista, que uma simples abstração levada ao extremo seja a resposta satisfatória para o estabelecimento da precisa distinção entre ser e consciência? Ainda mais do que rigorosamente débil e formalista, o em-si epistêmico, definido como princípio de objetividade, como garantia da existência material e autônoma do objeto e deste como ponto de partida da ciência, ressoa, sobretudo, enquanto ideação artificiosa. A conversão dessa noção vazia em alicerce, do qual passam a pender e depender a realidade e também a ciência, sugere uma ginástica conceitual de acomodação em torno de um suposto vácuo, de um *não sabido*, e da *tradição filosófica*, lida ademais com ênfase excessiva recaindo sobre a continuidade histórica das ideias. E o conjunto desses e de outros tantos passos frouxos de tal arcabouço conceitual é radicalmente acentuado em sua gratuidade e incongruência tão logo seja comparado à genuína reflexão marxiana correspondente.

Já pelas teses "Ad Feuerbach" – e por vários dos demais aforismos, assim como por reflexões em toda a obra marxiana que multiplicam esta evidência – compreende-se que em Marx qualquer forma da coisa-em-si abstrata e especulada cede lugar ao complexo ontoprático, que compreende a globalidade das determinações da *atividade sensível*, tanto sob a figura do objeto quanto do sujeito, e em plena atualização objetiva de suas formas de existência. Ou seja, os objetos específicos são confirmados em suas existências específicas, independentes, isto é, na objetividade própria aos seres-em-si, o mesmo ocorrendo com os sujeitos, duplamente confirmados por sua vez, pois identificados ao mesmo tempo como agentes sensíveis e cognoscentes. Diante desse complexo repleno, opulentamente determinado, que falta pode fazer ou que papel restaria ao puro em-si abstrato, na pobreza de conteúdo que é toda a sua virtude? Nenhuma, é óbvio, só podendo servir como ilustração de um grave equívoco, cuja inferioridade teórica traduz, ao contrário do pretendido, o esvaziamento epistêmico da realidade, em contraste com a farta conquista ontológica da mesma levada a cabo por Marx.

Tão embaraçante e comprometedora é essa linha *marxista* de sustentação da doutrina marxiana, derivada da subsunção ao complexo da *exterioridade*, que ela tisnou inclusive certas figuras marcantes do elenco conceitual lukacsiano, admiradas no passado como reconsiderações temáticas exponenciais, e que até hoje, acrítica e desavisadamente, ainda chegam a mover dadas elaborações marxistas mais tópicas e nominalistas. Tome-se, por exemplo, a proeminente categoria da totalidade, que em certas versões lukacsianas é antes de tudo uma figura do cenário epistêmico, e como tal homóloga à ênfase conferida ao método, isto é, à dialética entre universalidade, particularidade e singularidade, e também ao em-si abstrato. É esclarecedor, ainda a propósito da crítica a este último, acompanhar algumas das vicissitudes da noção de totalidade no pensamento lukacsiano, pois elas abarcam extensa parte da obra do pensador húngaro.

O ensaio dedicado a Rosa Luxemburgo em 1921, o segundo de *História e consciência de classe*, começa por uma afirmação metodológica taxativa:

> O que diferencia decisivamente o marxismo da ciência burguesa não é a tese do predomínio dos motivos econômicos na explicação da história, mas o ponto de vista da totalidade. A categoria de totalidade, o domínio onímodo e determinante do todo sobre as partes, é a essência do método que Marx tomou de Hegel e transformou de maneira original para fazer dele o fundamento de uma nova ciência.[184]

---

[184] Georg Lukács, *História e consciência de classe*, cit., p. 105.

Quase meio século depois, no importantíssimo "Prefácio" de 1967 ao volume II de suas *Obras*, no qual, ao lado de outros textos menores, *História e consciência de classe* foi republicada pela primeira vez, Lukács, ao inventariar os erros e acertos da obra, faz ele mesmo a crítica daquela formulação:

> Sem dúvida, é um grande mérito de *História e consciência de classe* ter retomado a categoria de totalidade, perdida no esquecimento pela "cientificidade" do oportunismo social-democrata, para lhe atribuir de novo a posição metodológica central que sempre teve na obra de Marx. Porém, [...] eu produzi uma exageração hegeliana, ao contrapor a posição metodologicamente central da totalidade ao econômico.

Transcreve, em seguida, o texto estampado acima e acrescenta: "Esse paradoxo metodológico ainda se agudiza pelo fato de que a totalidade era entendida como portadora categorial do princípio revolucionário na ciência: 'O domínio da categoria da totalidade é portadora do princípio revolucionário na ciência'"[185]. Lukács não explicita o teor do paradoxo, mas se entende com facilidade que a denúncia e o descarte da contraposição têm por conteúdo, precisamente, o reconhecimento da concepção marxiana, segundo a qual a economia política é a própria *anatomia* da totalidade, jamais uma simples parte ao lado de outras, à qual a totalidade como instância última e superior deva ser, metodologicamente, contraposta. Portanto, sua autocrítica reporta uma correção substancial. Todavia, há um segundo equívoco na formulação primitiva, muito importante para a discussão em curso, sobre o qual não se encontra uma única palavra no "Prefácio" de 1967: a totalidade é definida, explicitamente, como *ponto de vista*. E não apenas na passagem transcrita, mas também no próprio "O que é marxismo ortodoxo?", onde se pode ler que o "ponto de vista da totalidade, que aprendemos a reconhecer como problema central, como condição primordial do conhecimento da realidade, é um produto da história num duplo sentido"[186]. Que, no contexto dado, esse *ponto de vista* seja o do proletariado, enquanto sujeito e objeto idênticos "do conhecimento da realidade social", apenas acentua que a totalidade é concebida como uma configuração da consciência, simplesmente como um prisma ou ângulo visual, embora privilegiado, mas não altera em nada que se trata de uma identificação equivocada da mesma, pois, ainda que o proletariado seja o portador da visão da totalidade, ele não é a própria totalidade social, de modo que seu privilégio seria o de poder ver e não de ser a totalidade. É o que

---

[185] Idem, "Prefácio" (1967), em *História e consciência de classe*, cit., p. 20-1.
[186] Idem, "O que é marxismo ortodoxo?", cit., p. 100.

importa demarcar aqui, exclusivamente: a totalidade é reduzida aos contornos de uma simples potência mental ou possibilidade cognitiva.

Ocorre que, no capítulo 13 da *Estética*, algo semelhante – ou um resíduo dessa acepção – está presente, embora despojado dos ademanes do sujeito-objeto idênticos, e diretamente vinculado à tematização do em-si epistêmico e do para--nós. Vejamos alguns dos passos constitutivos dessa nova figura da totalidade. Para Lukács,

> [...] como o para-nós representa o contrapolo subjetivamente coordenado com o em-si, o destino de sua determinação é inteiramente paralelo ao processo aqui descrito: a concepção do em-si contém um modelo do comportamento subjetivo para com ele, e determina portanto, ao mesmo tempo, o modelo do para-nós.[...] Por essas razões se pode dizer que a tipologia do para-nós, no que toca a seus traços mais essenciais, está contida na do em-si. Isso determina antes de tudo a forma do para-nós no reflexo científico, a forma adequada ao método desantropomorfizador.[187]

Quanto à repentina opulência dessa arquitetônica, para os efeitos aqui buscados, basta indagar como é possível que um conjunto tão grande e decisivo de determinações seja garantido, de alguma forma e em algum momento, pela pobreza virtuosa do em-si epistêmico? Independentemente dessa dificuldade irrevogável, o que importa é algo bem mais circunscrito. Consiste em deixar assinalado simplesmente que, numa exposição bastante entrecortada e que não prima pela clareza, a elaboração lukacsiana, no que seria a sua reconfiguração do caminho marxiano do abstrato ao concreto, bastante afetada pela presença do em-si abstrato, volta a compor a categoria da totalidade como algo próximo a um arquétipo da subjetividade, mesmo que funcionalizado como aspiração de objetividade, à semelhança do caso primitivo. De sorte que, no caso da ciência, "a transformação do em-si em um para-nós aspira oferecer acima de tudo uma reconfiguração adequada do em-si real"[188]. Deixando de lado que, a seguir, é afirmado que "isso tem por consequência que a questão epistemológica, tão decisiva no tratamento do em-si, passe aqui ao último lugar, pois, cada para-nós é o reflexo de um fato concreto real objetivo, de uma conexão de fatos, de suas relações etc."[189], o que no mínimo é intrigante, há que reter que, "enquanto no caso do em-si a colocação se refere a toda realidade, no caso do para-nós a totalidade se forma com um número infinito de reflexos

---

[187] Idem, *Estética*, cit., p. 299.

[188] Idem.

[189] Idem.

concretos singulares, ou com a síntese teorética daqueles que se referem a um determinado complexo factual"[190].

E intercalando mais uma vez, para deixar igualmente de lado, fique o registro de que "a propósito desses detalhes e dessas generalizações concretas, a questão epistemológica, tão decisiva no estudo do em-si, não constituirá mais do que um fundamento geral"[191], o que denota obstáculo intransponível para a homogeneização de ordens excludentes de fundamentação. Retomando o fio da meada: na ciência, almejando a reconfiguração mais adequada do em-si real, através da totalidade dos reflexos concretos, tem-se que

> A transformação do em-si em um número infinito de reflexos diversos na forma do para-nós coloca em cada caso um duplo problema: o fenômeno refigurado – singular, particular ou universal – tem que ser reproduzido do modo mais adequado possível, e a reprodução tem que se encontrar ao mesmo tempo em harmonia com os demais reflexos.[...] Também segue disto que – do ponto de vista rigorosamente epistemológico – a única que pode ser considerada contrapolo concreto do em-si é a totalidade do para-nós conduzido à síntese.

Porém,

> Tomado com esse rigor, essa exigência de totalidade é [...] um mero postulado. [...] Mas, apesar disso, o postulado de totalidade da teoria do conhecimento tem grande importância prática e, por isso, filosófica [...]. Do ponto de vista filosófico todos os para-nós constituem um todo conexo, ainda que este não se realize nunca completamente na prática científica; e só nesta forma constituem um contrapolo real, formado na consciência cognitiva, do em-si epistemológico unitário; somente nessa totalidade transformam sua abstração na madura totalidade concreta do mundo conhecido.[192]

Não há como velar a confusa fisionomia desse discurso, mistura desafinada de planos e abordagens discrepantes, condicionada basicamente pela tentativa de fundir o aparato da *exterioridade* gnosioepistêmica com a analítica marxiana de caráter ontológico, ou, nos termos empregados pelo discurso lukacsiano, o abstrato fundamento do em-si gnosioepistêmico com a perspectiva do concreto em-si real, que brigam entre si transparentemente nessas formulações lukacsianas, desatendendo e prejudicando visceralmente a ambos. Mas desse cipoal interessam apenas, de imediato, os elementos relativos à noção de totalidade, centro

---

[190] Ibidem, p. 300.
[191] Idem.
[192] Ibidem, p. 301.

da atenção neste segmento. Embora insista de início, sem maiores explicações e sob forma teórica igualmente estranha ao pensamento marxiano, que "a concepção do em-si contém um modelo do comportamento subjetivo, [...] razão pela qual a tipologia do para-nós, nos traços mais essenciais, está contida na do em-si", e que isso "determina antes de tudo a forma do para-nós no reflexo científico", Lukács termina, de acordo com os fragmentos do parágrafo anterior, por configurar a totalidade, literalmente, como um postulado da teoria do conhecimento. Chega, pois, no suposto de elaborar sob parâmetros marxianos, a uma bizarra configuração da ciência ou da atividade cognitiva, que mais não seria do que o movimento dos reflexos que transformam o em-si abstrato em um todo relativo do pensamento sob a inalcançável postulação da totalidade. É um involuntário, mas sensível depauperamento epistemológico das possibilidades de conhecimento da realidade, embora engendrado no propósito mesmo de firmar e reger a cognição por determinações da própria realidade. Traçado pelo qual, de partida, o em-si real, a totalidade efetiva, é pulverizada na diversidade dos reflexos, e assim, isolada de sua efetividade concreta, despojada de sua existência independente das formas de consciência, só resta ou é convertida em norma de procedimento, isto é, em uma espécie de inatingível dever-ser da cientificidade. Em suma, o *ponto de vista* da formulação primitiva é transformado em *postulado* na equação mais recente. Pressuposto do conhecimento da realidade na primeira e princípio epistêmico na segunda, em ambas a totalidade é estreitada e expressa como forma da subjetividade que sobrepaira à realidade. E tanto mais graves se mostram as latências dessas agudas impropriedades, quando se considera que Lukács, já em pleno vértice do "Prefácio" de 1967, transcrevendo literalmente de "O que é marxismo ortodoxo?" o afamado trecho da canonização do *método*, reafirma-o enquanto identidade do pensamento marxiano:

> [...] as observações introdutórias do primeiro artigo oferecem uma determinação da ortodoxia no marxismo que, segundo minhas convicções atuais, não apenas é objetivamente verdadeira, mas que também hoje, na véspera do renascimento do marxismo, poderia ter uma importância considerável.[193]

Ora, a categoria da totalidade, tanto como formação real quanto ideal, preenche espaços vitais no pensamento marxiano, mas não é jamais *ponto de vista* ou *postulado*. Dessas formações já se tratou em vários momentos ao longo deste trabalho, bastando agora uma breve rememoração. Na escala infinita das entifi-

---

[193] Georg Lukács, "Prefácio", cit., p. 29.

cações reais da totalidade, desde a singularidade de um simples objeto ou relação à universalidade dos mesmos em suas respectivas completitudes, o complexo repleno da mesma, a totalidade propriamente dita, é integrado pelas figuras da *atividade sensível* – o multiverso das coisas e a pluralidade dos sujeitos, na diversidade das formas de interatividade orgânica em que o conjunto delas é produzido e reproduzido, peculiarmente, em cada patamar de existência historicamente efetivado. Como tal, forma ontoprática de existência, a totalidade é a formação real e concreta na multiplicidade de seus traços e movimentos efetivos, ou seja, o todo funcional e contraditório que engendra e vive sua lógica específica. É a realidade enquanto realidade, material e espiritual, antes, durante ou depois de pensada, ou seja, o *locus* e a substância de toda atividade sensível e de toda atividade ideal nela embutida; e nessa concretude o ponto de partida da ciência, isto é, como diz Marx, da "elaboração da intuição e da representação em conceitos". Tomada, para efeito analítico, em sua plenitude ou por suas partes constitutivas, legitimamente destacadas ou iluminadas em suas reais configurações unitárias, ou seja, encarada como objeto da atividade cognitiva, na qual é reproduzida pelo pensamento, a totalidade assume a feição da concretude pensada. São as duas formas da totalidade reconhecidas nos textos marxianos: de um lado, o concreto real, de outro, o concreto ideal, tal como expostas classicamente na parte 3 da "Introdução de 1857":

> O concreto é concreto porque é a síntese de muitas determinações, isto é, unidade do diverso. Por isso o concreto aparece no pensamento como o processo de síntese, como resultado, não como ponto de partida, ainda que seja o ponto de partida efetivo [...] é a maneira de proceder do pensamento para se apropriar do concreto, para o reproduzir como concreto pensado. [....] O todo, tal como aparece no cérebro, como um todo de pensamentos, é um produto do cérebro pensante que se apropria do mundo do único modo que lhe é possível.[194]

O processo cognitivo é, pois, a transposição de um concreto a outro, a reconfiguração do real no ideal, isto é, a recomposição do todo real em todo conceitual. Dito de outro modo, conhecer é precisamente capturar e expor a totalidade real da única maneira pela qual isso é possível, ou seja, na forma da totalidade pensada. Não há lugar, pois, para uma acepção da totalidade enquanto ponto de vista ou postulado, mesmo porque ambos são por natureza, meramente, uma espécie de autoimperativo da subjetividade, quando, marxianamente, o único imperativo a ser cumprido pela subjetividade cognitiva é posto pela esfinge do objeto.

---

[194] Karl Marx, "Introdução de 1857", em *Karl Marx* (São Paulo, Abril Cultural, 1974, Coleção Os Pensadores), p. 122-3.

Que a decifração ou reprodução ideal de um objeto possa se delongar por milênios, tome-se o exemplo histórico do *valor*, ou que o conhecimento se faça por aproximações, rupturas e reviravoltas são outros aspectos ou problemas, nos quais, por sinal, Lukács se embaraçou, tanto que, nas várias oportunidades em que traz à tona excertos da parte metodológica da "Introdução de 1857", ele o faz preponderantemente em arrimo de considerações que ressaltam esses traços do andamento sócio-histórico da cognição, e não a propósito do modo pelo qual o "cérebro pensante se apropria do mundo", produzindo uma "totalidade concreta como totalidade de pensamentos", que é o conteúdo explícito das reflexões marxianas nessas que são a esse respeito as suas páginas mais elaboradas. Trata-se de um profundo lapso da análise lukacsiana, ou antes de uma pronunciada incorreção; constitui, em verdade, um dos sintomas mais claros e fortes de uma lacuna muito maior, algo que sinaliza para aquilo que, mais atrás, foi aludido como um *não sabido*, que condicionou, ao menos até a *Estética*, parte considerável da analítica lukacsiana, e que envolveu a admissão de um suposto vácuo no pensamento marxiano, cujo preenchimento tentou-se levar a cabo em subordinação à *exterioridade* do complexo gnosioepistêmico. Em termos bem gerais e sumários, tudo se passou nesse arcabouço falaz como se o pensamento marxiano demarcasse uma *prática metodológica*, mas não contivesse a sustentação teórica da mesma e, menos ainda, de sua fundamentação gnosiológica. Donde todo o vasto quiproquó posto em cena.

A inexistência na obra de Marx de textos autônomos e sistemáticos sobre essa matéria facilitou a emergência e a consolidação desse suposto, aliás, gerado bem antes da incursão de Lukács pela esfera do marxismo. Contudo, sua visão tradicional do arranjo das disciplinas filosóficas, acompanhada de ponderável acentuação na continuidade histórica das ideias, foram as matrizes que dificultaram e confundiram sua resistência às imposições e restrições teóricas de seu tempo, das quais não conseguiu se libertar plenamente, seja em função do peso alcançado pelo epistemologismo em geral, seja pelo fardo recebido do rudimentar tradicionalismo gnosiológico de Engels e Lenin. Nesse sentido é muito ilustrativa a justificação que oferece no "Prefácio" de 1967 para o hiper-hegelianismo de *História e consciência de classe*, onde pincela o viés desse rumo teórico pelo interior dos embates com as tendências, igualmente errôneas, da Segunda Internacional:

> As apelações à dialética de Hegel significavam um duro golpe na tradição revisionista; já Bernstein se havia proposto eliminar do materialismo, *sub titulo* "cientificidade", tudo que recordasse a dialética hegeliana. E seus antagonistas ideológicos, começando por Kautsky, estavam muito longe de propor uma defesa do legado de Hegel. Era, pois, óbvia para uma volta revolucionária ao marxismo a obrigação de renovar neste

as tradições hegelianas. *História e consciência de classe* significou o intento talvez mais radical de reatualizar o revolucionário de Marx mediante uma renovação e continuação da dialética hegeliana e de seu método.[195]

Tal como Lenin na guerra das teorias do conhecimento, Lukács admitira o confronto na arena do complexo da *exterioridade*: contra o kantismo dos revisionistas empunhou a lança dialética de Hegel. É deplorável a fragilidade dessa pobre tentativa de ressurreição teórica de Marx, soerguido a custo e projetado ao futuro somente pela incorporação de um sopro do passado. Hoje, é evidente que toda essa polêmica foi travada ao arrepio do caráter do pensamento marxiano, uma vez que expõe à flor da pele o consenso subjacente que unia os contendores quanto à existência do pretenso vácuo teórico na reflexão marxiana. Lukács, à semelhança dos rivais, não tendo questionado a natureza e a validade do aparato das ciências e das disciplinas filosóficas, tal como fora herdado dos fins do século XIX, também não pôde escapar ao vórtice do pretenso vácuo teórico, e desse modo sucumbiu ao encargo perverso de levar a cabo o aterro epistêmico do mesmo. Perdeu com isso, em grande parte, como tantos outros, momentos dos mais agudos e característicos da legítima propositura marxiana. De fato, o que escapou a Lukács até a *Estética* foi a própria instauração ontológica de Marx, donde ter se dedicado à cerzidura lógico-epistêmica de uma fenda inexistente, no que esteve muito bem acompanhado ao longo do século, até mesmo por artífices mais hábeis e rigorosos, mas, em diversos casos, muito menos preocupados com a autenticidade da herança marxiana, o que os eximia e exime de certos encargos e responsabilidades que, inversamente, atingiam o grau máximo no caso do marxista húngaro.

Ao não se dar conta ou muito ter relutado em admitir, e não estritamente por motivos teóricos, a natureza ontológica do pensamento marxiano, até à época da redação da *Estética*, Lukács não pôde atinar com os rastros e os princípios da *resolução ontoprática da problemática do conhecimento* e com o modo pelo qual o "cérebro pensante se apropria do mundo", ou seja, com a *teoria das abstrações*, demarcadas consistentemente por Marx. É, precisamente, esse conjunto de vigorosos elementos teóricos que constitui o *não sabido* que Lukács, no interior de uma longa e descarrilada tradição interpretativa da obra marxiana, tomou ou deixou passar como um vácuo à raiz do pensamento de Marx. Os múltiplos fatores que condicionaram e, em larga medida, ainda condicionam essa falta de acuidade são de toda natureza e se espraiam por todos os planos. Não há exagero em dizer que poucas vezes na história do pensamento hão de se ter aglutinado tantas adversidades para gerar o desentendi-

---

[195] Georg Lukács, "Prefácio", cit., p. 21-2.

mento da obra de um autor. Basta considerar que Marx foi o único em nome de cujo ideário ponderáveis setores da humanidade tentaram a própria transfiguração prática do mundo, e que essa tentativa redundou por suas inviabilidades originárias no mais patético dos desastres históricos. Falência esclarecedora, todavia, que, ao lado da plena entificação em curso do mercado mundial, confirma a teoria marxiana como nenhum acontecimento anterior o fez, no exato momento, contraditoriamente, em que Marx decaiu para o nível mais baixo de descrédito em que jamais se encontrou.

A reprodução do *não sabido* ou da ocultação histórica da reconversão marxiana da problemática gnosiometodológica, em nada um privilégio das cogitações lukacsianas, é mais especialmente impactante nesse caso, dadas as inclinações ontologizantes que Lukács sempre manifestou e, acima de tudo, porque foi ele próprio que, na undécima hora, acabou por estabelecer a efetiva natureza do pensamento marxiano. Com efeito, uma proeza intelectual que abriu perspectivas extraordinárias para o estudo de Marx, e a partir disto para o conjunto da questão ontológica e de toda a sua história. Viabilizou, entre outras possibilidades, a apreciação crítica do próprio itinerário lukacsiano, para além do espírito rotineiro e da superficialidade com os quais em geral tem sido encarado; desse modo, a análise aqui desenvolvida é, por sua direção, francamente tributária dos méritos derradeiros de seu objeto. Mas, enquanto essa mutação analítica não ocorreu, lavraram na obra lukacsiana graves dissonâncias em relação ao pensamento marxiano. É ocioso voltar ao seu detalhamento, porém, a reaglutinação cortante dos eixos fundamentais de tais desacertos pode ampliar sua visibilidade.

Houvesse esbarrado, de algum modo, na *resolução ontoprática da problemática do conhecimento* e no delineamento da *teoria das abstrações*, Lukács não se teria extraviado pela tortuosa justificativa do em-si epistêmico e no modo pelo qual, através da dialética entre universalidade, particularidade e singularidade, pretendeu estabelecer a fisionomia do método marxiano. Por um lado, seriam absolutamente supérfluas e deslocadas as garantias abstratas oferecidas à objetividade das coisas e à norma segundo a qual a ciência deve partir do objeto, diante da resolutiva multilateralidade concreta do reconhecimento ontológico da atividade sensível como sujeito e objeto, que ainda mais se eleva por deixar estabelecida a possibilidade efetiva do conhecimento, dirimindo com isso a clássica questão gnosiológica, pela qual o percurso lukacsiano simplesmente não passa. De outra parte, se tivesse vislumbrado, ainda que parcialmente a *teoria das abstrações*, não chegaria a transformar a dialética da universalidade, particularidade e singularidade no pretenso *vínculo lógico* entre Marx e Hegel, e assim preservado esses dois grandes autores, pois a exposição da mesma, em verdade, não faz justiça a nenhum deles. Reprovando e querendo se livrar dos lados mais especulativos do procedimento hegeliano, ao mesmo tempo em que procura torná-lo mais íntimo aos objetos reais, Lukács termina por reter contornos e movimentos próximos a um involuntário rito formalizante, produzido pelo conflito de suas tendências reflexivas: de um lado, tende a deixar engastada na argumentação o subentendido de certo papel fundante da lógica, talvez o aspecto mais palpável de sua visão tradicional da arrumação das disciplinas filosóficas; de outro, pende à supressão da lógica, não só porque almeja alcançar as coisas, mas porque propende a uma deslogificação de Hegel, em benefício do ressalto de suas inclinações à objetividade. Que Hegel ou, especificamente, sua lógica possam se prestar ou não a isso, aqui não vem ao caso, mas apenas que todo esse urdume de contrapostos não passa de uma mediação problemática, desnecessária e imprópria para preencher, por meio da herança hegeliana, o pretenso vácuo do pensamento marxiano. Se tivesse vislumbrado os contornos da *teoria das abstrações*, teria sido alertado que as empreitadas teóricas de Marx não partem de uma lógica, e assim experimentado dificuldades intransponíveis para embutir na estrutura dos procedimentos marxianos um aparato dessa natureza; por consequência, a tese do *vínculo lógico*, em toda sua extensão, não teria tido como subsistir. Por isso, exatamente, no início deste estatuto, voltado ao caso lukacsiano, afirmou-se que a teoria das abstrações, por seu efeito norteador, pode servir de âncora analítica a serviço da decifração da obra marxiana, tendo fluído por conta disso, como exemplos marcantes de extravios, a exposição e crítica de algumas das formulações lukacsianas.

Em síntese, de posse da resolução ontoprática da problemática do conhecimento e da teoria das abstrações, Lukács disporia de meios para sustentar marxianamente a independência do ser em face da consciência, a possibilidade do saber científico e a prioridade do objeto como ponto de partida da ciência, sem lançar mão do débil estratagema do em-si epistêmico; da mesma maneira, teria compreendido o modo pelo qual a cabeça se apropria da realidade por meio do concreto de pensamentos, sem forçar à existência uma herança hegeliana pela reiteração sem brilho da tese do vínculo lógico entre Marx e Hegel, que em outras mãos acaba mesmo por se converter em dependência lógica do primeiro em relação ao segundo, o que é ainda mais despropositado. Tratadas por essas vias extrínsecas à concepção marxiana, as relações entre esses dois grandes autores findam inteira e perversamente obscurecidas, contra as melhores intenções analíticas, inclusive as de seus mais sofisticados praticantes.

Em contrapeso aos descaminhos lukacsianos, já foi ressaltado o acerto e a importância de seu original tratamento da particularização marxiana. Contudo, mesmo aqui a falta da correta orientação de fundo se fez sentir. Talvez porque estivesse voltado, prioritariamente, para a categoria da particularidade como centro organizador da atividade estética, mas com certeza porque também estava embaraçado no interior do quadro da lógica entre universal, particular e singular, deixou de tirar maior e melhor proveito de sua correta percepção e determinação da problemática da particularidade. Esta, todavia, presa no interior dos movimentos de uma dialética do universal, particular e singular, tal como traçada por Lukács enquanto método marxiano, apesar do relevo com que é tratada, não alcança a centralidade e a complexidade que a particularização – processo analítico de determinação ou concreção – possui na dinâmica multilateral do que Marx chama de "viagem ao inverso", ou seja, do *caminho da volta*, que perfaz o retorno das abstrações razoáveis ao todo concreto, andamento que constitui "manifestamente o método cientificamente exato"[196], que não lida apenas com graus de generalização, mas com a totalidade das determinações interconexas pelas quais as abstrações são convertidas em concretos pensados. Numa frase, escapa a Lukács a conexão mais estreita e decisiva entre particularidade e o modo pelo qual o "cérebro pensante se apropria do mundo", isto é, entre particularidade e teoria das abstrações, no interior da qual ela manifesta, no plano ideal, sua plena força e significação. Talvez seja o caso de afirmar, a propósito desse confinamento lógico da concepção lukacsiana da particularidade, o que ele próprio disse de Aristóteles no que tange ao *termo médio*. No capítulo 12, volume I, da *Estética*, tantas vezes já citado, Lukács, observando que uma das debilidades específicas da dialética aristotélica é operar somente com as categorias de universalidade e singularidade, comenta com grande simpatia pelo trabalho do autor grego:

> Não é nada insólito na história do pensamento que grandes inovadores não consigam tomar consciência da importância plena, desenvolvida, daquilo que tenham descoberto. Assim, por exemplo, Aristóteles conseguiu com seu posicionamento do termo médio um caminho extraordinariamente fecundo para a fundamentação da ética, porém, não foi capaz de dar o passo seguinte, que consiste em conceber esse termo médio ou centro como particularidade.[197]

Assim, guardadas as proporções, Lukács, pelo resgate da lógica da particularidade, alcançou a fundamentação da estética, mas não foi capaz de dar o passo subsequente, pelo qual a particularização é reconhecida como o centro do método científico, isto é, da teoria das abstrações, pela óbvia razão de que esta última não foi advertida por seu horizonte teórico.

---

[196] Karl Marx, "Introdução de 1857", cit., p. 122.
[197] Georg Lukács, *Estética*, cit., p. 229.

Cabem, em linha semelhante, ponderações relativas ao conjunto da propositura lukacsiana da dialética entre universalidade, particularidade e singularidade, desde logo porque no parágrafo anterior, com destaque, já fora feita a devida ressalva ao tratamento que Lukács dispensou à categoria da particularidade. Recusar a tese do vínculo lógico e criticar a impropriedade da formulação da lógica do universal, particular e singular como método marxiano de extração hegeliana, não implica a inexistência de qualquer tipo de nexo entre Marx e Hegel, mas o deslocamento de quaisquer vínculos possíveis à devida esfera secundária das influências, ressonâncias e absorções difusas, que se deram por certo em mais de um plano. Assimilações de maior ou menor monta, porém, sempre integradas à ruptura de fundo, levada a cabo na própria instauração do pensamento marxiano e jamais reconsiderada.

Não se trata aqui de enveredar por esse território, nem mesmo simplesmente de inventariar as principais ocorrências desse tipo, mas de tecer apenas, sob o diapasão dessa ordem de influências, considerações finais sobre a propositura da dialética entre universal, particular e singular, para ressaltar, em primeiro lugar, que esta enquanto preenchimento do *não sabido* referente à teoria das abstrações antes tolda do que esclarece, mais afasta do que aproxima o procedimento marxiano da lógica de Hegel, pois sob tal feição opera sem notar uma substituição radical e indevida, tornando impossível investigar, por dissolução do objeto, que ressonâncias hegelianas mais ou menos distantes poderiam ecoar no genuíno procedimento de Marx, concebido e reiterado por ele próprio como oposto ao hegeliano. A diferença diametral – "meu método dialético não só difere do hegeliano, mas é também a sua antítese direta" ("Posfácio" da segunda edição de *O capital*, 1873) – sabemos qual é: no mesmo lugar é declarado que o processo do pensamento é hegelianamente transformado num demiurgo do real, enquanto que na concepção marxiana o ideal não é nada mais do que o material transposto e traduzido na cabeça do homem. Ou seja, a diferença antitética é de caráter ontológico: o ser é prioritário em relação ao pensamento e este é um concreto pensado, não um produto autônomo. Isso não impede, todavia, que no mesmo "Posfácio", Marx reconheça a propósito da dialética, como em diversas outras oportunidades e sempre praticamente do mesmo modo, que Hegel "tenha sido o primeiro a expor as suas formas gerais de movimento, de maneira ampla e consciente", na qual reconhece também um "cerne racional". De modo que nada impede que os movimentos de concreção da teoria das abstrações, *a síntese de múltiplas determinações*, contenha subsidiariamente a contribuição de momentos da determinação dessas formas gerais do movimento, sempre que imanentes ao objeto e nunca a ele atribuídos pelo pensamento. Nesse sentido, na medida em que todo processo de concreção analítica sempre se move, necessariamente, nos três níveis, reais e ideais, de generalização, uma dialética de universal, particular e singular sempre estará presente como o momento mais remoto e abstrato do processo determinativo. Sob essa condição, uma lógica ou dialética do universal, particular e singular será o feixe – "o elemento comum que é ele próprio um conjunto complexo, um conjunto de determinações diferentes e divergentes" ("Introdução de 1857") – mais abstrato das abstrações razoáveis, que enquanto tal não determina nenhum objeto concreto. Dada a generalidade máxima dessa mais abstrata das abstrações razoáveis ela é dizível de qualquer objeto, é a voz abstrata mais tênue, uma generalidade tão universal que não quebra a mudez do singular, apenas lembra ou assinala que isso é possível, e nesse sentido pode servir de guia distante para a formulação das abstrações razoáveis, e do mesmo modo para os passos da concreção. Donde o lugar e o sentido precisos de uma dialética do universal, particular e singular, no âmbito da reprodução ideal dos objetos, são dados precisamente pela teoria das abstrações, fora da qual e em particular como sua forma substitutiva é uma extração sub-hegeliana, convertida em contrafação marxista do procedimento marxiano.

Reconhecer, pois, influências e ressonâncias hegelianas no pensamento de Marx, não conduz nem obriga a fazer deste um herdeiro ou dependente daquela vertente, seja no campo da lógica ou em qualquer outro. Diante do porte e da significação histórica da obra hegeliana, incompreensível seria mesmo se dela não houvessem irradiado alguns nódulos ou certos estímulos e referenciais para a grande empreitada marxiana. Considere-se de novo a menção explícita de Marx às "formas gerais do movimento", mas agora não a respeito dos processos analíticos de concreção, e sim remetidas aos movimentos do ser. Por certo, na esfera ontológica as irradiações hegelianas no pensamento de Marx devem ser mesmo mais expressivas do que no plano lógico, independentemente da fusão entre ambos no ideário de Hegel. Figurações conceituais relativas à historicidade, processualidade, ao ser matrizado pela contradição, ou seja, à universal contraditoriedade do mundo, e assim por diante, são aquisições de tal ordem que têm de ser retidas independentemente da forma e dos meios pelos quais foram originariamente concebidas. Repercutem por seu próprio peso, de maneira que o melhor será dizer que Marx terá se apropriado de alguns resultados, mas contra os rumos e os meios pelos quais certas conquistas hegelianas se efetivaram; apropriação, em especial, de lineamentos ontológicos isolados e desinseridos de seus contextos, à semelhança do que fizera em relação a Feuerbach, na instauração de seu próprio modo original de conceber e elaborar a reprodução intelectual do complexo de complexos da mundaneidade dos homens. Desde logo porque um dos traços mais característicos da posição ontológica instaurada por Marx é a ruptura com a especulação ou qualquer modo apriorista de elaboração teórica, pois, como diz Mészáros com muita acuidade,

> [...] a metodologia do *apriorismo* não brota de uma árvore filosófica especial, advinda de um solo composto a partir do nada, mas das contradições insolúveis de um determinado ser social, que é forçado a *reverter*, em sua imaginação, as relações estruturais reais da sociedade de modo a produzir uma *"prova a priori"* da "ordem racional" da sociedade descrita de cima para baixo, da história concebida ao contrário. Isso é claramente evidente nas construções hegelianas.[198]

Ruptura que é uma passada crucial e essencial, não um simples ajuste ou retoque, nem mesmo uma purificação mais completa de uma herança grandiosa mas problemática, visto que, em

> [...] sua nova síntese, estruturada em oposição consciente aos sistemas filosóficos de seus predecessores [...] a concepção marxiana da dialética foi além de Hegel, precisamente desde o momento inicial, em dois aspectos fundamentais, embora Marx continuasse a considerar a dialética de Hegel como a forma básica de toda dialética. Em primeiro lugar, a crítica da transformação hegeliana da dialética objetiva em construção conceitual especulativa [...] estabelecia a ação recíproca de forças objetivas como a verdadeira estrutura da dialética e como o terreno real da determinação dos mais mediatizados fatores subjetivos. E, em segundo lugar, a demonstração dos determinantes ideológicos da dialética conceitual-especulativa de Hegel – a "dissolução e restauração do mundo empírico" como construção anistórica, que contradiz as potencialidades profundamente históricas da própria concepção hegeliana – pôs em relevo, de uma maneira enfática, o dinamismo irreprimível dos desenvolvimentos históricos reais, juntamente com uma indicação precisa das alavancas necessárias com as quais o agente revolucionário está em condição de intervir, de acordo com seus objetivos conscientes, na manifestação positiva da dialética objetiva.[199]

De sorte que, conclusivamente, a inspiração e o uso de certas categorias hegelianas não se dão

> [...] no sentido de alguma influência problemática que deixaria um elemento estranho no corpo do pensamento marxiano, mas categorias consideradas como '*Daseinsformen*', na estrutura de uma teoria profundamente original, são transferidas de Hegel para o universo do discurso de Marx e aí reativadas com um sentido qualitativamente diferente.[200]

---

[198] István Mészáros, *Filosofia, ideologia e ciência social* (São Paulo, Boitempo, 2008), p. 81.
[199] Ibidem, p. 113-4.
[200] Ibidem, p. 116-7.

Donde a simples noção ou a mera hipótese de herança hegeliana ou *vínculo lógico*, bem como outras do gênero, transparecerem, em face da natureza do pensamento marxiano, como um engano radical, que induz a vastos descaminhos analíticos, promotores do desentendimento da obra de Marx em vários planos.

Uma avaliação mais ampla das impropriedades teóricas lukacsianas durante a longa duração de seu marxismo proto-ontológico não entra nem longinquamente, é óbvio, nas cogitações da crítica aqui pespontada. Contudo, a natureza comum dos conjuntos problemáticos abordados permite assinalar que a grande dificuldade encontrada por Lukács, na identificação do pensamento marxiano, é da mesma ordem daquela que transpassa toda a história da ontologia, cujo tratamento sempre esteve, de algum modo, embaraçado por questões lógicas e gnosiológicas em geral. Basta observar que Lukács, somente à época da preparação da *Ontologia*, e isso não terá ocorrido por mera casualidade, se deu conta ou tratou abertamente de aspectos dessa questão, mesmo que limitando o enfoque ao panorama dos dois últimos séculos, que demarcam a face mais aguda do problema, quando já está em curso a própria desqualificação e excludência da ontologia como prática teórica fundante. Foi apenas nessa oportunidade que explicitou o problema sob a forma da contraposição entre *critério ontológico* e *critério gnosiológico*. Ocorreram, então, mudanças fundamentais. A crítica a Hegel foi elevada acentuadamente, chegando ao ponto mais agudo nos *Prolegômenos para a ontologia do ser social*, segunda e última versão da empreitada. Em nenhum dos dois textos a tematização da dialética entre universalidade, particularidade e singularidade foi retomada, e a "mais importante descoberta metodológica de Hegel"[201] passou a ser a das determinações reflexivas [*Reflexionsbestimmungen*] – capítulo sobre Hegel, 2. É claro, a lógica cedeu lugar à ontologia, posta agora no centro da tematização, que em Hegel foi vista, criticamente, segundo o diagnóstico de uma dupla ontologia, a verdadeira e a falsa, ambas expressas na forma de categorias lógicas: estas, no primeiro caso, são "componentes dinâmicos do movimento essencial da realidade, como graus ou etapas no caminho do espírito para realizar a si mesmo"[202]; enquanto que, no segundo, as conexões reais são constrangidas pelas conexões lógicas, de tal modo que "a ontologia sofre a violência conceitual da lógica"[203], ou seja, se torna uma resultante deformada "pelo predomínio metodológico dos princípios lógicos"[204].

---

[201] Georg Lukács, "A falsa e a verdadeira ontologia de Hegel", em *Ontologia do ser social*, cit., p. 77.

[202] Ibidem, p. 27.

[203] Ibidem, p. 55.

[204] Ibidem, p. 65.

Já no que tange a Marx, agora este se distingue de maneira mais nítida, tanto de Hegel quanto de sua imagem lukacsiana do período proto-ontológico:

> A ciência se desenvolve a partir da vida e, na vida, quer saibamos e queiramos ou não, somos obrigados a nos comportar espontaneamente de modo ontológico. [...] Acreditamos que, agindo assim, Marx criou uma nova forma tanto de cientificidade em geral quanto de ontologia; uma forma destinada a superar no futuro a constituição profundamente problemática, apesar de toda a riqueza dos fatos descobertos, da cientificidade moderna.[205]

Sem dúvida, a partir da identificação do caráter ontológico do pensamento marxiano, houve transformações substanciais na elaboração lukacsiana, mas o processo não chegou à integralidade, nem dispôs do tempo necessário de maturação para, talvez, vir a se completar. Assim, embora tenha havido uma grande inflexão, restaram ainda no sentido mais geral, apesar de tudo, uma espessa aura hegeliana e uma ênfase praticamente irretocada sobre a questão metodológica, mesmo sob o novo diagrama da subordinação dos problemas gnosiológicos ao plano ontológico, bem como se manteve um grande conjunto de dissonâncias em relação a Marx, que vão desde suposições exóticas como os "experimentos ideais da abstração", entendidos enquanto meios de investigação científica, até a pétrea insensibilidade para a mais extraordinária das concepções marxianas sobre a esfera política – a sua determinação ontonegativa da politicidade. Porém, tudo isso e muito mais é, simultaneamente, um universo inaugural e o ponto de arribação de um itinerário longo e tortuoso, que demandam exame específico e detalhado, e que não pode ser confinado aos parágrafos finais de uma abordagem desenhada por outros objetivos.

---

[205] Georg Lukács, *Os princípios ontológicos fundamentais de Marx* (São Paulo, Ciências Humanas, 1979), p. 27.

MARX: A ANALÍTICA DAS COISAS

Agora é só cuidar da conclusão, anotando que nem mesmo nos escritos da *Ontologia* a teoria das abstrações foi advertida por Lukács, o que dimensiona bem a incompletude da transição lukacsiana ao marxismo ontológico. Impercebido que é o responsável principal pelo feitio demasiado abstrato do tratamento lukacsiano das questões metodológicas, que tendem a ser resolvidas, apesar do lugar proeminente que sempre ocupam, ao nível rarefeito dos princípios ou dos grandes condicionamentos históricos, sem que os procedimentos analíticos que perfazem a captura ideal dos objetos sejam mais efetivamente tocados. Com efeito, outra não poderia ter sido nesse campo a tendência predominante de seu pensamento, em face da ausência, nele constatada, do urdume peculiar à investigação marxiana que reproduz as determinações reais, identificado e sintetizado pela teoria das abstrações, uma vez que esta, ou seja, o *método* marxiano, tomado por seus momentos estruturais, pode ser reconhecido e enunciado como o modo de produção de concretos de pensamentos a partir da destilação prévia de abstrações razoáveis. Procedimento no qual a decantação preliminar é, por assim dizer, errante, um trabalho de sapa em que a *força de abstração* confronta de saída e sem qualquer ponto de arrimo a imediatez do todo sensível do objeto, uma aproximação cognitiva, pois, que se defronta com a face lisa, desprovida da textura de mediações que faz do objeto ou de conexões únicas de objetos singularidades efetivas, mas que está oculta na *totalidade muda* com que os mesmos se apresentam na abstratividade própria e incontornável à relação imediata do sujeito com o concreto indecifrado. É o momento do trânsito entre a afirmação e a dissolução da certeza sensível imediata: "Parece que o correto é começar pelo real e pelo concreto, que são a pressuposição prévia e efetiva", mas que desemboca numa "representação caótica do todo". Todavia, a partir disso, "através de uma determinação mais precisa, através da análise, chegaríamos a conceitos cada vez mais simples", ou seja, às *abstrações razoáveis*, com e por meio das quais tem início "a viagem ao inverso"[1], isto é, o caminho cientificamente exato da concreção ou particularização; em suma, a rota seguida pela cabeça no desvendamento da lógica das coisas. Processo em dois tempos não apenas enunciado, mas confirmado e reiterado inúmeras vezes por Marx, tanto no exercício de seu trabalho reflexivo quanto através de esclarecimentos e depoimentos específicos, aos quais Lukács, à semelhança de tantos outros, dá as costas, nem mesmo os aludindo, como se inexistissem ou fossem ignoráveis, mas que contrariam frontalmente os vieses gnosioepistêmicos de uma infinidade de intérpretes, fazendo com que estes, por isso mesmo, restem sempre desafiados pela vigorosa presença daqueles, patentes na condição e qualidade de fatos teóricos indeléveis, enquanto tais decisivos, pois indissoluvelmente integrados à argamassa da arquitetônica marxiana, para cuja delucidação imanente são, no mínimo dos mínimos, pistas da mais alta relevância.

Pronunciamentos inequívocos que se estendem pelo conjunto da obra marxiana, assegurando a inexistência de qualquer tipo de antessala lógico-epistêmica ou apriorismo teórico-metodológico em sua plataforma científica, o que condiz à perfeição com os seus delineamentos da teoria das abstrações. Posicionamento que, sob expressão positiva, sustenta de modo categórico a prioridade e a regência do objeto ou, mais rigorosamente, da *coisa* enquanto tal – do entificado real ou ideal em sua autonomia do ato cognitivo – para todo o processo do conhecimento. Desde a "Crítica de Kreuznach" (1843) até às "Glosas marginais ao 'Tratado de economia política' de Adolf Wagner" (1880), não só o mesmo diapasão é sustentado como seus timbres se elevam em densidade e explicitação. Da primeira, bastante explorada no estatuto 2 deste trabalho, basta recordar a identificação marxiana da "crítica verdadeiramente filosófica", literalmente contra Hegel, enquanto "apreender a lógica específica do objeto específico"[2] (§ 304). Da mesma forma sucinta, agora do "Terceiro manuscrito" de 1844, é bem ilustrativa a passagem em que a propósito da indústria, determinada como "a relação histórica *efetiva* da natureza, e por isso da ciência natural, com o homem" e com isso "base da ciência *humana*, do mesmo modo que já se tornou – ainda que de forma alienada – a base da vida humana efetiva", e tendo destacado também que "dar uma base à vida e outra à *ciência* é, pois, de antemão, uma mentira", Marx finda por concluir que "A *sensibilidade* (vide

---

[1] Karl Marx, "Introdução de 1857", em *Karl Marx* (São Paulo, Abril Cultural, 1974, Coleção Os Pensadores), p. 122.

[2] Idem, *Crítica da filosofia do direito de Hegel* (São Paulo, Boitempo, 2005), p. 108.

Feuerbach) tem de ser a base de toda ciência. Apenas quando esta parte daquela na dupla figura tanto da consciência *sensível* quanto da carência *sensível* – portanto apenas quando a ciência parte da natureza – ela é ciência *efetiva*"[3]. Não importa o transfundo feuerbachiano do excerto, nem mesmo o abafamento do conteúdo que o mesmo acarreta, mas observar que as expressões *consciência sensível* e *carecimento sensível* remetem ao conhecimento *direto*, sem qualquer interstício gnosiológico, de sujeitos e objetos reais, à consciência das coisas e dos homens enquanto entificações sensíveis, forma que prenuncia a tematização posterior da atividade sensível como sujeito e objeto, propugnando, assim, uma cientificidade enraizada e regida pela terrenalidade das coisas e dos homens concretos. E já que Marx faz aí uma remissão explícita a Feuerbach, compete lembrar algumas formulações deste, para auxiliar no entendimento da passagem marxiana, inclusive por suas diferenças. Em *Para a crítica da filosofia hegeliana* (1839), o leitor se depara com uma bateria muito eloquente de questionamentos:

> [...] que a filosofia deva ter um começo já não é um suposto? [...] O conceito de começo já não é um objeto que escapa à crítica, que é imediatamente verdadeiro e universalmente válido? Por que no começo não posso renunciar justamente ao conceito de começo? Por que não posso me referir de modo imediato ao real? Hegel começa pelo ser, quer dizer, pelo conceito de ser ou ser abstrato. Por que não posso começar pelo ser mesmo, vale dizer, pelo ser real?[4]

Quadro que principia a ser respondido de modo bem sintético dois parágrafos à frente: "Pensar é uma atividade imediata, na medida em que é autoatividade". E bem mais adiante é determinado o objeto: "A realidade do ser sensível singular é para nós uma verdade selada com nosso *sangue*. [...] o ser sensível é o ser permanente e imutável para a consciência sensível"[5], de modo que, sustenta algumas páginas à frente, "o pensamento não pode pensar mais do que o existente [*Seiendes*], pois ele mesmo é uma atividade *existente* e real".

Afirmação essa que se transforma num aforismo taxativo nas "Teses provisórias para a reforma da filosofia": "A filosofia é o conhecimento *do que é*. A lei suprema da filosofia, sua mais alta missão, consiste em pensar e conhecer as coisas e os seres

---

[3] Idem, *Manuscritos econômico-filosóficos* (São Paulo, Boitempo, 2004), p. 110.

[4] Ludwig Feuerbach, *Apuntes para la crítica de la filosofía de Hegel* (Buenos Aires, La Pleyade, 1974), p. 34, nota 1.

[5] Idem, "Teses provisórias para a reforma da filosofia", em *Princípios da filosofia do futuro* (Lisboa, Edições 70, 1988), p. 21. Disponível em <http://www.lusosofia.net/textos/feuerbach_teses_provisorias_de_reforma_da_filosofia.pdf>.

[*Wesen*] *tais como são*"⁶, para numa das máximas derradeiras do mesmo conjunto assegurar: "Todas as ciências devem fundar-se na natureza. Enquanto não seja encontrada sua *base natural*, uma teoria é unicamente uma *hipótese*"⁷. E a título de arremate, figure também um trecho do § 38 dos *Princípios da filosofia do futuro*: "somente o sensível é claro como o dia; só onde *começa a sensibilidade cessa toda a dúvida e disputa*. O segredo do saber *imediato é a sensibilidade*"⁸. É evidente que o ressalto aqui pretendido não visa ao sensualismo ou ao empirismo feuerbachiano, nem muito menos a seu naturalismo, mas à encorpada ruptura com a especulação hegeliana e a correlata virada ontológica, que sustenta a forma do conhecimento direto dos objetos reais, postura de fundo assumida por Marx, sem dúvida que no interior de um processo de assimilação crítica de alguns traços da produção feuerbachiana, e também não esquecido que, ao tempo dessa adoção, a analítica marxiana ainda não se havia alteado aos lineamentos da teoria das abstrações.

Essa posição fundante do comportamento metódico também está presente em *A sagrada família*, de cuja expressão maior já se falou neste livro quando da abordagem de *O mistério da construção especulativa*. Não cabe retomá-la, mas aproveitar a oportunidade para recordar, pela menção a uma outra parcela da obra, *Batalha crítica contra o materialismo francês* (VI, 3, d), o universo teórico ao qual Marx vincula o contributo feuerbachiano e, por conseguinte, seu próprio equacionamento intelectual, no curso da fase constitutiva de seu pensamento original. *A sagrada família*, no todo e ao seu modo peculiar, é um aparato de trituração voltado contra *Bruno Bauer e consortes*, mas visando deliberadamente ferir de morte o conjunto do pensamento especulativo em todas as formas e níveis sob os quais se manifesta, tanto que a essa modalidade da prática filosófica é contraposto o materialismo, a propósito do qual Marx articula a referida sinopse histórica, centrada em sua vertente francesa. O traçado do quadro geral é bastante amplo, evocando significativamente uma densa e numerosa cadeia de autores, mas aqui basta um registro de poucos extratos. O esboço marxiano dessa batalha põe em confronto, basicamente, *o materialismo francês do século XVIII* e a *metafísica do século XVII*:

[...] o Iluminismo francês do século XVIII e, concretamente, o *materialismo francês*, não foram apenas uma luta contra as instituições políticas existentes e contra a religião e a teologia imperantes, mas também e na mesma medida uma luta *aberta* e *marcada*

---

⁶ Idem.
⁷ Idem.
⁸ Ibidem, p. 83.

contra a *metafísica do século XVIII* e contra *toda a metafísica,* especialmente contra a de *Descartes, Malebranche, Spinoza* e *Leibniz.*⁹

Choque no qual, ressalta Marx, "A filosofia foi oposta à metafísica", para cujo esclarecimento faz uma comparação cortante: "assim como Feuerbach, desde sua primeira tomada de posição contra Hegel, opôs a sóbria filosofia à embriaguez especulativa". Analogia cuja significação é desdobrada a seguir, não só pelo acréscimo de que, vencida na França, a metafísica do século XVII "alcançou sua *restauração vitoriosa e pletórica* na *filosofia alemã,* especialmente na *filosofia alemã especulativa* do século XIX"¹⁰, sendo Hegel retratado, literalmente, como o genial fundador de "um reino metafísico universal", mas também e principalmente porque, parágrafos à frente, é descrito o processo de decomposição do pensamento seiscentista:

> No século XVII, a metafísica (basta pensar em Descartes, Leibniz etc.) ainda aparecia mesclada com um conteúdo *positivo,* profano. Ela fez descobertas nos campos da matemática, da física e de outras ciências exatas, que pareciam fazer parte de seu campo de estudos. Essa aparência acabou destruída já no fim do século XVIII. As ciências positivas haviam se separado da metafísica a fim de traçar para si mesmas suas órbitas próprias e independentes. Toda a riqueza metafísica já se limitava apenas a entes especulativos e a objetos celestiais, precisamente no momento em que as coisas terrenas começavam a absorver e concentrar todo o interesse. A metafísica havia se tornado insossa.¹¹

Por isso – contraposto à restauração especulativa da metafísica e contrastando em face das críticas unilaterais de Bauer e Strauss, pelas quais

> [...] ambos vão *além* de Hegel, mas ambos permanecem também dentro de sua especulação. [...] É *Feuerbach* quem consuma e critica *Hegel do ponto de vista hegeliano,* ao dissolver o espírito metafísico *absoluto* no *"homem real sobre a base da natureza";* é ele o primeiro que consuma a *crítica da religião,* traçando, ao mesmo tempo, os grandes e magistrais *rasgos basilares* para a *crítica da especulação hegeliana* e, por isso, de *toda a metafísica.*¹²

Mais uma vez é preciso grifar que a ênfase conferida recai apenas sobre a aguda inclinação marxiana pelos objetos reais e pela aproximação cognitiva dos mesmos sem qualquer tipo de intermediação metódica antecipadamente estabelecida – essa última, gênero da prática teórica que, por natureza, carrega em si o vício da pretensão à autonomia em face das coisas examinadas. O destaque,

---

⁹ Karl Marx e Friedrich Engels, *A sagrada família* (São Paulo, Boitempo, 2003), p. 143-4.
¹⁰ Ibidem, p. 144.
¹¹ Ibidem, p. 145-6.
¹² Ibidem, p. 158-9.

pois, é sempre para os nódulos da parametração de fundo, e não para outros conteúdos, no caso feuerbachianos, pelos quais é grande o entusiasmo de Marx nas últimas citações, mas cuja moderação sobreveio com rapidez, como já se deixou configurado anteriormente.

De fato, progressões em consistência e densidade orgânicas é que demarcam o panorama conceitual de *A ideologia alemã*, desenvolvendo a textura da posição ontocognitiva alcançada e a visão crítica do pensamento feuerbachiano, bem como lançando vigamentos para a malha subsequente da reflexão marxiana. Importam aqui, nesta recompilação conclusiva de testemunhos, exclusivamente ilustrações das primeiras, aliás, bem numerosas nessa obra, e qualquer uma das mesmas satisfaria os propósitos deste segmento. Em realidade, a escolha poderia ser aleatória, mesmo porque algumas já figuram em partes anteriores desta exposição. Assim, fiquemos apenas com o último parágrafo da primeira seção do texto. Suas linhas iniciais não só confirmam a *posição* assumida, como expressam sua diferenciação relativa a Feuerbach, sem que haja abolição da sintonia antiespeculativa e do reto faceamento das coisas:

> Ali onde termina a especulação, na vida real, começa também, portanto, a ciência real, positiva, a exposição da atividade prática, do processo prático de desenvolvimento dos homens. As fraseologias sobre a consciência acabam e o saber real tem de tomar o seu lugar.[13]

Note-se que a *sensibilidade* e a *natureza* de escritos anteriores, enquanto bases do conhecimento, cedem lugar, ou melhor, ganham a corporeidade da "vida real", da "atividade prática", ou seja, do concreto humano-societário. Ao lado disso, as frases subsequentes do trecho citado apresentam ao menos os rastros de outra novidade. Ao fazer a crítica da pretensa autonomia da filosofia especulativa, Marx avalia o papel das abstrações e bosqueja um perfil do andamento analítico em geral, que merece destaque particular. Com a *exposição da realidade*, cogita, em lugar da especulação pode aparecer "um resumo dos resultados mais gerais, que se deixam abstrair da consideração do desenvolvimento histórico dos homens. Estas abstrações, separadas da história real, não possuem valor algum. Podem servir apenas para facilitar a classificação do material histórico, para indicar a sequência de suas camadas singulares". E completa a ponderação indicando que "a dificuldade começa, ao contrário, apenas quando se passa à consideração [ou como figura numa variante: "a pesquisar a interdependência real, prática, dessas diferentes camadas"] e à ordenação do material, seja de uma época passada ou do

---

[13] Karl Marx e Friedrich Engels, *A ideologia alemã* (São Paulo, Boitempo, 2007), p. 95.

presente, quando se passa à exposição real", sustentando por fim que "a eliminação dessas dificuldades é condicionada por pressupostos que não podem ser expostos aqui, mas que resultam apenas do estudo do processo de vida real e da ação dos indivíduos de cada época"[14].

Há que se atentar em especial para certos pontos:

• o movimento analítico é esboçado num processo em dois tempos, formados, de uma parte, pelas abstrações, que resumem e facilitam a classificação das matérias, e de outra pela exposição real;

• a exposição real é uma ordenação, ou seja, uma articulação dos materiais, e nisto reside a dificuldade da operação cognitiva;

• as dificuldades são resolvidas tão somente pelo estudo, isto é, pela análise ou dissecação do próprio objeto, por meio da qual é elucidada sua ordenação ou lógica própria.

Sem dúvida, esses traços do andamento cognitivo confirmam e alargam as aquisições marxianas efetuadas nos textos precedentes; ademais, parecem a prefiguração mais remota dos passos constitutivos da teoria das abstrações e condizem com as declarações feitas por Marx nos últimos parágrafos do "Posfácio" da segunda edição de *O capital*. E a acentuação das distinções relativas a Feuerbach, além da mais substancial há pouco indicada, pode ser vista inclusive pelo detalhe referente ao tratamento conferido às abstrações. Enquanto Marx principia a atribuir às mesmas uma certa, ainda que pálida, função metodológica, Feuerbach apenas as visualiza, nas obras que influíram sobre o primeiro, como instrumentos da especulação:

> Até agora, o caminho da filosofia especulativa do abstrato ao concreto, do ideal ao real, é um caminho invertido. Por esse caminho nunca se chega à realidade *verdadeira, objetiva*, mas sempre unicamente à *realização de suas próprias abstrações* e, por isso mesmo, nunca se chega à verdadeira *liberdade* do espírito; pois, só a *intuição das coisas e dos seres* [Wesen] *na sua realidade objetiva libera e limpa o homem de todos os preconceitos*.[15]

Quando na sucessão dos textos se chega às páginas de *Miséria da filosofia*, dois fatos não devem ser esquecidos: que o livro, doze anos depois da publicação, foi ratificado por Marx no "Prefácio" de 1859 de *Contribuição à crítica da economia política*, onde assegura que "os pontos decisivos de nossa opinião foram indicados

---

[14] Idem.
[15] Ludwig Feuerbach, "Teses provisórias para a reforma da filosofia", em *Princípios da filosofia do futuro*, cit., p. 25.

cientificamente pela primeira vez, ainda que apenas de forma polêmica, em meu escrito *Miséria da filosofia*"[16]; e também que é das raras obras marxianas em que uma parcela da mesma foi dedicada a questões metodológicas (capítulo 2, § 1). Apesar dessa relevância, não se mudará a forma expositiva, que prosseguirá restrita ao mínimo. Desde logo, a ênfase marxiana contra a metafísica, a filosofia especulativa e o primado do método comparece com a mesma energia e severidade dos textos anteriores, desdobrando argumentos e visando, explicitamente, a Hegel, embora seu alvo imediato seja Proudhon: "Decididamente, o sr. Proudhon quis amedrontar os franceses, lançando-lhes ao rosto frases quase hegelianas. Temos, pois, que nos haver com dois homens, primeiro o sr. Proudhon, depois com Hegel"[17]. Todavia, mesmo antes desse indicativo, no último dos poucos e curtos parágrafos da introdução às "sete observações mais ou menos importantes", Marx já havia disparado com sarcasmo na mesma direção, fazendo de Hegel o centro e o resumo de seus objetivos críticos: "Ora, a metafísica, a filosofia inteira se resume, segundo Hegel, no método"[18]. Conteúdo e tonalidade com os quais articula toda a "Primeira observação", voltada à recusa da dialética hegeliana, ou seja, do *método absoluto*. Rechaço motivado, designadamente, pela natureza de sua dialeticidade, denunciada pela exposição marxiana como um aglutinado de categorias reduzidas "somente a ideias, pensamentos espontâneos, independentes das relações reais", engendradas pelo "movimento da razão pura, eterna, impessoal", pela qual "todas as coisas, em última abstração, se apresentam no estado de categoria lógica" e, por fim, "as categorias lógicas como substância"[19]. É ao que se restringe, segundo o parecer marxiano, a atividade especulativa ou metafísica, que simplesmente engenha *abstrações e não análises*. Essa impugnação global dos procedimentos hegelianos reproduz de forma muito mais elaborada o diagnóstico de *O mistério da construção especulativa* e, talvez, possa ser sintetizado por meio de duas transcrições. A primeira traduz e repele o engendramento do método absoluto:

> Da mesma forma como, à força da abstração, transformamos todas as coisas em categorias lógicas, basta-nos somente abstrair todo caráter distintivo dos diferentes movimentos para chegar ao movimento em estado abstrato, ao movimento puramente formal, à fórmula puramente lógica do movimento. Se se encontra nas categorias lógicas a substância de todas as coisas, imagina-se encontrar na fórmula lógica do movimento o *método absoluto*,

---

[16] Karl Marx, *Contribuição à crítica da economia política* (São Paulo, Martins Fontes, 2003), p. 7.
[17] Idem, *Miséria da filosofia* (São Paulo, Global, 1989), p. 102.
[18] Ibidem, p. 103.
[19] Ibidem, p. 104.

que tanto explica todas as coisas como implica, ainda, o movimento delas. É deste método absoluto que Hegel fala, nestes termos: "O método é a força absoluta, única, suprema, infinita, a que nenhum objeto poderia resistir; é a tendência da razão a se reencontrar e reconhecer em todas as coisas".[20]

A segunda passagem devassa o próprio método:

Mas o que é esse método absoluto? A abstração do movimento. E o que é a abstração do movimento? O movimento em estado abstrato. O que é o movimento em estado abstrato? A fórmula puramente lógica do movimento ou o movimento da razão pura. Em que consiste o movimento da razão pura? Consiste em se pôr, opor e compor, se formular como tese, antítese, síntese ou, ainda, se afirmar, negar e negar sua negação. [...] Mas uma vez que a razão conseguiu se pôr como tese, esta tese, este pensamento, oposto a si mesmo, se desdobra em dois pensamentos contraditórios, o positivo e o negativo, o sim e o não. A luta entre estes dois elementos antagônicos, compreendidos na antítese, constitui o movimento dialético. O sim torna-se não, o não torna-se sim, o sim torna-se simultaneamente sim e não, o não torna-se simultaneamente não e sim, os contrários se equilibram, neutralizam, paralisam. A fusão desses dois elementos contraditórios constitui um pensamento novo, que é a sua síntese.[21]

E Marx prossegue nessa mesma linha de raciocínio, alcançando os grupos e as séries de pensamentos, até chegar à conclusão de que "assim como do movimento dialético das categorias simples nasce o grupo, do movimento dialético dos grupos nasce a série e do movimento dialético das séries nasce todo o sistema". Em face dessa severa identificação da improdutividade analítica, declaradamente apresentada como "exposição da dialética de Hegel", qualquer comentário, nos limites do alvo deste último segmento, é ocioso, bastando apenas reter a contundência do evidente arremate assestado por Marx: "Aplique-se esse método à economia política e ter-se-á a lógica e a metafísica da economia política"[22], isto é, a própria desnaturação de qualquer empresa analítica.

Em contrapartida, ao longo das "Sete observações", são copiosos os indicativos de que a análise efetiva e sua correlata produtividade só podem se manifestar pela escavação direta dos próprios objetos, reconhecidos como entificações historicamente engendradas e desenvolvidas por distintos movimentos contraditórios, pois, "tudo o que existe, tudo o que vive sobre a terra e sob a água existe e vive graças

---

[20] Idem.
[21] Ibidem, p. 104-5.
[22] Idem.

a um movimento qualquer"²³, ou, por outros termos, quando a determinação é voltada à esfera particular da sociabilidade: "Há um movimento contínuo de crescimento das forças produtivas, de destruição nas relações sociais, de formação nas ideias; de imutável só existe a abstração do movimento – *mors immortalis*"²⁴. Diante disso, por violação da própria natureza das coisas,

> [...] a partir do momento em que não se persegue o movimento histórico das relações de produção, das quais as categorias são apenas a expressão teórica, a partir do momento em que se quer ver nestas categorias somente ideias, pensamentos espontâneos, independentes das relações reais, a partir de então se é forçado a considerar o movimento da razão pura como a origem desses pensamentos.

Ou seja, a partir dessa impropriedade metódica se procede à semelhança dos

> metafísicos que, fazendo tais abstrações, acreditam fazer análise, e que, à medida que se afastam progressivamente dos objetos, imaginam se aproximar deles para os penetrar; assim, estes metafísicos têm, por sua vez, razão de dizer que as coisas aqui da terra são bordados, cujo pano-de-fundo é constituído pelas categorias lógicas.²⁵

Quase vinte anos depois, já próximo da publicação de *O capital*, numa famosa carta a Schweitzer, Marx ratificou mais uma vez esse diapasão crítico de *Miséria da filosofia*:

> Nesta réplica demonstro, entre outras coisas, o pouco que Proudhon penetrou nos segredos da dialética científica e até que ponto, por outro lado, compartilhava das ilusões da filosofia especulativa, quando, ao invés de considerar as *categorias econômicas* como *expressões teóricas de relações de produção históricas e correspondentes a um determinado nível do desenvolvimento da produção material*, as converte, absurdamente, em *ideias eternas*, preexistentes.²⁶

Por fim, não é demais assinalar que o exemplo mais radical da postura marxiana em defesa do exame direto dos objetos reais, configurado na *Miséria da filosofia*, é dado por suas considerações a propósito da distinção entre doutrinarismo e ciência da perspectiva do trabalho. Enquanto o agente social desta se encontra em fases incipientes de entificação e inexistem as próprias bases materiais necessárias à sua libertação, os seus "teóricos são apenas utopistas que, para amenizar os sofri-

---

²³ Ibidem, p. 104.
²⁴ Ibidem, p. 106.
²⁵ Ibidem, p. 104.
²⁶ Karl Marx, "Lettre à Schweitzer" (24/01/1865), em *Correspondance* (Paris, Éditions Sociales, tomo VIII), p. 13.

mentos das classes oprimidas, improvisam sistemas e correm atrás de uma ciência regeneradora"; mas com a atualização histórica dos mesmos e do desenvolvimento material e das condições de luta que lhes são próprias, os teóricos "não precisam mais procurar a ciência em seu espírito: basta-lhes dar conta do que se passa ante seus olhos e se tornem porta vozes disto"[27]. Mesmo no interior de um trecho conclusivo, politicamente acentuado, é notável que Marx afaste, criticamente, o doutrinarismo utópico, simples e enganoso produto da generosidade espiritual, para reiterar seu padrão de cientificidade, vazado nos termos da retilínea constatação de efetividades – *ver ou se dar conta da entificação processual da realidade*.

De proposição aparentemente simples, a reta abordagem cognitiva dos objetos põe em evidência as dificuldades reais de sua exercitação pelo complexo da determinação sócio-histórica do pensamento e da teoria das abstrações. O desafio das *coisas* não se altera ou dissolve pela mera disposição ativa do sujeito enfrentar a decifração das mesmas, nem porque detenha a visualização do roteiro analítico a ser cumprido, e sempre como dificuldade se repõe a cada objeto faceado. Não se trata agora de retornar ao conjunto do tema, mas de realçar a *dificuldade* como predicado da analítica da reta prospecção. É o que Marx assinala no "Prefácio" da primeira edição de *O capital*: "Todo começo é difícil; isso vale para qualquer ciência"[28], reafirmando, sintomaticamente, a mesma noção, mas de forma mais desdobrada, cinco anos depois, no "Prefácio" da edição francesa de sua obra mais notória: "Não há estrada principal para a ciência, e só aqueles que não temem a fadiga de galgar suas escarpas abruptas é que têm a chance de chegar a seus cimos luminosos"[29]. De modo que o conhecimento é possível, a ciência pode alcançar seus objetivos, mas não há um caminho pré-configurado, uma chave de ouro ou uma determinada metodologia de acesso ao verdadeiro. Ao contrário, há sempre que galgar escarpas, ou seja, abrir caminhos através do próprio objeto, devassá-lo no corpo a corpo da pesquisa, que "tem de captar detalhadamente a matéria, analisar as suas várias formas de evolução e rastrear sua conexão íntima"[30]. Não há guias, mapas ou expedientes que pavimentem a caminhada, ou pontos de partida ideais previamente estabelecidos. O rumo só está inscrito na própria *coisa* e o roteiro da viagem só é visível, olhando para trás, do cimo luminoso, quando, a rigor, já não tem serventia, nem mesmo para outras jornadas, a não ser como cintilação evanescente,

---

[27] Idem, "Sétima e última observação", em *Miséria da filosofia* (São Paulo, Global, 1989), p. 119.
[28] Idem, "Prefácio à primeira edição", em *O capital* (São Paulo, Abril Cultural, 1983, livro I), p. 11.
[29] Ibidem, p. 23.
[30] Ibidem, p. 20.

tanto mais esquiva ou enganosa quanto mais à risca for perseguida, exatamente porque é a luminosidade específica de um objeto específico. As pegadas que ficam podem ser esquadrinhadas e repisadas, não são inúteis, mas não ensinam a andar, precisamente como procede a teoria das abstrações, que descreve a universalidade das passadas, sem prescrever por si um único passo concreto de qualquer escalada concreta, mérito e segredo do *método marxiano*, que centra, no respeito à integridade ontológica das coisas e dos sujeitos – tais reconhecidos objetivamente em *posição* e, correlativamente aos graus de maturação dos objetos, suscetíveis de intensificação ou desatualização para a devassa analítica daqueles e de si próprios – a resolução do complexo problemático do conhecimento.

A *dificuldade*, pois, transpassa todos os módulos que perfazem o conjunto da questão, fundida à multiformidade das entificações e desenvolvimentos dos objetos e aos níveis de capacitação dos sujeitos para preservar cognitivamente *as coisas enquanto coisas*, cerne e matriz de toda objetividade epistêmica. Porém, a *dificuldade* não se esgota no desvendamento dos objetos, mas se reproduz na assimilação por outros do desvendado. De modo que são duas as suas faces, para cuja superação o recurso a instrumentos metódicos é de pouca ou nenhuma valia. Diz Marx, a respeito da leitura de *O capital*, em transcrição sintética, que "a dificuldade maior para o seu entendimento está na parte que contém a análise da mercadoria" e que se esmerou "para tornar acessíveis ao máximo a análise da substância e da grandeza do valor"[31]. Entretanto, sem maiores pretensões, não seria muito complicado mostrar que a teoria das abstrações se cumpre nas partes referidas pela advertência marxiana, e que o faz como é devido ou lhe compete, isto é, sem que por si responda pela resolução do conhecimento aí produzido, visto que descreve, como já foi dito, a universalidade dos passos analíticos, mas não prescreve, nem poderia prescrever, nenhum dos passos materiais de qualquer investigação efetiva. Do mesmo modo e pelas mesmas razões, levada em consideração no processo de leitura ou assimilação do conhecimento produzido, a teoria das abstrações, como meio auxiliar ou apoio hermenêutico, seria no mesmo sentido tão inerte ou improdutiva quanto no processo fundamental da própria descoberta.

Com efeito, ponto de partida da investigação marxiana, no andamento compreendido pela análise da mercadoria, não chega a ser difícil acompanhar a movimentação da trama descrita pela teoria das abstrações. Partindo da mercadoria, *abstração razoável* da "riqueza das sociedades em que domina o modo de produção

---

[31] Ibidem, p. 11.

capitalista", no qual a riqueza "aparece como uma 'imensa coleção de mercadorias"[32], por *intensificação ontológica* dessa categoria simples, são determinados os dois fatores que a integram: *valor de uso e valor*. O primeiro é *delimitado* como a "utilidade de uma coisa [...] determinada pelas propriedades do corpo da mercadoria", sem o qual não existe, e que "se realiza somente no uso ou no consumo"[33], bem como por outros conteúdos, cuja série não vem ao caso. De outra parte, o *valor* tem sua delimitação essencial enquanto "objetividade fantasmagórica", *cristalização de substância social*, ou seja, "objetivação ou materialização de trabalho humano abstrato", cuja grandeza é medida pelo "quantum da 'substância constitutiva do valor', o trabalho" contido na mercadoria, isto é, pelo "tempo de trabalho socialmente necessário [...] para produzir um valor de uso qualquer"[34]. Em confluência, já nesse procedimento inicial, atinente à "dupla natureza da mercadoria", incluso como suposto do enunciado integral da primeira, está presente ou embutida outra distinção ou delimitação, vale dizer, outro ato de intensificação ontológica, cujo perfil resultante é o "duplo caráter do trabalho", especificado como *trabalho útil* e *trabalho abstrato*:

> Todo trabalho é, por um lado, dispêndio de força de trabalho do homem no sentido fisiológico, e nessa qualidade de trabalho humano igual ou trabalho humano abstrato gera o valor da mercadoria. Todo trabalho é, por outro lado, dispêndio de força de trabalho do homem sob forma especificamente adequada a um fim, e nessa qualidade de trabalho concreto útil produz valores de uso.[35]

Encadeados por sua marcha conjunta, os elementos desentranhados mostram – desde a imediata intensificação da *razoabilidade* abstrata da mercadoria, assim nitidizada como duplo de valor de uso e valor, até a diferenciação de natureza entre trabalho útil e trabalho abstrato – um desenrolamento sequencial de identificações de conteúdo, por cujas *articulações* é alcançada a configuração delimitada das mercadorias como *valores*, na qual "são meras gelatinas de trabalho humano"[36]. Base substancial sobre cuja *objetividade sem corpo*, ou estrita *objetividade social*, é levada a efeito, então, a abordagem da *forma do valor* ou *valor de troca*, cuja analítica delimitadora conduz, sucessivamente, às formas simples, total

---

[32] Karl Marx, *O capital*, cit., p. 45.
[33] Ibidem, p. 45-6.
[34] Ibidem, p. 47-8.
[35] Ibidem, p. 53.
[36] Ibidem, p. 47.

e geral do valor, fazendo encontrar nessa última a identidade da *forma equivalente geral*, que, por fim, simplesmente transita para a *forma dinheiro*, uma vez que essa "não difere em nada da forma anterior", pois, "a dificuldade no conceito da forma dinheiro se limita à compreensão da forma equivalente geral, portanto, da forma valor geral como tal". A única mutação é que um "gênero específico de mercadoria, com cuja forma natural a forma equivalente se funde socialmente, torna-se mercadoria dinheiro ou funciona como dinheiro", isto é, a "forma valor geral se transforma em forma dinheiro"[37]. Diversidade dos momentos especificadores, em suma, que comprovam "a gênese dessa forma dinheiro, ou seja, o desenvolvimento da expressão do valor contida na relação de valor das mercadorias, de sua forma mais simples e sem brilho até a ofuscante forma dinheiro". Intelecção essa que faz "desaparecer o enigma do dinheiro"[38]. Ponto de chegada, nesse panorama de traços sumários em que, pela *articulação ontológica* do conjunto das abstrações presentes, delimitadas, especificadas e correlacionadas segundo os teores e nexos do próprio objeto, desponta a decifração da "propriedade sobrenatural" das mercadorias, pois, "o valor não traz escrito na testa o que ele é"[39]; *hieróglifo social*, no entanto, que por sua *exposição real* emerge na verdadeira dimensão de sua existência efetiva apenas e tão somente como uma "obra comum do mundo das mercadorias"[40].

Ora, esse *trabalho das abstrações*, constitutivo de um dado patamar do concreto pensado da mercadoria, aqui mostrado por seu fulcro mais geral, poderia ser acompanhado, exaustivamente, em sua atividade pelo interior de elos mais restritos ou extensos desse conjunto, pondo em cena, por exemplo, as delimitações das formas relativa e equivalente do valor, como também pelo exame de articulações globalizantes que caracterizam a última parte do capítulo 1, voltada ao *fetichismo da mercadoria*. Em qualquer dos casos, os rastros operacionais da teoria das abstrações aflorariam dos movimentos analíticos reprodutivos das entificações examinadas, fazendo transparecer os atos de intensificação, delimitação e articulação ontológicas que perfazem seus respectivos processos de concreção a partir dos respectivos feixes de abstrações. Todavia, bastam aqui alguns exemplos sumários. Tome-se como primeira iluminura a determinação reflexiva entre as formas relativa e equivalente de valor, os "dois papéis distintos" ou "os dois polos da expressão de valor" que as mercadorias podem representar nas relações de valor. Diz Marx que "forma

---

[37] Ibidem, p. 70

[38] Ibidem, p. 54.

[39] Ibidem, p. 72

[40] Ibidem, p. 67.

relativa de valor e forma equivalente pertencem uma à outra, se determinam reciprocamente, são momentos inseparáveis, porém, ao mesmo tempo, são extremos que se excluem mutuamente ou se opõem, isto é, polos da mesma expressão de valor"[41]. Momentos *inseparáveis e excludentes*, é delimitado que na forma relativa "a forma natural da mercadoria funciona apenas como figuração de valor de uso", enquanto na forma equivalente "a forma natural da mercadoria [funciona] apenas como forma valor ou figuração de valor", de modo que

> [...] a antítese interna entre valor de uso e valor, oculta na mercadoria, é, portanto, representada por meio de uma antítese externa, isto é, por meio da relação de duas mercadorias, na qual, uma delas, cujo valor deve ser expresso, funciona diretamente apenas como valor de uso; a outra, ao contrário, na qual o valor é expresso, vale diretamente apenas como valor de troca.[42]

Não importa que essas determinações tenham sido encontradas no exame da forma simples de valor, mesmo porque, "no mesmo grau em que se desenvolve a forma valor em geral, desenvolve-se também a antítese entre ambos os polos, a forma valor relativa e a forma equivalente"[43], ou, em termos mais gerais, porque "o segredo de toda forma de valor se encerra na forma simples de valor. Na sua análise reside a verdadeira dificuldade"[44] e ainda porque "a forma mercadoria simples é o germe da forma dinheiro"[45].

O decisivo, isto sim, é que todas e cada uma daquelas determinações fazem parte da "linguagem exclusiva das mercadorias"[46], ou seja, integram a lógica específica desse objeto específico, cuja trama real é reproduzida pelo trabalho das abstrações, conferindo à mesma a *voz* do concreto de pensamentos. Vocalidade do objeto por seus conteúdos, os atos de reprodução destes últimos, operados pelo complexo das múltiplas intensificações, delimitações e articulações ontológicas, resumidas pela teoria das abstrações, não são movidos por normas ou legalidades próprias aos mesmos, autônomas e extrínsecas ao objeto, mas regidos pela sintaxe e pela semântica, forma e conteúdo, das formas de objetividade dos próprios objetos reproduzidos. Portanto, cada passo identificado

---

[41] Ibidem, p. 54.
[42] Ibidem, p. 63.
[43] Ibidem, p. 68.
[44] Ibidem, p. 54.
[45] Ibidem, p. 70.
[46] Ibidem, p. 57.

pela teoria das abstrações é um *ato de apreensão de conteúdo*, não um volteio qualquer de natureza formal, assim como a síntese completa dessa teoria não é um conjunto formal de procedimentos, mas a *configuração abstrata* dos atos ou passos da apropriação ideal das coisas, enquanto tais indeterminados, pois, simples virtualidades genéricas, só passíveis de composição e formatação substantivas no próprio feito de suas consecuções reais e específicas, uma vez que se atualizam apenas como modos de recolha ideal de efetividades conatas ao objeto. Realizados, adquirem na forma de abstrações relavradas, ou seja, em graus distintos de concretos de pensamento, a substância e os contornos do elemento sensível ou suprassensível reproduzido. Donde a grave impropriedade de refletir, sobre o trabalho das abstrações na analítica marxiana, em termos formais ou formalizantes, pois, a cada intensificação ontológica da razoabilidade de uma abstração, em cada delimitação ou recorte da mesma natureza, em cada e em todas as articulações do mesmo caráter, não opera um movimento formal ou qualquer tipo de circularidade ou desdobramento tautológico, mas a cada uma daquelas determinações emerge um novo aspecto substantivo, que nenhum jogo *lógico* das categorias ou derivação dialética, como costumam ser referidos, é capaz de fazer surgir. Interpretações analógicas ou supostos arbitrários que desembocam e se embaraçam no falso problema da distinção entre histórico e lógico na elaboração de *O capital*. Impertinência condicionada pela clivagem de origem gnosioepistêmica que desmancha a unidade entre historicidade e lógica, atributos ontológicos indissociáveis do próprio objeto. De modo que tanto é postiço conferir à investigação marxiana as demarcações de uma associação ou justaposição de momentos históricos e lógicos, quanto é legítimo identificar a imbricação de graus ou níveis de abstração e concreção analíticas, em que o objeto por sua efetividade, sempre histórica, e por sua lógica, sempre intrínseca à sua efetividade, é mentalmente apropriado. Tudo que aparece e se move na reflexão marxiana é a substância e a lógica do próprio objeto, reproduzido em sua gênese e necessidade, historicamente engendradas e desenvolvidas. Donde a identificação da *dialeticidade* como lógica do real, movimento das categorias enquanto formas de existência, que os concretos de pensamento reproduzem. Razão pela qual a *dialética* só é passível de descobrimento, jamais de aplicação.

Ao *delimitar* os dois polos da expressão de valor, mostrando que ambos em sua *articulação* fundante são inseparáveis e excludentes, e que as mercadorias que os configuram são intercambiáveis em momentos diversos, pois, encontrar-se numa ou noutra forma "depende exclusivamente da posição que essa mercadoria ocupe na expressão de valor, em cada momento, ou seja, se é a mercadoria cujo valor é expresso ou aquela na qual é expresso o valor"[47], a analítica marxiana opera diretamente com conteúdos *delimitados* ou específicos – o corpo de utilidade compreendido pelo valor de uso e o trabalho abstrato compreendido pelo valor, evidenciando ou abstraindo, isto é, incluindo ou não cada um deles nas respectivas *articulações* configuradoras dos polos, de acordo com a sujeição dos mesmos à relação e expressão do valor, pois,

> [...] somente a expressão de equivalência de diferentes espécies de mercadorias revela o caráter específico do trabalho gerador de valor, ao reduzir, de fato, os diversos trabalhos contidos nas mercadorias diferentes a algo comum neles, ao trabalho humano em geral.[48]

A identidade da substância do valor, o trabalho abstrato, faculta a *relação de valor*, enquanto as distintas qualidades das mercadorias facultam a *expressão do valor* contido na primeira. Assim, as posições não circunscrevem lugares vazios, mas são elas próprias demarcações de conteúdos, ou seja, identidades ou expressões abstratas de conteúdos delimitados: a *forma relativa* é a universalidade das mercadorias cujo *valor é expresso*, pois, neste polo, "a forma natural da mercadoria funciona apenas como figuração de valor de uso", isto é, universalidade na qual o fator ou conteúdo de valor está oculto, enquanto tal é a forma de existência oculta da mercadoria como valor. A *forma equivalente* é a universalidade das mercadorias que *expressam o valor*, uma vez que, neste outro polo, "a forma natural da mercadoria funciona apenas como forma de valor ou figuração de valor", ou seja, de valores de uso cujas formas naturais são convertidas a *corpo de valor*, enquanto tal é a manifestação do conteúdo universal de valor oculto em todas as outras mercadorias, ou seja, a "forma de existência de valor"[49]. É essa *articulação* ou relação efetiva entre conteúdos idênticos e desidênticos, delimitados e intensificados por seus traços reais, que encerra a lógica da permutabilidade universal entre as mercadorias, que a análise marxiana desentranha a partir de sua geratriz material, e não por movimentos interpostos de uma lógica externa ao objeto e a este conferida pela investigação. Ao inverso, é a lógica produzida pela relação dos conteúdos que se impõe à análise, que a capta e expressa na forma de um preciso aglutinado de abstrações, ou seja, de um concreto de pensamentos.

---

[47] Ibidem, p. 55.
[48] Ibidem, p. 56
[49] Ibidem, p. 55.

O mesmo transcorre na tematização do que Marx denomina de *peculiaridades da forma equivalente*, aqui trazida à cena a título de segunda ilustração dos rastros da teoria das abstrações no capítulo 1 e da correspondente *irresolução analítica* que a confirma. Três são os enunciados das mesmas:

> [1] A primeira peculiaridade que chama a atenção quando se observa a forma equivalente é esta: o valor de uso torna-se forma de manifestação de seu contrário, do valor.[50]

> [2] É uma segunda peculiaridade da forma equivalente que trabalho concreto se converta na forma de manifestação de seu contrário, trabalho humano abstrato.[51]

> [3] É uma terceira peculiaridade da forma equivalente que trabalho privado se converta na forma de seu contrário, trabalho em forma diretamente social.[52]

Nessa tríplice constatação de mudanças antitéticas são novamente os conteúdos que decidem, *redelimitados* em seus contrários como formas de expressão. Nada, a não ser a escavação direta dos conteúdos próprios ao objeto – a relação de valor – intervém na determinação da forma equivalente em seus traços peculiares. Nenhum recurso lógico, estabelecido *a priori*, promove a conversão antipódica dos conteúdos, nem patrocina sua captação teórica; ao inverso, é a atuação dos mesmos na relação de valor que gera a lógica de suas mudanças antitéticas, que é capturada pela analítica da reta prospecção da relação de valor. A descrição marxiana da dinâmica geral dos papéis desempenhados pelas mercadorias na expressão de valor é, nesse diapasão, translúcida:

> [...] ao expressar uma mercadoria *A* (o linho) seu valor no valor de uso de uma mercadoria diferente *B* (o casaco) imprime a esta última uma forma peculiar de valor, a de equivalente. A mercadoria linho traz sua própria qualidade de ter valor à luz, pelo fato de que o casaco, sem assumir uma forma de valor diferente de sua forma corpórea, se lhe equipara. O linho exprime assim, de fato, sua própria qualidade de ter valor na circunstância de que o casaco é com ele diretamente permutável. A forma equivalente de uma mercadoria é consequentemente a forma de sua permutabilidade direta com outra mercadoria.[53]

Essa *démarche* não é integrada por qualquer elemento exógeno à pura *exposição real* do objeto examinado: pela atividade de *A* sobre o valor de uso *B*, este é *delimi-*

---

[50] Ibidem, p. 59.
[51] Ibidem, p. 61.
[52] Idem.
[53] Ibidem, p. 59.

tado à forma equivalente ou, sob *intensificação*, "forma de permutabilidade", cujo espelhamento ou *articulação* com *A* faz com que este revele sua qualidade de valor.

É também o que se passa na determinação em pormenor das três peculiaridades antitéticas da forma equivalente: valor de uso manifesta valor, trabalho concreto manifesta trabalho abstrato e trabalho privado se converte em trabalho social: *redelimitação* das abstrações razoáveis dos primeiros termos em seus contrários, fixados nos segundos. Ou, diretamente, pela ordem e sob as expressões da analítica marxiana: "A forma natural da mercadoria torna-se forma de valor. Porém, *nota bene*, esse quiprocó ocorre [...] apenas internamente à relação de valor"[54]. Redelimitação ou especificação por conversão de conteúdo de um *polo* por efeito da lógica específica da relação de valor, objeto efetivo e específico da investigação;

> O corpo da mercadoria que serve de equivalente figura sempre como corporificação do trabalho humano abstrato e é sempre o produto de determinado trabalho concreto, útil. Esse trabalho concreto torna-se portanto expressão de trabalho humano abstrato. [...] Para fazer tal espelho do valor, é preciso que (o trabalho concreto) não reflita nada a não ser a sua propriedade abstrata de ser trabalho humano.[55]

O ato cognitivo da delimitação torna a se efetuar, reconhecendo a filtragem real do complexo do trabalho concreto à substância simples do "dispêndio de trabalho humano", cuja efetividade antitética está oculta na mercadoria, só vindo à tona pela relação de valor;

> Na medida em que esse trabalho concreto [...] funciona como mera expressão de trabalho humano indiferenciado, ele possui a forma da igualdade com outro trabalho [...] portanto, ainda que trabalho privado, como todos os outros, é trabalho que produz mercadorias, por conseguinte, trabalho em forma diretamente social. Por isso mesmo, ele se apresenta num produto que é diretamente trocável por outra mercadoria.[56]

Intensificação ontológica do conceito de trabalho concreto, a universalidade dos trabalhos privados – as distintas espécies dos trabalhos realizados de forma autônoma e independente entre si – pela mediação do caráter social do trabalho abstrato, pois, "no mundo das mercadorias [...] o caráter humano geral do trabalho constitui seu caráter especificamente social"[57], o que redunda na *especificação* ampliada do trabalho concreto, ou seja, no reconhecimento de sua natureza direta-

---

[54] Ibidem, p. 60.
[55] Ibidem, p. 61.
[56] Idem.
[57] Ibidem, p. 67.

mente social. Embora a conversão antitética de trabalho privado a trabalho social seja determinada rigorosa e exclusivamente pelo teor das categorias envolvidas na relação de valor, ou até mesmo por este mérito, dadas as estritas proporções do canteiro de análise, talvez possa nascer a impressão equívoca e uma certa suspeita de que a argumentação seja conduzida por algum tipo de movimentação silogística. Todavia, qualquer dúvida eventual a respeito é dissipada tão pronto se depare com outros momentos analíticos, de contornos mais amplos, que envolvam a mesma questão, como se pode verificar com facilidade, tomando uma passagem de poucas páginas à frente:

> É mister uma produção de mercadorias totalmente desenvolvida antes que da experiência mesma nasça o reconhecimento científico de que os trabalhos privados, empreendidos de forma independente uns dos outros, mas universalmente interdependentes como membros naturalmente desenvolvidos da divisão social do trabalho, são o tempo todo reduzidos à sua medida socialmente proporcional porque, nas relações casuais e sempre oscilantes de troca dos seus produtos, o tempo de trabalho socialmente necessário à sua produção se impõe com violência como lei natural reguladora, do mesmo modo que a lei da gravidade, quando a alguém a casa cai sobre a cabeça. A determinação da grandeza de valor pelo tempo de trabalho é, por isso, um segredo oculto sob os movimentos manifestos dos valores relativos das mercadorias.[58]

Por fim, o terceiro e último dos exemplos, com os quais se ilustra a presença de traços da teoria das abstrações no capítulo I, provém da delucidação do *caráter fetichista da mercadoria*. Simples na aparência, a mercadoria, em sua efetividade, é uma coisa "cheia de sutileza metafísica e manhas teológicas"[59]. De onde brota o enigma, o que lavra seu caráter místico? Nos dois primeiros parágrafos de suas considerações, Marx descarta os fatores impotentes para a geração do mistério. Meticuloso, configura por delimitações já estabelecidas a certeza manifesta de que o valor de uso não tem nada de secreto ou obscuro. É um ente translúcido tanto sob o aspecto de satisfazer "necessidades humanas pelas suas propriedades", quanto pela óptica de que "somente adquire essas propriedades como produto do trabalho humano", pois, "é evidente que o homem por meio de sua atividade modifica as formas das matérias naturais de um modo que lhe é útil". O mistério também não se origina pelo "conteúdo das determinações de valor". É transparente, da mesma maneira, que,

---

[58] Ibidem, p. 73.
[59] Ibidem, p. 70.

[...] por mais que difiram os trabalhos úteis ou atividades produtivas, é uma verdade fisiológica que eles são funções do organismo humano e que cada uma dessas funções, qualquer que seja seu conteúdo ou forma, é essencialmente dispêndio de cérebro, nervos, músculos, sentidos etc. humanos.[60]

De outra parte, é clara igualmente a distinção entre a qualidade do trabalho e a duração do dispêndio de energia ou "quantidade do trabalho", que "serve de base à determinação da grandeza do valor". Essas características não aviam a química diabólica das mercadorias, nenhuma delas encerra o poder fantástico de gerar "coisas físicas metafísicas"[61].

Por exclusão, a fantasmagoria só pode provir, "evidentemente, dessa forma mesmo", isto é, só ocorre "tão logo o produto do trabalho assume a forma mercadoria", que a analítica marxiana sintetiza em três determinações:

[1] a igualdade dos trabalhos humanos assume a forma material de igual objetividade de valor dos produtos do trabalho;

[2] a medida do dispêndio de força de trabalho do homem, por meio de sua duração, assume a forma da grandeza de valor dos produtos de trabalho;

[3] as relações entre os produtores, nas quais essas características sociais de seus trabalhos são ativadas, assumem a forma de uma relação social entre os produtos de trabalho.[62]

Resumidas a termos mínimos, para a máxima evidenciação dos conteúdos, resultam as seguintes delimitações da forma mercadoria: nessa, o trabalho indiferenciado aparece sob a forma de valor dos produtos, a duração do dispêndio de força de trabalho como a grandeza de valor dos mesmos, de modo que as relações entre os produtores, nas quais é atualizada a natureza social do seu trabalho, aparecem como uma relação social entre os produtos. Nas três especificações, por conseguinte, atributos ou efetivações de capacidades humano-societárias são transfiguradas em predicados dos objetos produzidos. Donde a conclusão marxiana:

> O mistério da forma mercadoria consiste, portanto, simplesmente no fato de que ela reflete aos homens as características sociais do seu próprio trabalho como características objetivas dos próprios produtos de trabalho, como propriedades naturais sociais dessas coisas e, por isso, também reflete a relação social dos produtores com o trabalho total

---

[60] Idem.
[61] Idem.
[62] Ibidem, p. 71.

como uma relação social existente fora deles, entre objetos. Por meio desse quiprocó os produtos do trabalho se tornam mercadorias, coisas físicas metafísicas ou sociais.[63]

Ou seja, uma

> [...] determinada relação social entre os próprios homens assume aqui para eles a forma fantasmagórica de uma relação entre coisas. [...] Isso eu chamo o fetichismo que adere aos produtos de trabalho, tão logo são produzidos como mercadorias, e que, por isso, é inseparável da produção de mercadorias.[64]

Determinado o caráter fetichista do mundo das mercadorias, por meio da delimitação e articulação das linhas estruturais da trama que produz o mistério da mercadoria e de seu reflexo sobre os homens, a analítica marxiana realiza a intensificação ontológica da fonte geradora da fetichização – o "peculiar caráter social do trabalho que produz mercadorias". Peculiaridade constituída pela igualização dos trabalhos privados a trabalho humano indiferenciado, que emerge socialmente na forma de valor dos produtos do trabalho. Nessa dissecação, Marx detalha os nexos determinativos:

> Objetos de uso se tornam mercadorias apenas por serem produtos de trabalhos privados, exercidos independentemente uns dos outros. O complexo desses trabalhos privados forma o trabalho social total. Como os produtores somente entram em contato social mediante a troca de seus produtos de trabalho, as características especificamente sociais de seus trabalhos privados só aparecem dentro dessa troca. Em outras palavras, os trabalhos privados só atuam, de fato, como membros do trabalho social total por meio das relações que a troca estabelece entre os produtos do trabalho e, por meio dos mesmos, entre os produtores. Por isso, aos últimos aparecem as relações sociais entre seus trabalhos privados como o que são, isto é, não como relações diretamente sociais entre pessoas em seus próprios trabalhos, senão como relações reificadas entre as pessoas e relações sociais entre as coisas.[65]

Assim é e assim parece, na vigência e reflexão da forma mercadoria e de seu fetiche. Todavia, para que seja e pareça desse modo, uma vez que voltados à troca, isto é, à produção de coisas úteis destinadas à permuta,

> [...] os trabalhos privados dos produtores adquirem realmente duplo caráter social. Por um lado, eles têm de satisfazer determinada necessidade social, como trabalhos determinados úteis, e assim provar serem participantes do trabalho total do sistema naturalmente desenvolvido da divisão social do trabalho. Por outro lado, só satisfazem

---

[63] Idem.
[64] Idem.
[65] Idem.

às múltiplas necessidades de seus próprios produtores, na medida em que cada trabalho privado útil particular é permutável por toda outra espécie de trabalho privado, portanto que lhe equivale.[66]

Daí a igualdade de trabalhos completamente diferentes consistir apenas da "abstração de sua verdadeira desigualdade", ou seja, da redução social dos mesmos a trabalho abstrato, de maneira que, nessa "forma particular de produção, a produção de mercadorias – o caráter especificamente social dos trabalhos privados, independentes entre si – consiste na sua igualdade como trabalho humano e assume a forma de caráter de valor dos produtos do trabalho"[67]. Portanto, na engrenagem social do mundo das mercadorias, não é a forma natural do trabalho, não são as figuras particulares dos trabalhos úteis, privados, mas o trabalho abstrato, a atividade produtiva reduzida a dispêndio fisiológico de forças humanas, o trabalho "em sua generalidade, é aqui sua forma diretamente social"[68]. Essa sociabilidade conferida por abstração, esse caráter social específico do trabalho produtor de mercadorias – dissolutor dos traços concretos do trabalho pessoal e que vela sua direta integração, como órgão individual de trabalho socialmente determinado, à "força comum de trabalho" da forma de sociabilidade específica a que pertence – é que impede que "as relações sociais entre as pessoas em seus trabalhos apareçam como suas próprias relações pessoais", fazendo com que as mesmas venham a emergir "disfarçadas em relações sociais das coisas, dos produtos de trabalho"[69]. Quanto ao rumo geral da investigação, verifica-se que o mistério deslindado da mercadoria imbrica na especificação da sociabilidade abstrata e por reflexão: a analítica da mercadoria se espraia, suscitando a analítica da forma particular da sociedade produtora de mercadorias.

Por certo, o tratamento conferido à exposição de *O caráter fetichista da mercadoria e seu segredo* é o mais abrangente do capítulo 1, porém, isso pouco ou nada tem a ver com normas ou diretivas atinentes a problemas e supostos relativos a formas e procedimentos expositivos, tomados em separado do processo analítico. Ao inverso, no discurso marxiano, o fundamental dos meios dessa natureza é decidido pelo teor real do objeto, vertido à forma em que o homem dele se apropria idealmente, ou seja, por meio do concreto de pensamentos. A amplitude maior do quadro relativo ao *fetichismo da mercadoria* corresponde à maior complexidade material compreendida pelo objeto examinado. Dividido em quatro segmentos

---

[66] Ibidem, p. 71-2.
[67] Ibidem, p. 72.
[68] Ibidem, p. 74.
[69] Idem.

estreitamente articulados entre si, o capítulo 1 vai do mais simples ao mais intricado do complexo da mercadoria, que "é a forma mais geral e menos desenvolvida da produção burguesa". Tomada enquanto tal, ou seja, como abstração razoável da riqueza no modo de produção capitalista, a intensificação ontológica da mesma delimita seus fatores – valor de uso e valor; especifica o duplo caráter do trabalho representado nas mercadorias – trabalho útil e trabalho abstrato; determina a substância e a grandeza de valor, assim como a forma de valor ou valor de troca – pelo gradiente de sua universalização que culmina na forma geral e na transição à forma dinheiro; por último, identifica o fetiche, o caráter misterioso da forma mercadoria, que se retroespelha (*zurückspiegelt*), reflete ou se projeta sobre os homens. É impossível supor a concreção analítica desse conjunto de características da mercadoria em ordem inversa, pois, enquanto a dupla natureza da mercadoria e do trabalho, a substância do valor, bem como as demais apreensões realizadas nas três primeiras partes do capítulo 1 independem para sua determinação da intelecção do fetiche, a reprodução teórica deste, ao revés, depende por inteiro dos resultados do trabalho das abstrações anteriormente efetuado, bem como da subsequente reintensificação ontológica dos mesmos, de modo que revelem e incorporem o novo elemento ao concreto pensado em elaboração. De sorte que a ordem de entrada dos materiais à cena discursiva e os lugares que nela ocupam não são estipulados por algum tipo de legalidade expositiva autônoma, mas pelo estatuto da reprodução ideal, forjado em subsunção ao composto ontológico do complexo estudado. O que não guarda identidade com a ordem e o modo de seus engendramentos reais, pois basta considerar que a forma da mercadoria enquanto mercadoria, ou seja, o modo de existência do produto do trabalho na sociabilidade particular da produção de mercadorias, como qualquer ente, compreende a simultaneidade de todas as suas características enquanto presença integrada e esculpida por suas categorias, ao passo que, obviamente, na análise e no discurso essa unidade imediata é impossível, cedendo lugar a um quadro estruturado pela sequencialidade da abordagem categorial.

A ordem das entradas e os lugares ocupados também não remetem, de fato, à sucessão pela qual o investigador, em suas inúmeras aproximações do objeto, se apercebeu e gradativamente apropriou de suas categorias. É a ordem, sim, de suas incorporações pertinentes ao concreto de pensamentos, ou seja, da integração de cada uma delas, pela via das múltiplas e sucessivas intensificações, delimitações e articulações das abstrações, ao processo de reprodução mental do objeto real, de modo a recompor, ao nível da concreção realizada, na ordem própria ao concreto pensado, por conseguinte de seu discurso, o ordenamento intrínseco ao objeto em reprodução, de tal forma que a *sequencialidade* das categorias, no concreto pensado, seja a reprodução de sua *simultaneidade* real no objeto. Desde logo, portanto, são duas *ordens* específicas e distintas, mas que perfazem, na diferença polar de suas naturezas, a unidade entre a *coisa* propriamente dita em sua efetividade e a *reprodução teórica* da mesma pelo trabalho das abstrações – a unidade entre as figuras nunca idênticas da mercadoria como concreto real e como concreto de pensamentos. Essa correspondência decisiva traduz o primado e a regência da primeira sobre a segunda, da *coisa* em relação à reprodução ideal, ou seja, remete a uma transposição ou transmutação de forma e conteúdo pela qual nada há na última, embora ao modo peculiar das abstrações, que não pertença à primeira. Em outros termos, nada condiciona ou está contido na *exposição real* do fetiche da mercadoria que não integre a entificação do próprio fetiche, o que significa que este, convertido à forma de um específico e preciso feixe de abstrações, desvenda e explica a si mesmo. Basta ressaltar, nesse sentido, que sua análise não é permeada por nada que seja extrínseco à mercadoria e aos seus produtores, que nada intervêm na investigação que não seja propriedade destes e do modo de os apreender, nem que já não figurasse, em alguma medida, nas partes anteriores do mesmo capítulo. Inclusive as incursões da parte 4 por âmbitos situados para aquém e além da circunscrição do modo de produção capitalista – tão valiosas no apontamento da *transparência* das relações dos homens entre si e com seus produtos, ou seja, evidenciando "as relações sociais entre as pessoas em seus trabalhos [...] como suas próprias relações pessoais", enquanto efeito estrutural de modos peculiares de produzir tanto na Antiguidade como na Idade Média, bem como na fantasia da robinsonada e na projeção de "uma associação de homens livres, que trabalham com meios de produção comunais" – só compareçem para acentuar a diversidade do "misticismo do mundo das mercadorias" em face da transparência social daqueles cenários, ou seja, para reforçar a demarcação da peculiaridade de "toda magia e fantasmagoria que enevoa os produtos do trabalho na base da produção de mercadorias"[70]. Dessa maneira, fica ressaltada a pertinência e a necessidade, ditadas pelo objeto, de restringir a analítica do fetiche à escavação da plataforma única que produz sua especificidade, e a rigor, nos contornos do capítulo 1, aos limites de sua condição de predicado fantástico da forma mercadoria, a cujas fronteiras o mesmo está exclusivamente voltado.

Isso comprova, mais uma vez – e também sob duplo aspecto, positivo e negativo –, a presença dos atos operativos descritos pela teoria das abstrações. Sendo

---

[70] Ibidem, p. 73.

a figura resultante do processo cognitivo um concreto de pensamentos, isto é, uma determinada massa estruturada de abstrações, a totalidade deste complexo ideal, em qualquer grau de seus emaranhados, nunca pode ser outra coisa do que um produto do trabalho das abstrações, ou seja, um modulado de abstrações trabalhadas, cuja matéria-prima única são as próprias abstrações, sobre as quais incide a atividade propriamente dita da elaboração, constituída pelos atos de depuração, intensificação, delimitação, articulação e quaisquer outros do gênero compreendidos pela teoria das abstrações. Por sua maior complexidade, ainda no capítulo 1, a parte relativa ao fetichismo da mercadoria ilustra com muita força, confirmando também por essas marcas as análises que a precedem, a referida tipologia dos movimentos operatórios. O capítulo inteiro é articulado por um pequeno conjunto de categorias, tomadas na forma de abstrações razoáveis mais ou menos extensas, variando o tratamento que recebem segundo a relevância que possuem em cada parte do escrito e de acordo com os tipos dos atos cognitivos efetivados. Podem ocupar o centro do andamento analítico ou quase desaparecer do mesmo, bem como comparecer em graus distintos de generalidade, isto é, mais ou menos delimitadas por obra de maior ou menor intensificação de sua razoabilidade ou índice de densidade ontológica, e ainda marcar presença em articulações bem complexas, ou em conexões bastante simplificadas. Em todas essas múltiplas oportunidades, cada passo analítico reitera um dos tipos operativos do elenco circunscrito pela teoria das abstrações. E da recorrência desses atos, poucos em suma por seus feitios – intensificação, especificação, delimitação, articulação e seus congêneres nominais, todos eles formas peculiares ou modalidades abrigadas sob a universalidade do conceito de determinação – resulta a infinidade diferenciada das aquisições cognitivas, cada uma delas enformada pelo seu próprio conteúdo específico, pondo em evidência que todos os atos reconhecidos pela teoria das abstrações são modos de prospecção ou escavação de conteúdos, dos quais apropriam suas próprias faces moldadas em pensamentos.

Atos de recolha, simples latências sem rosto antes da apropriação, inertes em si e ativos pela subsunção à matéria recolhida, assim, por sua *irresolução analítica* se comprovam, agora negativamente, as figuras operativas listadas pela teoria das abstrações. Mas o que é a *irresolução analítica* das figuras da teoria das abstrações, senão a evidência probante da presença resolutiva da *analítica da reta prospecção do objeto*, diante da qual todos aqueles perfis são, ao mesmo tempo, presenças necessárias e impotentes, ou seja, descrições genéricas de atos cognitivos que só tomam forma efetiva na direta reprodução de conteúdos específicos, distribuídos estes por toda gama real entre a mais simples e a plena complexidade do concreto maturado? Complementares entre si, a *irresolução analítica* da teoria das abstrações e o caráter resolutivo da *analítica da reta prospecção do objeto* são os termos de uma unidade – cada um deles é a outra face de seu completivo – que traduz o estatuto ontológico do pensamento marxiano, ou seja, numa obra dessa natureza, qualquer dimensão metodológica, enquanto mobilização e orientação da subjetividade cognitiva, não pode, nem deve ser mais do que a indicação genérica dos passos da atividade mental na escavação das coisas, em subsunção da qual o pensamento se realiza, no empenho de capturar o *ente enquanto ente*, vale dizer, sem contaminar a *coisa* com exterioridades de qualquer origem ou natureza, incluídas as do próprio pensamento. Em franco contraste com as vertentes que advogam, diante da empreitada analítica, o prévio municiamento lógico ou a preliminar organização epistêmica da subjetividade – redundando sempre, ontologicamente, estranguladas e estrangulantes por seus fundamentos, comprometidos estes desde a origem pelo arrasto do critério de verdade do universo objetivo ao plano subjetivo ou das idealidades – é extremamente preciso e confortável no pensamento marxiano, a sustentação do clássico e autêntico ideal do conhecimento ontológico, pois, como já foi tematizado, para a analítica marxiana a questão da possibilidade do saber é, desde logo, resolvida nessa esfera, ou seja, ontopraticamente, de modo positivo e categórico, sendo reconhecida a solução, por sua patente radicalidade, como base de toda atividade filosófica e científica.

Também já foi evidenciado que as *dificuldades*, situadas tanto na esfera do sujeito como na do objeto e recorrentes em todo processo cognitivo, são de outra natureza, centradas no problema da *posição de objetividade*, quando atinentes ao primeiro, e na questão do *desenvolvimento*, quando relativas ao último. Não há porque voltar a essa temática, mas é oportuno recordar que a assunção de procedimentos de caráter ontológico pela analítica marxiana é afluente de sua teoria das categorias, concebidas coerente e rigorosamente *in rebus*, ou seja, como "características fundamentais dos objetos, existindo nestes independentemente de qualquer concepção"[71], e só passíveis de reprodução *in mente* a partir de sua efetividade. De sorte que, em Marx, as categorias, sendo nas *coisas*, podem vir a figurar no pensamento, mas é excluída *in limine*, como fantasia da mera especulação, a possibilidade da existência de algum tipo de categoria *ante res*. Isso confirma, indiretamente, a inadmissão de qualquer função premonitória do *método científico*, ou de qualquer *idealidade* em papel equivalente, na condução ou regulagem da atividade cognitiva. E, não havendo, nem podendo haver caminho cognitivo previamente estabelecido, nem

---

[71] Nicolai Hartmann, "Prólogo", em *Ontologia* (Cidade do México, Fondo de Cultura Econômica, 1986, tomo I), p. 12.

conduto ideal extrassubjetivo a seguir, o ponto de partida do conhecimento só pode ser o próprio objeto.

É, de fato, o que Marx pensa e faz em *O capital*, confirmando explicitamente tal procedimento no último escrito em que exercitou a crítica da economia política – "Glosas marginais ao 'Tratado de economia política' de Adolf Wagner" (1880). Para encadear expressivamente os extratos, decisivos por si e realçados por seus contextos, que comprovam esse característico posicionamento marxiano, já na quadra derradeira de sua existência, é bem apropriado iniciar pelo fragmento conceitualmente mais abrangente, que encerra a visão de conjunto da analítica marxiana sobre as relações entre ciência e realidade sociais:

> A reflexão sobre as formas de vida humana, e, portanto, também sua análise científica, segue sobretudo um caminho oposto ao desenvolvimento real. Começa *post festum* e, por isso, com os resultados definitivos do processo de desenvolvimento. As formas que certificam os produtos do trabalho como mercadorias e que, portanto, são pressupostos da circulação de mercadorias, já possuem a estabilidade de formas naturais da vida social, antes que os homens procurem dar-se conta não sobre o caráter histórico dessas formas, que eles antes já consideram como imutáveis, mas sobre seu conteúdo.

Razão pela qual, prossegue mais especificamente, "somente a análise dos preços das mercadorias levou à determinação da grandeza do valor, somente a expressão monetária comum das mercadorias levou à fixação de seu caráter de valor"[72]. Em suma, o universo prático gera processos de entificação cujas "formas acabadas", no caso exemplificadas pela questão dos preços e da forma dinheiro, suscitando reflexões por seus desafios cotidianos, acabam por se constituir em pontos de partida da investigação. A importância da forma acabada e imediata como ponto de partida da ciência é inclusive referida por Marx em relação ao próprio curso de sua análise do valor, ou mais precisamente de sua argumentação em *O capital*: "Partimos, de fato, do valor de troca ou da relação de troca das mercadorias para chegar à pista de seu valor aí oculto"[73], e retorna à questão no interior das múltiplas considerações de suas "Glosas marginais", decerto um conjunto mais do que precioso de aclarações a respeito de seu próprio trabalho, com o aflorarmento das quais estará concluído o inventário de seus pronunciamentos relativos à *analítica da reta prospecção do objeto*, e findo também este que se tornou um longo, demasiado longo "Posfácio".

As "Glosas marginais", uma agregação bastante articulada de notas de leitura, enfocam e rechaçam o conjunto do livro de Adolf Wagner, centradas em reflexões

---

[72] Karl Marx, *O capital*, cit., p. 73.
[73] Ibidem, p. 54.

sobre a teoria do valor. Principiam por uma rápida caracterização do professor alemão: um adepto da "concepção jurídico-social", para quem "as categorias *histórico-jurídicas* são as 'categorias sociais'", que se declara inteiramente "'de acordo com Rodbertus, Lange e Schäffle'", tomando o primeiro e o último como "'pontos principais de fundamentação'", para voltar sua própria investigação às "'condições da vida econômica em comum' e 'determinar de acordo com elas a liberdade econômica do indivíduo'". Situado entre os "socialistas de cátedra" e a escola "jurídico-social"[74], todos reivindicantes do *socialismo de estado*, Adolf Wagner é refutado por todos os lados de seu tratado, mas importa ressaltar que é rechaçado, decisivamente, tanto por sua abstrusa teoria do valor quanto por sua interpretação canhestra da teoria marxiana, ambas não mais do que facetas distintas e somadas da completa falsidade de suas formulações básicas.

Wagner – *vir obscurus*, como é apostrofado por Marx – censura a teoria do valor exposta em *O capital* por não ser "uma teoria geral do valor", mas antes uma "teoria dos custos inspirada em Ricardo"[75], sem se dar conta que o autor inglês "só considerou o trabalho enquanto *medida de grandeza dos valores*, não tendo descoberto, portanto, nenhuma relação entre sua teoria do valor e a natureza do dinheiro"[76], bem como desconhecendo que Marx, tanto em *Para a crítica da economia política* como em *O capital* "fez observar de maneira expressa que *valores* e *preços de produção* (os quais não fazem senão expressar em dinheiro os custos de produção) *não coincidem*"[77]. Apesar da pretensão wagneriana por uma *teoria geral do valor* não ultrapassar os rústicos jogos especulativos da tradição alemã nesse campo, sendo mesmo uma de suas expressões mais rombudas, ainda assim Marx se deu ao paciente trabalho de sua desmontagem. Retendo o essencial dessa crítica, temos que, da perspectiva da economia política *alemã*, "formular 'uma teoria geral do valor' significa especular em torno da palavra 'valor', o que permite, ademais, perseverar na confusão, tradicional aos professores alemães, entre 'valor de uso' e 'valor', já que as duas expressões têm em comum a palavra 'valor'"[78]. Em outros termos:

---

[74] Idem, "Glosas marginales al 'Tratado de economia política' de Adolf Wagner", em *Escritos económicos menores* (Cidade do México, Fondo de Cultura Económica, 1987), p. 403.
[75] Ibidem, p. 406.
[76] Idem.
[77] Idem.
[78] Idem.

Constitui "necessidade natural" de um professor alemão de economia derivar a categoria econômica "valor" de um "*conceito*", o que alcança rebatizando simplesmente como "valor" o que a economia política chama vulgarmente "valor de uso". E tão logo se encontra o simples "valor", este serve por sua vez para *derivar* o "valor de uso" do "valor puro e simples". Para tanto, basta colocar de novo junto ao "valor" o fragmento "de uso" que se havia descartado.[79]

Esse jogo pueril e grosseiro de universalizar e modalizar palavras é que faz nascer "o *conceito genérico* de '*valor*'", de modo que "todos os demais tipos de valor não são mais que uma variante daquele", ainda que o processo seja apresentado, evidentemente, por via mais tortuosa, cuja vacuidade Marx vai pondo às claras e à qual, em resumo, se refere como "toda essa banalidade, toda essa confusão tautológica, todo esse apego às palavras, todas essas manobras subreptícias"[80], constitutivas da alardeada "economia conceitual", que "trata, em todas essas *derivações*, somente de derivar a solução de um problema que não entende". Incompreensão que um simples fragmento do texto de Wagner, dos muitos citados por Marx, torna ostensiva:

> O *conceito de valor*, tantas vezes discutido e obscurecido, com frequência somente por obra de *investigações aparentemente profundas*, se desenvolve simplesmente se [...] se parte das necessidades e da *natureza econômica* do homem, até chegar ao *conceito de bem, enlaçando a este o conceito de valor*.[81]

De fato, uma reflexão desse nível pode "crer que tenha compreendido o valor por colocá-lo sob rubricas abstratas". O que está à altura da "'tendência' professoral e patriótica-alemã que consiste em confundir valor de uso e valor", ou seja, admitir que o "'valor' seja determinado pelo 'valor de uso'", o que é equivalente a "dar dois nomes ao mesmo conteúdo". Para arrematar esse breve perfil da crítica marxiana à economia política wagneriana, calha bem uma passagem bastante carregada pelo característico e fértil sarcasmo de Marx. Este, após transcrever do manual de Wagner as linhas subsequentes – "Em sentido *objetivo*, se entende por 'valor' os 'valores' e os bens que *possuem um valor*, donde [!] bem e valor, bens e valores são, substancialmente, conceitos idênticos"–, dispara:

> Depois de batizar como "valor em geral", como "conceito de valor" o que habitualmente chamamos "valor de uso", Wagner não pode deixar ao menos de lembrar que o valor assim "derivado" [!] é o "valor de uso". Uma vez que deu ao "valor de uso" o nome de

---

[79] Ibidem, p. 411.
[80] Ibidem, p. 414.
[81] Ibidem, p. 414-5.

"conceito de valor" em geral, de "valor por antonomásia", descobre *a posteriori* que está divagando pura e simplesmente sobre o "valor de uso", isto é, que "derivou" a este, posto que hoje em dia divagar e derivar são "substancialmente" operações discursivas idênticas.[82]

E pensar que Adolf Wagner ainda não era um epígono dos discursos do século XX! Mas, com uma ponta de maldade, por que não cogitar se não terá sido um de seus prógonos mais obscuros?

Diante dos vários aspectos da crítica wagneriana, Marx se detém e mostra a total improcedência dos mesmos, o que converte cada censura recebida numa identificação da patética fragilidade das concepções de seu detrator. Não cabe nem importa aqui acompanhar esses passos em detalhe, mas pôr em evidência, unicamente, as explicitações marxianas que daí emergem a respeito das características fundamentais de sua própria analítica. Assim, faceando a acusação de Rodbertus, endossada com entusiasmo por Wagner, de que teria instituído a oposição entre valor de uso e valor de troca enquanto antítese lógica, perpetrando com isso uma contrafação nesse plano, pois estaria confrontando um conceito lógico com um conceito histórico, Marx argumenta:

> Quem estabelece contraposições lógicas? O senhor Rodbertus, para quem o "valor de uso" e o "valor de troca" são por natureza não mais do que meros "conceitos". [...] A mercadoria aparece em sua forma natural para quem dela necessita, e também sob a *forma de valor*, totalmente diferente da primeira e "comum" a todas as mercadorias, e enquanto tal como *valor de troca*. Não se trata de um "*ilogicismo*", a não ser para Rodbertus e seus colegas, os mestres-escolas professorais da Alemanha, que não partem da "coisa social", a "mercadoria", mas do "conceito" de valor, que logo escindem como se tivesse duas caras, para acabar discutindo qual dos dois fantasmas iluminados pelo cérebro é o verdadeiro Jacob.

De modo ainda mais claro, porque expresso de forma linear, além de respaldado diretamente em uma passagem de *O capital* (segunda metade do primeiro parágrafo do capítulo 1), o mesmo contraste entre seu procedimento analítico e o jogo conceitual dos *professores alemães* já havia comparecido poucas páginas antes:

> eu não divido, pois, o valor em valor de uso e valor de troca enquanto antíteses nas quais a abstração 'valor' se escindiria, mas é a *forma social concreta* do produto do trabalho, a *mercadoria*, que é por um lado valor de uso e por outro lado 'valor', não valor de troca, pois este é uma simples forma dele se manifestar e não seu próprio *conteúdo*.[83]

---

[82] Ibidem, p. 410.

[83] Ibidem, p. 421.

A propósito dessa taxativa rejeição aos jogos conceituais, Marx oferece mesmo os termos de um posicionamento global que é translúcido e inquestionável:

> Nosso *vir obscurus* nem mesmo se deu conta que meu método *analítico*, cujo ponto de partida não é o *homem* em geral, mas um período social definido em termos econômicos, não guarda a mais remota relação com o método dos professores alemães, que se reduz a entrelaçar conceitos ("a respeito de palavras é fácil discutir, com elas não é difícil construir um sistema").[84]

Formulação que é ainda mais densa sob a face da prescrição positiva:

> Quando se trata de analisar a "mercadoria" a forma econômica mais simples, é necessário deixar de lado todas as relações que não têm nada a ver com o objeto que se analisa [e só] partir de fenômenos econômicos dados, não de especulações abstratas sobre os conceitos ou locuções de "valor de uso" e "valor".

Diretriz que é também ilustrada com a seguinte ponderação: "Por isso, na análise da mercadoria, da mesma maneira que a propósito de seu 'valor de uso', não há porque correlacionar imediatamente definições do 'capital'; essas não poderiam ser mais do que puros contrassensos enquanto nos limitamos a analisar os elementos da mercadoria".

Pelo conjunto desses extratos, a propositura da *analítica da reta prospecção do objeto* é uma clara evidência, dispensando qualquer recurso expositivo que facilite sua apreensão. Mas, se os mesmos ainda assim não tiverem produzido a transparência satisfatória e concludente a respeito dessa posição marxiana, basta agregar ou até mesmo substituir a todos por uma outra e única passagem, em verdade a primeira do tipo a constar nas "Glosas marginais", cujo teor e expressão probantes são simplesmente irretorquíveis, e que foi reservada para cintilar como marco conclusivo da série dos depoimentos marxianos a propósito de sua *analítica das coisas* e com isto do próprio curso desta minha exposição:

> *De prime abord*, eu não parto nunca de "conceitos", nem, portanto, do "conceito de valor", não tenho, pois, que "dividir" de algum modo esse conceito. Meu ponto de partida é a forma social mais simples que toma o produto do trabalho na sociedade contemporânea, a *mercadoria*. É a esta que analiso, em primeiro lugar *na forma sob a qual ela aparece*. Aí constato que ela é, *tout d'abord*, em sua forma natural, um *objeto de uso*, em outros termos, *valor de uso*, e que, em segundo lugar, *portadora de um valor de troca*, ela mesma é, sob esse aspecto, um "valor de troca". Prosseguindo essa análise,

---

[84] Ibidem, p. 418.

me dei conta que ele não é mais do que uma "forma fenomênica", uma representação autônoma do *valor* contido na mercadoria, é então que passo à análise desse valor.[85]

EU NÃO PARTO NUNCA DE CONCEITOS.
MEU PONTO DE PARTIDA É A MERCADORIA.
É ESTA QUE ANALISO,
NA FORMA SOB A QUAL ELA APARECE.

Eis o singelo e vigoroso pórtico marxiano da *analítica das coisas*, cujos arcos transparentes conduzem ao largo descortino das sucessivas escavações do objeto, rumo à efetivação da arquitetônica do concreto pensado, apropriação ideal do ente enquanto ente, que perfaz por essa via – única resguardada pelo próprio ponto de partida de se extraviar pelas trilhas da dissolvência do ser, peculiares aos rumos especulativos ou pautados em idealidades – o urdume de um conhecimento ontológico de caráter histórico-imanente, norteado pelo reconhecimento materialista de que *ser é ser objetivo* – "um ser não objetivo é um não ser", manifesta a *objetividade* tanto em forma sensível quanto extrassensível ou social.

---

[85] Ibidem, p. 415-6.

OUTRAS PUBLICAÇÕES DA BOITEMPO

Democracia para quem?
ANGELA DAVIS, PATRICIA HILL COLLINS E SILVIA FEDERICI
Tradução de VComunicações
Prefácio de Marcela Soares
Orelha de Juliana Borges

A ordem do capital
CLARA MATTEI
Tradução de Heci Regina Candiani
Nota da edição de Clara Mattei e Mariella Pittari
Orelha de Luís Nassif
Apoio de Fundação Perseu Abramo

Enfrentando o Antropoceno
IAN ANGUS
Tradução de Glenda Vicenzi e Pedro Davoglio
Apresentação de John Bellamy Foster
Orelha de Alexandre Araújo Costa

Pessoas decentes
LEONARDO PADURA
Tradução de Monica Stahel
Orelha de Xico Sá
Apoio de Ministerio de Cultura y Deporte da Espanha

Por que Lukács?
NICOLAS TERTULIAN
Tradução de Juarez Torres Duayer
Revisão técnica de Ester Vaisman
Prefácio de Ester Vaisman e Juarez Torres Duayer
Orelha de Miguel Vedda

Este livro foi composto em Adobe Garamond, corpo 11/14,3, e reimpresso em papel Avena 80 g/m² pela gráfica UmLivro, para a Boitempo, em agosto 2025.